Der Spiegel des Propheten

Abraham im Koran und im Islam

Martin Bauschke

Der Spiegel des Propheten

Abraham im Koran und im Islam

Verlag Otto Lembeck
Frankfurt am Main

Umschlagbild: Die Begegnung von Abraham und Muhammad während der „Himmelsreise“, Türkisches Manuskript, 16. Jahrhundert.

Bibliografische Information der Deutschen Nationalbibliothek
Die Deutsche Nationalbibliothek verzeichnet diese Publikation in der Deutschen Nationalbibliografie, detaillierte bibliografische Daten sind im Internet über http://dnb.d-nb.de abrufbar.

Umschlagentwurf: Markus Wächter

Gesamtherstellung: Druckerei und Verlag Otto Lembeck
Frankfurt am Main und Butzbach
ISBN 978–3-87476–552–7

Für Canan Kalac
und die muslimischen Religionslehrkräfte

Inhalt

Vorwort

Abraham hat Konjunktur. Abraham liegt im Trend. Ein Halbnomade, der im Vorderen Orient vor rund 4000 Jahren gelebt haben soll. Abraham ist schon lange zu Staub geworden – doch ist er lebendiger und aktueller denn je. Mit Blick auf die Beziehungen zwischen Juden, Christen und Muslime war das Jahr 1992 in Deutschland der Ausgangspunkt für eine immer breiter werdende Diskussion über den „Erzvater". Damals fand in Köln die erste große Trialog-Tagung, die Abraham gewidmet war, statt, veranstaltet von der dortigen Gesellschaft für Christlich-Jüdische Zusammenarbeit unter Beteiligung namhafter Referenten aus allen drei Religionen. Zwei Jahre später erschien das Buch des katholischen Theologen Karl-Josef Kuschel „Streit um Abraham. Was Juden, Christen und Muslime trennt – und was sie eint". Es war dies die erste umfassende Studie über Abraham in trilateraler Perspektive, die zugleich die Option für eine „abrahamische Ökumene" vertrat. Mittlerweile erscheinen nicht allein immer mehr wissenschaftliche Artikel und fachtheologische Bücher über Abraham; der Erzvater findet auch immer häufiger Eingang in die Titelgeschichten und Themenhefte namhafter Zeitschriften und Wochenmagazine im säkularen Raum. Meist geht es dabei um die Frage, ob die Gestalt Abrahams als Paradigma der Versöhnung zwischen den Religionen wirklich tauge oder ob sie nicht auch als Vorbild der Bereitschaft zur Opferung des Lebens mißbraucht werden könne, wie etwa das Testament des Terrorattentäters Muhammad Atta vom 11. September 2001 zeigt.[1]

Wer sich eingehender mit Abraham im Wandel der Zeiten beschäftigt, stellt fest: „den" Abraham gibt es nicht!

Den jüdischen, den christlichen oder den islamischen Abraham habe ich bei meinen Studien nirgendwo gefunden, vielmehr höchst verschiedene Bilder des Erzvaters innerhalb des Judentums, des Christentums und des Islams. Hinzu kommt der interreligiöse Vergleich – ich habe mich auf die drei genannten Religionen beschränkt, die jedoch nicht die einzigen sind, die Abraham kennen –: da beginnt die Vielfalt der Abraham-Bilder unübersichtlich zu werden. Es gibt mithin viele unterschiedliche Sichtweisen auf Abraham sowohl zwischen den einzelnen Religionen als auch innerhalb der jeweiligen Religionen. Wer Abraham *war*, ist historisch nicht zu klären, seine Existenz ist nicht einmal zu beweisen. Wer Abraham hingegen zu bestimmten Zeiten für bestimmte Gruppen *ist*, was er ihnen theologisch bedeutet, läßt sich leichter fassen. *Abraham ist eine Projektions- und Identifikationsfigur par excellence.* In ihm spiegeln und spiegelten sich die unterschiedlichsten jüdischen, christlichen und muslimischen Gruppen und Kreise.

Schon in vorislamischer Zeit ist für die Rezeption Abrahams im Judentum und im Christentum kennzeichnend, daß immer und überall die jeweils aktuellen Anliegen und Herausforderungen, die eigenen Probleme und Interessen in die Zeit Abrahams zurückprojiziert wurden. Nicht anders verhält es sich später bei der Beschäftigung des Korans und der Muslime mit Abraham. Wurde Abraham schon den Juden zum Urjuden und den Christen zum Urchristen, so wird er nun auch den Muslimen zum Urmuslim – und das jeweils in höchst vielfältiger Hinsicht. *Abraham avanciert zum idealen Spiegel für alle, die sich auf ihn beziehen und berufen.* Den Monotheisten war er der Ur-Monotheist, den Thora gelehrten Rabbinen ein hebräisch sprechender Rabbi, den Propheten war er ein Prophet, den Mystikern wurde er der erste Mystiker, den Weisen und Gelehrten war er der Weise schlechthin, den streitbaren Gläubigen ein vorbildlicher Bilderstürmer, den sich allein auserwählt Glaubenden ein

Auserwählter, den Kosmopoliten der paradigmatische Weltbürger, den Zweifelnden ein Vorbild des Gottvertrauens, den Opferbereiten ein Gottergebener, der alles hinzugeben bereit war. Als Identifikationsfigur für nicht nur vielfältige, sondern auch höchst gegensätzliche Interessen wurde Abraham zugleich zu einer Legitimationsgestalt, deren Autorität das Anliegen der jeweiligen Gruppe oder des Verfassers sicherstellen sollte. „So ist die Abrahamsgestalt durch die Jahrtausende im Judentum wie im Christentum und im Islam zur Signatur der conditio humana in dieser Welt geworden."[2]

Das vorliegende Buch konzentriert sich auf die Rezeption Abrahams im Koran und der späteren islamischen Tradition. In den vergangenen Jahren sind viele Untersuchungen zum koranischen Abrahambild erschienen, doch handelt es sich dabei stets um summarische oder exemplarische Überblicksdarstellungen, die einen größeren oder kleineren Teil der Abraham-Texte des Korans berücksichtigen. Darum wird hier erstmals eine Gesamtschau aller koranischen Geschichten von Abraham sowie der reflektierenden Zeugnisse über ihn vorgelegt. Es werden sämtliche 205 Verse des Korans über Abraham berücksichtigt. Ich werde diese nicht nur paraphrasieren oder auswahlweise zitieren, sondern vollständig und explizit in die Darstellung einbeziehen und in einen größeren Zusammenhang einordnen. Längere Zitate aus dem Koran und aus der islamischen Tradition werden der Übersicht wegen in einer anderen Schrift wiedergegeben. Dabei werde ich mich so oft wiederholen, wie es der Koran selber tut – wobei deutlich werden wird, daß scheinbare Wiederholungen meist mit subtilen Neuakzentuierungen oder Abweichungen im Detail einhergehen. Wie bereits mein Buch über Jesus im Koran, hat dieses Buch über Abraham zwar ein ausdrücklich religionsdialogisches Interesse, doch an erster Stelle steht auch hier die exegetische Auseinandersetzung mit dem Korantext mit den Mitteln der historisch-kritischen Koranauslegung. Dazu zählen für mich insbesondere eine chronologische Betrachtungsweise der Entstehung bzw. Offenbarung der Suren, die Bezugnahme auf Ereignisse aus dem Leben Muhammads sowie der Hinweis auf mögliche traditionsgeschichtliche Zusammenhänge, wie sie durch den Religionsvergleich erkennbar werden. Dabei sind vor allem die Querverbindungen zum Judentum – konkret: zu den Abraham-Texten der Hebräischen Bibel sowie der außerbiblischen jüdischen Zeugnisse – relevant.

Wird nach einem einleitenden Überblick (Teil A) der koranische Abraham in einer Gesamtschau dargestellt (Teil B), so kann die weitere Ausarbeitung der Gestalt Abrahams in der späteren islamischen Tradition hier nur exemplarisch anhand einiger besonders interessanter Abraham-Orte und -Legenden dokumentiert werden. Dabei werden neben Abraham auch seine andere Frau Hagar, sein erstgeborener Sohn Ismael, sein Vater – der dem Koran zufolge Azar heißt – sowie Muhammad selbst eine wichtige Rolle spielen (Teil C). Religionsdialogische Fragestellungen, die das theologische Verhältnis zwischen Juden, Christen und Muslimen – vom sog. „Trialog“ bis hin zur Option einer „abrahamischen Ökumene“ – betreffen, rücken erst in einer Schlußbetrachtung (Teil D) in den Mittelpunkt. Dies kann im Rahmen der vorliegenden exegetischen Untersuchung nicht mehr sein als die Skizze einer theoretischen und praktischen Theologie des Trialogs. Hier geht es mir vor allen Dingen um die Frage, was zur Heilung und Versöhnung der zerrissenen Familie Abrahams beitragen könnte. In einer abschließenden Meditation (Teil E) beschreibe ich meine Vision einer idealen Begegnungs- und Gesprächskultur zwischen diesen drei Religionen, welche aus christlicher Sicht nicht notwendig auf die Gestalt Abrahams zurückgreifen muß. Denn Abraham steht im Christentum nicht im Zentrum des Glaubens, wie vor allem die unterschiedliche Rezeption der Geschichte vom opfernden Vater und seinem Sohn zeigt (Tabelle 2 im Anhang).

Trotz eines Beitrags zum Trialog der monotheistischen Religionen bleibt das zentrale Interesse dieses Buches eine wissenschaftlich solide und zugleich allgemein verständlich geschriebene Darstellung Abrahams, wie ihn der Koran und im Anschluß an diesen die islamische Tradition versteht. Dabei wird deutlich werden, in welchem Maße der islamisierte Abraham ein Spiegel des Propheten Muhammad geworden ist, so daß, wer den koranischen Abraham kennt, auch eine Vorstellung erhält, wer Muhammad war und wie er sich verstanden hat. Auch wenn dieses Buch keine Einführung in das Leben oder gar eine Biographie Muhammads sein will, so soll doch vermittelt durch die Gestalt Abrahams zugleich ein Zugang sowohl zum Koran als auch zur Person Muhammads geboten werden, der sich als Nachfahre und Nachahmer Abrahams verstanden hat. Dem Interesse der Allgemeinverständlichkeit und leichteren Lesbarkeit geschuldet ist die Verbannung sämtlicher Anmerkungen als Endnoten in den Anhang sowie der Verzicht auf diakritische Zeichen und Langvokale bei arabischen und anderen Umschriften, von Zitaten und Literaturangaben abgesehen.

Die eingangs erwähnte Konjunktur Abrahams in der allgemeinen Wahrnehmung erstreckt sich bis in die *Schulpädagogik* hinein. Abraham wird – gerade auch im Kontext der zunehmenden Relevanz des interreligiösen Lernens in unserer multikulturellen Gesellschaft – eine immer wichtigere Gestalt, mit der bereits kleine Kinder im Kindergarten und später dann wiederholt in der Schule vertraut gemacht werden. Diese pädagogische Arbeit an und mit Abraham soll gewürdigt werden, indem ich dieses Buch *Canan Kalac* widme, und mit ihr allen muslimischen Religionslehrkräften hierzulande. Die aus der Türkei stammende Lehrerin und Religionswissenschaftlerin Canan Kalac, die seit Jahren mir und meiner Familie persönlich verbunden ist, erteilt islamischen Religionsunterricht an der Internationalen Friedensschule Köln. Zum Konzept dieser wunderbaren Schule, die gerade erst mit dem Schuljahr 2007/08 ihren Betrieb aufgenommen hat, gehört u. a. das interreligiöse Lehren und Lernen, und das nicht nur im Religionsunterricht.[3] Damit steht Canan Kalac hier stellvertretend für die erste Generation von muslimischen Lehrern und Lehrerinnen, welche die wichtige und verantwortungsvolle Aufgabe einer islamischen Religionspädagogik nicht allein in einem deutschen, sondern einem multikulturellen Kontext wahrzunehmen hat. Daher habe ich mich in meiner Darstellung bemüht, auch neue Abraham-Geschichten bzw. Neufassungen alter Abraham-Geschichten aufzunehmen, die als Texte für den schulischen Unterricht wie auch für die Erwachsenenbildung verwendet werden können. Diese Texte haben wir mit einem Raster gekennzeichnet. Nur wenn die nächsten Generationen von Kindesbeinen an und in selbstverständlicher multireligiöser Perspektive mit Abraham, seinen Frauen und Söhnen vertraut gemacht werden, wird die Abraham-Konjunktur fortdauern und mehr als eine Konjunktur sein: ein lebendiges Stück des monotheistischen Kulturerbes, das sich im Interesse eines friedlichen Zusammenlebens der Religionen zu erhalten und weiter zu entwickeln lohnt.

Berlin, am 1. Advent 2007

Martin Bauschke

A. Einleitung: „Nie habe ich einen Mann gesehen, der mir ähnlicher war“

Wer den Koran aufschlägt und einfach anfängt zu lesen, wird schnell bemerken: in der Heiligen Schrift der Muslime gibt es keine großen Erzählbögen wie in der Bibel, weder von Abraham – auf hebräisch heißt er *Avraham*, auf arabisch *Ibrahim* – noch von anderen bekannten Gestalten. Vielmehr springt der Koran ständig von einem Thema zum nächsten, von dieser Figur zu jener. Ein häufiger Wechsel, der nicht nur das Lesen anstrengt, sondern auch den Zugang zu einzelnen Themen und Personen erschwert. Um einen Überblick über Abraham im Koran zu gewinnen, gibt es zwei andere Möglichkeiten. Entweder man sammelt alle Passagen des Korans über Abraham und liest sie in der Reihenfolge ihres Vorkommens im Koran. Dann stellt man fest: Abraham wird in 25 der insgesamt 114 Suren (Kapitel) des Korans in rund 205 Versen erwähnt. Hinzu kommen vier Texte über seinen Neffen Lot (arab. *Lut*), die noch einmal 39 Verse umfassen, auf die jedoch im Folgenden nur am Rande eingegangen wird, da Lot im Koran mehr noch als in der Hebräischen Bibel ganz im Schatten der überragenden Gestalt Abrahams liegt. Liest man alle Abraham-Texte in der Reihenfolge, wie sie im Koran begegnen, ist das Gesamtbild noch immer recht verwirrend. Es fehlt der rote Faden, gleichsam die unsichtbare Schnur, anhand derer man die disparaten abrahamischen Motive auffädeln, strukturieren und zu einem größeren Ganzen verbinden könnte.

Um dies zu erreichen, bietet sich als andere Möglichkeit an, die Abraham-Texte chronologisch zu ordnen in der Reihenfolge ihrer mutmaßlichen Entstehung bzw. Offenbarung. „Offenbarung" deshalb, weil die meisten Muslime selbstverständlich davon überzeugt sind, daß Muhammad sich die Texte des Korans nicht einfach ausgedacht hat, sondern daß sie ihm von Gott – über den Engel Gabriel (arab. *Dschibril*) vermittelt – im Laufe seiner insgesamt mehr als zwanzigjährigen Wirksamkeit in Mekka (610–622) und später dann in Medina (622–632) offenbart wurden. Erst bei einer solchen chronologischen Lektüre der Abraham-Texte fangen diese sozusagen an zu „sprechen". Eine Entwicklung wird erkennbar und das verwirrende, sozusagen zweidimensional „flache" Bild Abrahams erhält Konturen, Tiefe, Transparenz – und zwar nicht nur bezogen auf Abraham selbst, sondern auch im Hinblick auf keinen Geringeren als den Propheten Muhammad. Teilt man nämlich die zeitliche Anordnung der Texte in die vier Hauptphasen der Wirksamkeit Muhammads ein, wie sie sich in der neueren Koranforschung seit Theodor Nöldeke etabliert hat, dann wird deutlich: das Bild, das der Koran von Abraham malt, ist nicht einfach eine Wiederholung und Neuinterpretation einiger aus der Bibel bekannten Abraham-Stoffe, sondern zugleich eine Art *Selbstportrait Muhammads.* Es läßt sich zeigen, daß die Entwicklung und Profilierung der Figur Abrahams in einem direkten Zusammenhang steht mit dem Geschick und der Dynamik des Wirkens Muhammads. Dieser findet sich und seine Sendung als arabischer Prophet in zunehmendem Maße in der Ur-Geschichte, dem Ur-Bild und Vor-Bild Abrahams wieder. „Nie habe ich einen Mann gesehen, der mir ähnlicher war" – dieser Ausspruch Muhammads über Abraham, wie ihn Muhammads Biograph Ibn Ishaq zitiert[4], bringt es exakt auf den Punkt: *Abraham ist gleichsam der Spiegel des Propheten, ein Spiegelbild für das Selbstverständnis Muhammads.* Mit Recht hat Karl-Josef Kuschel die koranischen Erzählungen von Abraham als „Spiegelgeschichten" Muhammads bezeichnet.[5] Diese

Beobachtung muß übrigens zum muslimischen Verständnis der Texte als göttlicher Offenbarung gar kein Widerspruch sein, denn göttliche Offenbarung und menschliche – auch: prophetische – Selbsterkenntnis im Spiegel dessen, was offenbart wird, gehören zusammen.

Im Folgenden gebe ich zunächst einen knappen Überblick über die Abraham-Texte des Korans in der chronologischen Reihenfolge ihrer Entstehung. In der ersten Phase der Wirksamkeit Muhammads in Mekka (ca. 610–615) kommt Abraham nur am Rande vor. Er taucht lediglich in elf Versen auf. Er ist zwar eine allgemein vor allem für seine Gastfreundschaft bekannte Figur, spielt jedoch noch keine signifikante Rolle in Muhammads Verkündigung. Das ändert sich schlagartig in der nächsten Phase der Wirksamkeit Muhammads (615–620). Nunmehr erwähnt der Koran viele aus der jüdisch-christlichen Tradition bekannte Gestalten, etwa Adam, Noah, Mose, Maria und Jesus. Auch Abraham erhält jetzt eine zentrale Bedeutung, was sich schon quantitativ ablesen läßt: er kommt in 103 Versen vor. In immer neuen Anläufen und Varianten wird vor allem von Abrahams Konfrontation mit der als heidnisch betrachteten Religion seiner Zeitgenossen erzählt, die aus dem Kult vieler Götter und ihrer Bilder und Statuen – dem sog. „Götzendienst" – bestand. In dieser variantenreich erzählten Abraham-Geschichte spiegeln sich die Konflikte Muhammads mit seinen Gegnern in Mekka wider, die am althergebrachten Kult der vielen Lokalgottheiten, wie sie in der Heiligen Stätte der *Ka'ba* (arab. wörtlich: „Würfel") verehrt werden, festhalten: aus Treue zur Tradition, aus Gründen des Ansehens und um der wirtschaftlichen Vorteile willen, die mit diesem Kult in Mekka verbunden sind.

In der dritten und letzten Phase der Wirksamkeit Muhammads in Mekka (620–622) bleibt Abraham eine wichtige Gestalt in Muhammads Verkündigung. Die insgesamt 48 Verse schildern, wie sich die Konfrontationen zuspitzen und es schließlich zum Bruch und zur Loslösung Abrahams vom Heidentum, von der Religion seiner Väter kommt. Abraham erweist sich als ein Gottsucher, der Gott schließlich gefunden hat. Sein Glaube, sein wahrer Gottesdienst, seine ausschließliche Gottergebenheit werden zum Vorbild und zu einer Ermutigung für Muhammad und seine in Mekka heftig bedrängten Anhänger, die Muslime. Die Situation spitzt sich 622 in Mekka so weit zu, daß die Muslime unter Muhammads Führung in das 300 km entfernte Yathrib – dem später sog. *Medina* (arab. „Stadt", nämlich des Propheten) – emigrieren. In allen mekkanischen Perioden wird auch die Geschichte von Lots Errettung vor dem Gericht Gottes über die gottlose Stadt „Sodom" (im Koran wird der Name nicht erwähnt) erzählt, insgesamt in vier Varianten. Doch hat sie kaum ein eigenes Gewicht, zeigt keine Entwicklung und fehlt später in den Suren von Medina völlig.

Zur Zeit der Wirksamkeit Muhammads in Medina (622–632) wächst die Bedeutung Abrahams noch einmal, der in insgesamt 43 Versen Erwähnung findet.[6] Sie stehen nun völlig im Dienst der dramatischen äußeren Ereignisse. Wer diese nicht vor Augen hat, versteht kaum, wovon in diesen jüngsten Abraham-Texten überhaupt die Rede ist. Nun geht es einerseits um die durchaus tragische Konfrontation Muhammads mit den jüdischen Stämmen in Medina, die letztlich zum Bruch mit dem Judentum in politischer, ritueller und theologischer Hinsicht führt. Auf der anderen Seite gelingt den Muslimen nach mehreren militärischen Konflikten zuletzt der Sieg über die blutsverwandten, aber feindlichen Mekkaner und die im Wesentlichen unblutige Eroberung Mekkas. Abraham wird nun – gemeinsam mit Ismael, seinem bislang im Koran bedeutungslosen Erstgeborenen – als Gründungsgestalt der Heiligen Stätte in Mekka dargestellt. Muhammad, der die *Ka'ba* reinigt vom Götzenkult und dem einen und einzigen „Gott" (arab.

Allah) Abrahams neu weiht, wird zum unmittelbaren Nachahmer Abrahams, der eben dies zusammen mit Ismael ein erstes Mal vollbracht und damit im Grunde den Islam als universale Menschheitsreligion schon lange vor Muhammad begründet hatte. Der Islam, wie Muhammad ihn verkündet, erweist sich nicht etwa als eine neue Religion, sondern als der wiederhergestellte und nunmehr institutionalisierte Glaube Abrahams.

B. Abraham im Koran

Wer war Abraham, dieser den heutigen Zeitgenossen so ferne und fremde Mensch, der vor rund 4000 Jahren gelebt haben soll und damit weit älter ist als Muhammad, Jesus und Mose? Wer ist Abraham aus islamischer Sicht? Der Koran erzählt uns nicht, wie die Hebräische Bibel, in zusammenhängenden Geschichten das Leben jenes Mannes mit dem mehrdeutigen Namen „Abraham".[7] Das war eigentlich auch überflüssig, denn Abraham war den Zeitgenossen Muhammads wohlbekannt. Seit langem schon lebten etliche jüdische Stämme sowie Judenchristen und Christen der verschiedensten Richtungen und Kirchen auf der arabischen Halbinsel. Eine arabische Bibelübersetzung gab es zur Zeit Muhammads noch nicht. Doch waren unzählige biblische Geschichten und Gestalten im Umlauf, aus dem Gedächtnis erzählt und ausgeschmückt von Geschichtenerzählern und Wanderpredigern an den Lagerfeuern der Beduinen oder aus Lektionaren feierlich rezitiert in den Gottesdiensten der Synagogen, Kirchen und Klöster. Auch die Geschichten von Abraham und seiner Sippe, die in diversen Varianten von ihm erzählt wurden – Geschichten, die sich sowohl in der Hebräischen Bibel als auch in vielen nachbiblischen Überlieferungen des Judentums finden –, gehörten zum kollektiven Gedächtnis auf der arabischen Halbinsel. Sie waren Bestandteil des allgemeinen Erzähl- und Bildungsguts der damaligen Zeit. Von daher begnügt sich der Koran ähnlich wie schon das Neue Testament damit, die Kenntnis von Abraham und den Seinen vorauszusetzen und je nach Bedarf und Anlaß – theologisch gesprochen: je nach dem „Sitz im Leben", dem „Anlaß der Offenbarung" – einzelne Szenen aus dem kollektiven

Gedächtnisschatz hervorzuholen und in eine bestimmte Situation hinein so zu erzählen, daß sie neu akzentuiert und damit zu einer aktuellen Botschaft für eine bestimmte Gruppe wurden.

In dem eingangs gebotenen Überblick ist schon deutlich geworden: Abraham ist für Muhammad keine längst vergangene, sozusagen „tote Figur" aus alten Tagen, aus der Früh-Geschichte eines fremden Volkes, an die man sich lediglich genüßlich und zum Zeitvertreib erinnert. Vielmehr ist Abraham für Muhammad eine lebendige Gestalt, die gemäß dem Willen und den Offenbarungen Gottes an ihn quasi zu einer „sprechenden Person" wird, die heute, hier und jetzt in Mekka und später dann in Medina etwas zu sagen hat. So wird Abraham und alles, was dieser erlebte und erlitt, glaubte und tat, zu einer aktuellen Botschaft Gottes an Muhammad und die Muslime. Und alles, was die Muslime erleben und erleiden, alles, was sie glauben und tun, wird zur Nachahmung dessen, der ihr Vorbild und zunehmend auch ihre Identifikationsfigur wird. In ihre jeweilige äußere Situation hinein vermag der stets lebendige Abraham dank der göttlichen Offenbarungen zu sprechen. Noch einmal sei also betont: ohne einen gewisse Kenntnis der äußeren Ereignissen im Leben Muhammads bleibt die Figur Abrahams im Koran „stumm". Sie beginnt erst zu „sprechen", also verständlich zu werden in Bezug auf diese äußeren Ereignisse, die darum im Folgenden jeweils mit in den Blick genommen werden. Auf den Punkt gebracht: der Koran wiederholt nicht noch einmal die ohnehin schon bekannten Geschichten Abrahams. Die spezifischen Züge des koranischen Abrahambildes werden vielmehr in dem Maße erkennbar, wie das Wirken Muhammads miterzählt wird. *Ohne Muhammad bleibt das typisch Koranische an Ibrahim weitgehend unsichtbar.*

Die beiden ältesten Suren des Korans, Sure 96 und 74, nehmen Bezug auf die Berufung Muhammads zum Propheten. Gottes Ruf ereilt den ca. vierzigjährigen Kaufmann etwa im Jahre 610, als er in einer Höhle bei Mekka in der Einsamkeit meditierte. Im Folgenden seien die Worte der Berufung zitiert, wie sie der Koran zu Beginn von Sure 96 festgehalten hat. Ich zitiere den Text in einer einmalig gelungenen Übersetzung, die sehr schön die Reimprosa des arabischen Originals nachempfinden läßt:

Trag vor in des Herren Namen,
Der euch schuf aus blutigem Samen!
Trag vor! Er ist der Geehrte,
Der mit dem Schreibrohr lehrte,
Was noch kein Menschenohr hörte.
Doch der Mensch ist störrischer Art,
Nicht achtend, daß Er ihn gewahrt.
Doch zu Gott führt einst die Fahrt.[8]

Nach einer Phase der Verwirrung und Vergewisserung, tatsächlich von Gott berufen worden zu sein (seine Frau Chadidscha ist die erste, die an seine Berufung glaubt!), wendet Muhammad sich einige Zeit später an die Öffentlichkeit. Mit aufrüttelnder Eindringlichkeit, die an das Auftreten der jüdischen Propheten erinnert, verkündet Muhammad Gott als den gütigen Schöpfer und den unbestechlichen Richter am Jüngsten Tag. Muhammads Heimatstadt Mekka liegt an der „Weihrauchstraße", dem Weg, dem die Karawanenzüge vom östlichen Mittelmeer (Gaza, Petra, Damaskus) zum Golf von Aden (Jemen) folgen. Aufgrund dieser günstigen Lage und der Tradition, derzufolge vier Monate im Jahr eine Art Gottesfriede herrschte, während denen alle gewaltsamen Streitereien (Blutfehden, Stammesrivalitäten) und Beutezüge (sog. „Razzien") verboten waren, war Mekka damals ein blühendes Geschäfts- und Handelszentrum. Zudem war es ein wichtiger Wallfahrtsort, nämlich zum Heiligtum der *Ka'ba*, in welcher der Überlieferung zufolge die umliegenden Stämme hunderte von Bildern bzw. Statuen ihrer Lokalgötter und auch -göttinnen aufgestellt hatten und zu den religiösen Festzeiten kultisch verehrten.

Im Folgenden soll nun das Bild, das der Koran von Abraham zeichnet, in seinen wesentlichen Konturen nachgezeichnet und vor dem Hintergrund des Wirkens Muhammads erläutert werden. Dabei gehe ich chronologisch und zugleich systematisierend vor. Ich folge in der Regel der skizzierten zeitlichen Abfolge der Offenbarungen, fasse aber die zahlreichen und recht verstreuten Geschichten und Einzelheiten, die der Koran über Abraham berichtet, zu insgesamt acht Hauptmotiven zusammen.[9] Das Gesamtbild des koranischen Abraham, das hier erstmals vollständig vorgelegt wird, weiß sich primär den Aussagen des Korans selbst verpflichtet und erst in zweiter Linie den Interpretationen von Gelehrten, auf die ich natürlich hin und wieder zurückgreifen werde. Doch der Koran legt sich selber am besten aus![10]

1. Abraham und seine Gäste – oder: Sara hat keine Angst

Bereits in den frühen Jahren Muhammads (ca. 610–615) wird Abraham erwähnt. Doch ist er nur einer von vielen bekannten Propheten in der bisherigen Heilsgeschichte und spielt in Muhammads Verkündigung noch keine besondere Rolle. An zwei Stellen wird erwähnt und vorausgesetzt, daß Abraham „Blätter" mit göttlichen Offenbarungen erhielt bzw. aufschrieb (Sure 87,19; 53,36–37). Im Koran wird aus deren Inhalt nirgends direkt zitiert. In den Versen 14–18 der Sure 87, welche der ersten Erwähnung Abrahams unmittelbar vorangehen, wird dieser Inhalt allgemein zusammengefaßt:

> Erfolg hat der Gläubige [wörtlich: Wohl ergeht es dem], der sich läutert, der Gottes Namens gedenkt und andächtig betet. Aber ihr zieht das irdische Leben vor, obgleich das Jenseits besser und beständiger ist. Das steht bereits in den früher offenbarten Schriften, in den Schriften [wörtlich: Blättern] von Abraham und Moses.[11]

Ein gottgefälliges religiöses Leben – Rudi Paret übersetzt hier mit: „Selig ist, wer …" – wird hier an drei Punkten festgemacht, mithin durch Seligpreisungen anempfohlen, wie sie besonders zu den Merkmalen der christlichen Mönche und Einsiedler zählten: das abgesonderte, um Reinheit und Läuterung bemühte Leben, eine beständige Andacht im Gottesgedenken (arab. *dhikr*) sowie das Gebet. Eine solche religiöse Praxis hat auf Muhammad Eindruck gemacht. Seine Verkündigung war in der Anfangsphase ganz geprägt einerseits vom Lobpreis des gütigen und barmherzigen Schöpfergottes, andererseits von der Warnung vor dem nahe bevorstehenden Ende der Welt mit dem Strafgericht Gottes über alle Ungerechten. In diese Ambivalenz von

Gottes Güte und Gericht ist der noch unbedeutende Abraham eingebettet. Seine erste Erwähnung findet sich in der zitierten Sure 87, die einen Gottesnamen als Titel trägt: „Der Allerhöchste". Nach der typischen Eingangsformel – der sog. *Basmala* (auf deutsch: „Im Namen Gottes, des Barmherzigen und des sich Erbarmenden") – beginnt die Sure folgendermaßen:

Preise den Namen deines Herrn, des Allerhöchsten, Der alles erschuf und wohl formte, Der nach Maß für alles ein Ziel bestimmte und dazu hinleitete. Er ist es, Der Weidefutter aus der Erde hervorkommen läßt und es dann zu trockenem, dunklem Heu macht.

Abraham hat also seinen zeitlich ersten und ältesten Platz im Koran in einem Aufruf zum Lobpreis des höchsten Gottes. Das erinnert an die in der Hebräischen Bibel geschilderte Begegnung Abrahams mit den nicht im Koran erwähnten Königen von Salem (Melchisedek) und von Sodom, wo es gleichfalls um den Höchsten Gott als Schöpfer des Universums geht (Genesis 14,17ff). Neben einer ganzen Reihe von Suren, welche die Güte Gottes preisen (z.B. Suren 93; 94; 96; 106; 108), treten in der Anfangszeit Muhammads Offenbarungen, welche die kosmische „Katastrophe" (so der Name der 101. Sure) des Gottesgerichts thematisieren. Ähnlich wie viele Jahrhunderte zuvor die jüdische sog. „Apokalyptik" – eine Ära der Naherwartung des Endes der Welt um die Zeitenwende, unter deren Einfluß auch Johannes der Täufer und Jesus von Nazareth standen –, war auch Muhammad zunächst vom unmittelbar bevorstehenden Ende der Welt überzeugt. Er deutete die Zeichen seiner Zeit, und die standen erneut auf Gericht über diejenigen, die Unrecht tun. Einen Eindruck davon vermittelt die Sure 101:

Die Katastrophe! Was ist die Katastrophe? Und woher sollst du wissen, was die Katastrophe ist? Am Tag, da die Menschen wie verstreute Motten sein werden, und die Berge wie zerflockte bunte Wolle. Wer dann schwere Waagschalen hat, der wird ein zufriedenes Leben haben. Und wer leichte Waagschalen hat, der wird zur Mutter einen Abgrund haben. Und woher sollst du wissen, was das ist? Ein glühendes Feuer.[12]

Im Kontext dieser anfänglichen Verkündigung Muhammads taucht nun die erste eigentliche Abraham-Geschichte auf. Es ist bis heute eine der bekanntesten Erzählungen, in der drei schon aus der Hebräischen Bibel bekannte Elemente miteinander verknüpft sind: die Schilderung der Gastfreundschaft Abrahams, die Verheißung eines Sohnes und das Gericht über die Frevler von Sodom, aus welchem jedoch Lot, der Neffe Abrahams, mit seiner Familie errettet wird. Diese erste große Abraham-Erzählung findet sich nur in Mekka – in allen drei Phasen der Wirksamkeit Muhammads –, später in Medina nicht mehr. Sie wird in insgesamt vier verschiedenen Varianten überliefert. Daran wird sehr schön der *lebendige und kreative, weil mündliche Charakter der damaligen Abraham-Überlieferungen* deutlich. Noch diesseits einer vorliegenden arabischen Schriftquelle werden die Abraham-Geschichten immer wieder neu, stets mit etwas anderen Details, Nuancen und Akzenten erzählt, wie das bereits in vorislamischer Zeit der Fall war. Sure 51 gibt diese Geschichte folgendermaßen wieder (der Eingangsvers ist eine Anrede Gottes an Muhammad):

24 Ist dir nicht der Bericht über die edlen Gäste Abrahams zugekommen?
25 Einst traten sie zu ihm ein und sagten: „Friede!" Er sprach: „Friede! Ihr
seid mir unbekannt." 26 Er ging unauffällig zu seinen Angehörigen,
brachte ein fettes gebratenes Kalb, 27 setzte es ihnen vor und sagte:
„Warum eßt ihr nicht?" 28 Er verspürte Angst vor ihnen. Sie sagten:
„Fürchte dich nicht!" und brachten ihm die frohe Botschaft, daß er einen
Sohn bekäme, dem viel Wissen zuteil werden würde. 29 Da kam seine
Frau aufgeregt herbei, schlug sich verwundert das Gesicht und sprach:
„Ich bin alt und unfruchtbar." 30 Sie sagten: „Also sprach dein Herr. Er ist
der Allweise, der Allwissende." 31 Abraham fragte: „Was ist euer Auftrag,

ihr Gesandten?" 32 Sie sprachen: „Wir sind zu einem trotzigen verbrecherischen Volk entsandt worden, 33 um sie mit Steinen aus Ton zu bewerfen, 34 die von deinem Herrn für die vermessenen Frevler bestimmt sind." 35 Zuvor führten Wir die Gläubigen aus der Stadt [= Sodom]. 36 Aber wir fanden nur ein einziges Haus, dessen Bewohner [= Lot und seine Familie] ergebene Gläubige waren. 37 Wir hinterließen dort ein Zeichen als Lehre für die Menschen, auf daß sie die qualvolle Strafe fürchten.

Die Fassung dieser Erzählung gemäß der Hebräischen Bibel (Genesis 18)[13] ist so bekannt, daß die grundlegenden Gemeinsamkeiten mit der koranischen Version hier nicht eigens aufgeführt werden müssen. Abraham, der Gastgeber, das Haus Abrahams als ein Haus des Willkommens und der Gastfreundschaft – dies ist ein gemeinsamer zentraler Wert in allen drei monotheistischen Religionen und darum ein wichtiger Ausgangspunkt für wechselseitige Annäherungen und Begegnungen nach dem Vorbild Abrahams.[14] Darauf wird am Ende des Buches zurückzukommen sein. Doch gibt es auch einige auffällige Unterschiede der Geschichten im Detail.

Erstens: „die edlen Gäste" scheinen (zunächst) an Essen und Trinken nicht interessiert zu sein, während in der Hebräischen Bibel ihr Essen explizit erwähnt wird (Genesis 18,8). Zweitens hat Abraham dem Koran zufolge zwar ein gewisses Vertrauensverhältnis zu Gott, da er durch die Engel immerhin von Gottes Gerichtsplan erfährt. Doch fürchtet sich Abraham vor ihnen und wagt deshalb nicht, mit ihnen über die Rettung der Stadt zu verhandeln, wie das der biblische Abraham tut. Vielmehr wird er drittens gewissermaßen vor vollendete Tatsachen gestellt. Was für die Gerichtsbotschaft gilt, gilt auch für die „frohe Botschaft", daß er einen „gelehrten" Sohn (arab. *alim*) haben werde: Abraham wird dem Koran zufolge informiert, aber nicht in Gottes Pläne eingeweiht, geschweige denn hat er die Möglichkeit, die Absichten Gottes zu beeinflussen.

Dies versucht – und das ist der vierte und interessanteste Vergleichspunkt – zumindest seine Frau Sara, die in dieser Fassung genausowenig wie Lot namentlich erwähnt wird. Sara bleibt nicht defensiv. Sie steht nicht verborgen hinter dem Zelteingang und belächelt die Ankündigung ihrer Mutterschaft wie in der bekannten biblischen Fassung. Vielmehr geht Sara in die Offensive. Sie tritt den Engeln entgegen mit einer Furchtlosigkeit und Direktheit, die sehr im Kontrast steht zu Abrahams eigenem Auftreten – und im Übrigen gar nicht paßt zum westlichen Klischee der schweigsamen, unterdrückten und zuhause eingesperrten Araberfrau. Eine solche Ankündigung der Gäste ihres Mannes findet Sara empörend, weil völlig unrealistisch: „Ich bin alt und unfruchtbar" (Sure 51,29). Wird in der Hebräischen Bibel ausdrücklich *Saras* Angst erwähnt (Genesis 18,15), so im Koran die Angst *Abrahams* (Sure 51,28). Mit einem Wort: die Rollen sind vertauscht! *Dem Koran zufolge hat nicht Sara Angst, sondern Abraham.* Sie lacht zwar nicht, aber gibt mit ihrem Kommentar die Ankündigung der Engel unverfroren der Lächerlichkeit preis. Deren Antwort ist in der Bibel der Verweis auf Gottes Allmacht (Genesis 18,14: „Ist Jahwe etwas unmöglich?"), im Koran der Verweis auf Gottes Weisheit und Allwissenheit (Sure 51,30). Auf die frohe Kunde folgt direkt eine schlechte Nachricht: die Ankündigung des Strafgerichts über Sodom. Fazit: Das Miteinander der Droh- und der Frohbotschaft in dieser chronologisch ersten Abraham-Geschichte spiegelt die Ambivalenz der Verkündigung Muhammads von Gott als dem Gütigen und zugleich als dem Richtenden in der Anfangszeit seiner Wirksamkeit exakt und exemplarisch wider.

Wie wird die Geschichte von Abrahams Gastfreundschaft und Saras Reaktion auf die schier unglaubliche Verheißung eines Sohnes im vorgerückten Alter im Koran weiter erzählt? Die nächste Erwähnung findet sich einige Jahre später in Sure 15. Auch diese Erzählung betont gleich zu Beginn diese Ambivalenz von Gottes Erbarmen einerseits (V. 49) und seiner strafenden Gerechtigkeit andererseits (V. 50). Dies wird sodann konkret demonstriert: die Sohnesverheißung an Abraham wird erneut zu einem Beispiel für Gottes Barmherzigkeit und das anschließende Gericht über die sündige Stadt zu einem Beispiel für Gottes Strafgericht. Diese zweite koranische Variante der Geschichte der Gastfreundschaft erwähnt explizit weder Sara noch die Bewirtung der Gäste. Beides wird hier als bekannt vorausgesetzt. Der Fokus ist ganz auf die Frohbotschaft, daß Abraham einen Sohn haben werde, ausgerichtet. Der Text im Wortlaut:

49 Verkünde Meinen Dienern, daß Ich der Allvergebende und der Allbarmherzige bin, 50 und daß Meine Strafe eine äußerst qualvolle Strafe ist. 51 Berichte ihnen über Abrahams Gäste, 52 wie sie zu ihm eintraten und sagten: „Friede!“ Er aber sagte darauf: „Wir fürchten uns vor euch!“ 53 Da sprachen sie: „Fürchte dich nicht! Wir bringen dir die frohe Botschaft, daß du einen Sohn haben wirst, der über großes Wissen verfügen wird.“ 54 Er erwiderte: „Wie könnt ihr mir diese frohe Botschaft bringen, da ich ein hohes Alter erreicht habe?“ 55 Da sprachen sie: „Wir haben dir die wahre frohe Botschaft gebracht. Reihe dich nicht unter die Menschen, die die Hoffnung auf Gottes Barmherzigkeit verlieren!“ 56 Er sprach: „Nur die Verirrten verlieren die Hoffnung auf Gottes Barmherzigkeit.“

Sara wird hier allenfalls indirekt erwähnt. Laut Abrahams Worten in V. 52 fürchten sie sich nämlich alle beide vor den Gästen. Daß Abraham und Sara in hohem Alter noch ein Kind haben werden, ist nicht nur Ausdruck von Gottes Allmacht (so Genesis 18) oder Allwissenheit (Sure 51), sondern eben auch von Seinem Erbarmen, auf das zu hoffen sich immer lohnt. Die Bitte um Rechtleitung und um Schutz vor dem Abirren, die Muslime im täglichen Pflichtgebet mit den Worten der ersten Sure (arab. *al-fatiha*: „die Eröffnung“) aussprechen, führt sie auf den geraden Weg, der ein Weg der Hoffnung auf Gottes Barmherzigkeit ist, ein Weg darum auch der Wunder, die Gott tut.

Direkt an diese Mahnung zur Hoffnung schließt sich, wie bereits in Sure 51, die Sodom-Passage an. Es ist die ausführlichste der vier koranischen Lot-Erzählungen. Sie sei hier ebenfalls zitiert, ohne daß ich jedoch näher darauf eingehen werde, da Lot für den Koran bzw. für Muhammad keine eigenständige Bedeutung hat, es sei denn als Mahnung des drohenden Gerichts über alle Frevler. In dieser Funktion zählen die vier Varianten der Lot-Erzählung zu den sog. „Straflegenden" im Koran. Gemeint sind damit Geschichten von jüdischen und arabischen Propheten, deren Botschaft auf Unglauben stößt, so daß die jeweiligen Völker dem kollektiven Gottesgericht anheimfallen. Der Gerichtstext in Sure 15 beginnt mit einer überleitenden Frage Abrahams:

57 Dann sagte er: „Was habt ihr sonst vor, ihr Gesandten?" 58 Sie sagten: „Wir sind zu einem frevelhaften Volk entsandt worden, das wir vernichten werden, 59 ausgenommen Lots Angehörige, die wir alle retten werden, 60 nur Lots Frau nicht, die wir zu denen zählen, die untergehen werden." 61 Als die Gesandten zu Lot kamen, 62 sagte er: „Ihr seid verdächtige Leute." 63 Darauf sagten sie: „Nein, wir bringen dir vielmehr die Meldung über die Strafe, die sie für eine Lüge hielten. 64 Wir bringen dir die wahre Gerechtigkeit, und wir sagen nur die Wahrheit. 65 Gehe mit deinen Familienangehörigen hinaus, wenn die Nacht vorangeschritten ist, und gehe du hinter ihnen her! Keiner von euch darf sich umschauen. Geht dorthin, wohin euch befohlen worden ist!" 66 Wir gaben Lot ein: „Wir haben die Entscheidung getroffen, daß diese Frevler am Morgen vernichtet werden." 67 Die Stadtbewohner kamen erfreut herbei und machten sich frohlockend Hoffnungen. 68 Lot sprach: „Diese sind meine Gäste. Macht mir keine Schande! 69 Fürchtet Gott und laßt mich keine Schmach erleiden!" 70 Sie sagten: „Haben wir dir nicht verboten, Menschen in deiner Nähe zu haben?" 71 Da antwortete er: „Hier sind die Mädchen der Stadt, die wie meine Töchter sind. Heiratet sie, wenn ihr entschlossen seid, der Natur zu folgen!" 72 Die Wahrheit ist, sie waren berauscht und ahnten nicht, was sie erwartete. 73 Der ungeheure, vernichtende Schrei ergriff sie, als die

Sonne aufging. 74 Und wir stellten die Stadt auf den Kopf und ließen einen Hagel aus hartem Lehm, dem Regenfall gleich, auf sie niedergehen. 75 Darin liegen Zeichen für Menschen, die denken können. 76 Die Stadt liegt an einer noch bestehenden Straße und regt zur Besinnung an. 77 Darin ist ein Zeichen für die Gläubigen.

Die dritte Variante der Geschichte von der Sohnesverheißung wird in der letzten Phase der Wirksamkeit Muhammads in Mekka erwähnt. Sie findet sich in Sure 11,69–76 und ist einer näheren Betrachtung wert. Zunächst der Anfang:

69 Unsere Boten kamen einst zu Abraham mit froher Botschaft. Sie sprachen: „Friede!" Und er erwiderte: „Friede!" Sogleich holte er ein gebratenes Kalb. 70 Als er sah, daß sie ihre Hände nicht danach ausstreckten, mißtraute er ihnen und fürchtete sich vor ihnen. Hierauf sprachen sie: „Fürchte dich nicht! Wir sind zum Volk Lots entsandt worden." 71 Seine Frau, die dastand, lachte. Wir haben ihr die frohe Botschaft verkündet, daß sie Isaak bekäme und nach Isaak den Jakob.[15]

Diese dritte Variante ähnelt der biblischen Fassung in Genesis 18 am meisten. Die Bewirtung wird wieder wie in Sure 51,26f erwähnt und auch der – sogar doppelte, also verstärkte – Hinweis auf Abrahams Angst. Die merkwürdigen Gäste scheinen nicht primär an Essen und Trinken interessiert zu sein, wie ebenfalls bereits in der ältesten Fassung in Sure 51,27 deutlich wurde. Anders jedoch als in den bisherigen beiden Fassungen wird hier in Sure 11,71 zum ersten und einzigen Mal im Koran das *Lachen Saras* erwähnt. Mit Recht ist bemerkt worden, daß das Lachen Saras interessanterweise schon vor der unglaublichen Ankündigung der Engel-Gäste erfolgt. Die Korankommentatoren verstehen dies meist so, daß es ein Lachen der Erleichterung Saras sei: „als Zeichen der Freude darüber, daß der Besuch bei Abraham nichts Bedrohliches enthielt".[16] Des weiteren wird in dieser dritten Variante erstmals der Name des verheißenen Sohnes ausdrücklich genannt: Isaak (arab. *Ishaq*). Der hebräische Name *Jizchák* bedeutet „sie lacht", verdankt sich also genau der Reaktion Saras nach der Ankündigung der Gottesboten.[17] Wieder schweigt der ängstliche Abraham, während Sara, die bei den Boten steht, nach ihrem Lachen – ausführlicher noch als in Sure 51,29 – ganz offenherzig hinzufügt:

72 „Wehe mir! Wie sollte ich ein Kind gebären, bin ich doch alt, und mein Mann hier ist betagt. Das ist wirklich etwas, worüber ich mich wundere." 73 Sie sagten: „Wunderst du dich über Gottes Verfügung? Gottes Barmherzigkeit und Segen gelten euch Angehörigen des Hauses. Er ist des höchsten Lobes und des höchsten Ruhmes würdig." 74 Als Abrahams Angst vorüber war und die frohe Botschaft ihn erreicht hatte, schickte er sich an, mit Unseren Boten über das Volk von Lot zu debattieren. 75 Abraham war nämlich langmütig, hatte ein weiches Herz und war gottergeben. 76 O Abraham! Hör auf damit! Gottes Entscheidung ist bereits ergangen. Eine unabwendbare Strafe wird sie erfassen.

Der aus Sure 51 bekannte Eindruck wird verstärkt: Abraham hat – trotz seiner Angst – ein Vertrauensverhältnis zu Gott, so daß er es nun sogar wagen kann, um das Leben der Stadtbewohner zu feilschen, wie es die berühmte Erzählung aus Genesis 18 beschrieben hat. Abraham appelliert dort zugunsten seiner Verwandten in Sodom an Gottes Gerechtigkeit, und das mit kühnen Worten (V. 25): „Das kannst du doch nicht tun, die Gerechten zusammen mit den Ruchlosen umbringen. Dann ginge es ja dem Gerechten genauso wie dem Ruchlosen. Das kannst du doch nicht tun. Sollte sich der Richter über die ganze Erde nicht an das Recht halten?" Dieses Motiv von *Abraham, dem Fürsprecher für andere*, das in der Hebräischen Bibel später auch noch in der Dreiecksgeschichte von Abraham, Sara und Abimelech auftaucht (Genesis 20,7 und 17), wird im Koran ebenfalls bezeugt. Es ist in Bezug auf die Familie Lots allerdings nur an dieser einen Stelle in Sure 11,74f belegt. Anders als in der biblischen Fassung läßt Gott im Koran jedoch nicht mit sich verhandeln. Seine Gerichtsentscheidung ist unumstößlich. Abraham soll den Mund halten und sich dem Willen Gottes fügen. Es folgt eine weitere Variante der Lot-Geschichte.[18]

Die zeitlich jüngste und letzte Fassung dieser ersten großen Abraham-Geschichte ist zugleich die knappste und findet sich nur wenig später in Sure 29. Hier ist sie allerdings eingebettet in die Lot-Geschichte (V. 28–35) und umfaßt lediglich zwei Verse:

31 Als Unsere Boten Abraham die frohe Botschaft überbrachten, sagten sie ihm: „Wir werden die Bewohner von Lots Stadt vernichten, denn sie sind ungerecht." 32 Er sagte: „Lot ist doch auch dort." Da sprachen sie: „Wir wissen genau, wer dort ist. Wir werden ihn und seine Angehörigen retten, außer seiner Frau, die zu denen gehört, die dem Untergang geweiht sind.

Auffällig ist: von Abrahams Angst ist hier erstmals keine Rede mehr. Fast wie ein gleichberechtigter Partner reagiert er auf die Ankündigung der Engel-Gäste. Diese *wachsende Souveränität Abrahams*, die im Verlauf der vier koranischen Fassungen derselben Geschichte erkennbar wird, kennzeichnet Abraham von Anfang an in einem zweiten Geschichtenzyklus, dem wir uns nun zuwenden werden. In der medinischen Zeit der Wirksamkeit Muhammads wird diese Souveränität und Selbstverständlichkeit, mit der Abraham mit Gott spricht, in einem besonderen Würdetitel gipfeln, der Abraham vor allen anderen Propheten auszeichnet.[19]

2. Abraham und sein Vater – oder: Feinde um des Glaubens willen

In der zweiten Phase der Wirksamkeit Muhammads in Mekka (615–620) gewinnt Abraham schlagartig eine große Bedeutung. Das läßt sich schon daran ablesen, daß er in immerhin 103 Versen erwähnt wird. Diese Periode steht im Zeichen der zunehmenden Konfrontation Muhammads mit seinen Gegnern in Mekka. Sie halten trotz seiner Botschaft an ihrem Vielgötterkult (Polytheismus) fest, den Muhammad in jüdisch-christlicher – also monotheistischer – Tradition als „Heidentum“, „Götzendienst“ und „Unglaube“ wertet. Die islamische Tradition wird dies später die Zeit der heidnischen Unwissenheit (arab. *dschahiliya*) nennen (in die freilich auch die Muslime jederzeit zurückfallen können). Auf diesem Hintergrund ist eine zweite große Erzählung von Abraham zu verstehen. Sie ist – zwar nicht hinsichtlich ihrer Wirkungsgeschichte, doch mit Blick auf den Koran selbst – wohl die wichtigste Abraham-Geschichte überhaupt, denn sie ist die einzige Geschichte, die sowohl in Mekka als später auch in Medina erzählt wird. Auch wird keine andere Geschichte von Abraham im Koran so häufig und in immer neuen Fassungen – insgesamt achtmal! – erzählt wie die Auseinandersetzung Abrahams mit den Götzen seiner Väter. In diesem Konflikt, der Muhammad von nun an nicht mehr losläßt und ihn durch alle weiteren Phasen seiner Verkündigung begleiten wird, avanciert Abraham zum Kronzeugen des Monotheismus im Kampf gegen den Polytheismus.

Die Kontroverse Abrahams mit den Götzen wird erstmals in Sure 37 erzählt:

83 Zu seinen [= Noahs] Anhängern gehört Abraham. 84 Er wandte sich Gott mit reinem Herzen zu. 85 Er sagte seinem Vater und seinem Volk:

„Was betet ihr da an? 86 Wollt ihr anstatt Gott falsche Götter haben? 87 Wie denkt ihr über Gott, den Herrn der Welten?“ 88 Dann blickte er hinauf zu den Sternen. 89 Dann sagte er: „Ich fürchte mich zu irren.“ 90 Da machten sie kehrt und gingen fort. 91 Nun wandte er sich heimlich zu ihren Göttern und fragte sie: „Eßt ihr nicht? 92 Warum sprecht ihr nicht?“ 93 Dann fiel er heimlich über sie her und schlug sie mit der Rechten. 94 Da eilten sie zu ihm und und stellten ihn zur Rede. 95 Er sprach: „Betet ihr die Statuen an, die ihr in Stein gemeißelt habt? 96 Gott ist es, Der euch und was ihr macht, erschaffen hat.“ 97 Sie sprachen: „Errichtet für ihn einen Bau und werft ihn in das lodernde Feuer!“ 98 Sie wollten ihm durch List schaden, Wir aber erniedrigten sie aufs tiefste.

Interessanterweise kommt diese zweite große Geschichte von Abraham, dem Bilderstürmer, in der Hebräischen Bibel gar nicht vor. Sie taucht vielmehr in der außerbiblischen jüdischen Tradition auf, vor allem im sog. „Jubiläenbuch“, das um 140 v. Chr. in der Zeit der Makkabäer entstanden sein dürfte. Diese Zeit kriegerischer und religiös-kultureller Auseinandersetzungen der Juden mit ihrer Umwelt im Zeichen des immer stärker werdenden Hellenismus hat das Jubiläenbuch geprägt, das Nacherzählungen biblischer Geschichten bietet. Ein zentrales Motiv dieser Nacherzählungen, versehen mit neuen, zeitgenössischen Akzenten, ist die notorische Gefahr, in den heidnischen Polytheismus zurückzufallen und fremde Götter zu verehren. So gesehen, ist das Jubiläenbuch ein jüdisches Pendant, ein Vorläufer der späteren islamischen Warnung vor dem Rückfall in die *dschahiliya*. Demgemäß erscheint Abraham im Jubiläenbuch als ein Kämpfer gegen den Götzenkult. Durch die Beobachtung des Himmels und der Sterne gelangt Abraham zu der Erkenntnis, daß die Gestirne keine Götter sind, sondern Diener des einen und einzigen Gottes. Abraham bittet Gott darum, vor der Versuchung bewahrt zu werden, Himmelskörper anzubeten. In der Folge verbrennt Abraham die Götzen, er trennt sich von seinem Vater Terach, der Götterbilder anfertigt, und verläßt auf Anraten eines Engels sein Heimatland.[20]

Da die Gestalt Abrahams zu Zeiten und in der Umgebung Muhammads allgemein bekannt war, ist es aus historischer Sicht durchaus wahrscheinlich, daß die eine oder andere Version des bilderstürmerischen Abraham in Mekka erzählt wurde. Aus klassischer muslimisch-theologischer Perspektive freilich ist diese Beobachtung unwichtig, da man davon ausgeht, daß diese Abraham-Geschichte Muhammad direkt von Gott übermittelt wurde. Im Koran besteht sie, wie die erste große Abraham-Geschichte, aus drei Hauptelementen. Erstens erzählt sie von Abrahams Zweifeln daran, daß die Götzen wahre Götter seien. Zweitens beschreibt sie die Zerstörung der Götzenbilder als deren ultimative Provokation, sozusagen gemäß dem Kalkül: entweder sie sind echt(e Götter), dann wehren sie sich, oder sie sind tote Statuen, mithin Götzen, dann können sie nichts gegen ihre Vernichtung unternehmen. Und drittens schließlich geht es um die – im Koran nur vage angedeutete – Bewahrung Abrahams vor dem Feuertod auf dem Scheiterhaufen. Es dauert nicht lange, bis Muhammad auf Gottes Geheiß hin in Sure 26 diese Geschichte erneut vorträgt, sie nun aber anders erzählt. Hatte die Erzählung in Sure 37 mit einem monologischen Fragenkatalog an den Vater begonnen, so fängt sie hier mit einem echten Disput Abrahams mit seinem Vater an:

69 Trage ihnen die Geschichte Abrahams vor! 70 Einst sagte er zu seinem Vater und seinem Volk: „Was betet ihr an?“ 71 Sie sagten: „Wir beten Götzen an, denen wir uns unablässig hingeben.“ 72 Er sagte: „Hören sie auch, wenn ihr sie anruft? 73 Oder schaden oder nützen sie euch?“ 74 Sie sagten: „Nein, wir fanden aber, daß unsere Väter es so machten.“ 75 Er sagte: „Habt ihr über das nachgedacht, was ihr anbetet, 76 ihr und eure Väter und Vorväter?

Abraham läßt das Argument der Tradition der Väter, das für den Götzenkult sprechen soll, nicht gelten. Er reagiert in dieser Fassung nicht mit einem provokanten Bildersturm. Vielmehr schlägt Abraham einen eher argumentativen Weg ein. Abrahams „Argument", wenn man es überhaupt so nennen will, ist sein monotheistisches Glaubensbekenntnis, das ab Vers 83 direkt in ein Gebet mündet:

77 Diese Götzen sind meine Feinde. Ich bete nur den Herrn der Welten an. 78 Er ist es, Der mich erschaffen hat, und so leitet Er mich recht. 79 Er ist es, Der mir zu essen und zu trinken gibt. 80 Und wenn ich krank bin, ist Er es, Der mich heilt. 81 Und Er ist es, Der mich [durch den Tod] abberuft und mich zum Jüngsten Tag auferweckt. 82 Er ist es, Der mir am Jüngsten Tag meine Sünden, hoffe ich, vergeben wird. – 83 O mein Herr! Gib mir Urteilsvermögen, und zähle mich zu den Rechtschaffenen! 84 Mache, daß die späteren Generationen meiner der Wahrheit entsprechend stets gedenken! 85 Nimm mich unter die Erben des wonnevollen Paradiesgartens auf! 86 Vergib meinem Vater, der zu den Verirrten gehört! 87 Laß mich keine Schmach erleiden, wenn alle am Jüngsten Tag auferweckt werden! 88 An dem Tag, an dem weder Vermögen noch Söhne nützen werden. 89 Erfolg hat dann nur der, der vor Gott mit reinem Herzen erscheint."

Das Bekenntnis wie auch das Gebet, das Abraham als vorbildlichen Beter ausweist (vgl. Sure 14,35ff), erinnern an die biblischen Psalmen. Bemerkenswert ist, daß Abraham nicht die Götzendiener selbst, sondern die Götzen als seine Feinde bezeichnet. So bittet Abraham auch um Vergebung für seinen aus seiner Sicht irrenden Vater – ein Motiv, das später noch mehrmals begegnet (Sure 19,47; 14,41; 60,4; 9,114). Direkt an das Gebet Abrahams schließt sich eine Art Predigt Muhammads gegen den Götzenkult an (V. 90ff). Das zeigt, wie unmittelbar Muhammad seine eigene Konfrontation mit den götzengläubigen Mekkanern in der Abraham-Geschichte widergespiegelt sieht.

Wenig später greift Muhammad in Sure 19 – wieder auf Gottes Aufforderung hin („Gedenke ...!") – ein drittesmal auf die Götzenerzählung zurück. Der Konflikt wird nun erheblich schärfer und von beiden Seiten mit heftigsten Worten geführt. Der anfängliche Monolog Abrahams (Sure 37), der zu einem Dialog (Sure 26) geworden war, ist nun in ein inständiges Flehen Abrahams übergegangen. *Die bisherige Kontroverse Abrahams mit den Götzen emotionalisiert sich zusehends und wird immer deutlicher auch zu einem persönlichen Konflikt Abrahams mit seinem Vater.* Gleich viermal beginnt jetzt Abraham seine Sätze mit einem beschwörenden *yaabati* („O mein Vater")! Abraham beruft sich auf ein besonderes „Wissen" (arab. *ilm*) von Gott, das bereits seinem verheißenen Sohn Isaak in der ersten großen Geschichte attestiert worden war (Sure 51,28). Doch der Vater ist unerbittlich und sie gehen getrennte Wege – für damalige Verhältnisse, in denen die Autorität des Vaters praktisch unhinterfragbar war, eine Sensation, eine Revolte:

41 Gedenke im Koran Abrahams. Er war ein Mann der Wahrheit und ein Prophet. 42 Einst sagte er seinem Vater: „O mein Vater! Warum betest du etwas an, was nicht hören, nicht sehen und dir nichts nützen kann? 43 O mein Vater! Mir ist Wissen gewährt worden, das dir nicht zuteil wurde. Folge mir, ich leite dich den geraden Weg! 44 O mein Vater! Bete den Satan nicht an! Satan war es, der sich dem Barmherzigen widersetzte. 45 O mein Vater! Ich fürchte, daß dich vom Barmherzigen eine peinvolle Strafe erfassen wird und daß du so ein Freund des Satans werden wirst." 46 Er sprach: „Abraham! Wendest du dich wirklich von meinen Göttern ab? Wenn du nicht damit aufhörst, werde ich dich steinigen. Halte dich lange fern von mir!" 47 Er sprach: „Friede sei mit dir! Ich werde meinen Herrn um Vergebung für dich bitten; er war mir gegenüber immer entgegenkommend. 48 Ich werde mich von euch abwenden und von allem, was ihr anstatt Gottes anbetet. Ich bete nur meinen Herrn allein an und werde durch das Gebet zu meinem Herrn bestimmt nicht enttäuscht werden."

Die wachsende Intensität der Kontroverse, die sich zu einem persönlichen Vater-Sohn-Konflikt steigert, zeigt sich nicht allein im beschwörenden Flehen Abrahams, sondern auch in seiner Bewertung der Vielgötterei nicht nur als Götzendienst, sondern gar als Satanskult: „Bete nicht den Satan an!" (V. 44). Schlimmer noch, Abraham befürchtet, daß sein Vater ein „Freund des Satans" werde (V. 45). Schrecklicher kann der Vorwurf eines Sohnes gegenüber seinem Vater kaum sein: mit dem Teufel im Bunde zu stehen! Und der Vater kontert entsprechend. Er droht seinerseits dem aus seiner Sicht ja ebenfalls ungläubigen Sohn mit dem Tod – hier nicht durch Feuer wie an allen anderen Stellen (Sure 37,97; 21,69; 29,24), sondern durch Steinigung (V. 46). Schrecklicher kann auch die Drohung eines Vaters gegenüber seinem Sohn nicht sein: ihn eigenhändig mit Steinen zu bewerfen, um ihn zu töten! Das Verhalten seines starrsinnigen Sohnes war für ihn offenbar Gotteslästerung, worauf seit jeher z. B. im Judentum die Todesstrafe stand (Levitikus [= 3. Mose] 24,10–16). Der Vater-Sohn-Konflikt eskaliert in einem Zerwürfnis um des Glaubens willen, gekennzeichnet von einem vollständigen gegenseitigen Unverständnis und gepaart mit Intoleranz und massivsten Drohungen auf beiden Seiten.

Die in dieser Abraham-Geschichte erkennbare *Eskalation des Konflikts* wirft ein helles Licht auf die Situation Muhammads und seiner Anhänger zur Zeit der Entstehung bzw. Offenbarung von Sure 19. Ihre Lage hatte sich dramatisch verschlechtert. Sie waren als Opfer von sozialen, familiären und ökonomischen Repressalien einem solchen Druck ausgesetzt, daß eine Gruppe von rund hundert Gläubigen ca. 616 in das christliche Abessinien auswanderte. Sie suchte Zuflucht beim dortigen Machthaber, dem Negus, die ihnen auch gewährt wurde. Die in Mekka verbliebenen Anhänger und engsten Verwandten Muhammads wurden nunmehr offiziell boykottiert: „Es dürfen keine Ehen mehr mit Angehörigen dieser beiden Sippen [gemeint sind die Sippen *Hashim* und *Muttalib*] geschlossen werden, und es darf nichts mehr an sie verkauft und nichts mehr von ihnen gekauft werden. (...) Zwei oder drei Jahre litten dann die Muslime unter dem Boykott, bis sie völlig erschöpft waren, da nur noch insgeheim und heimlich etwas zu ihnen gebracht werden konnte."[21]

Ganz knapp nur streift Sure 43 den Konflikt[22], ehe dann eine fünfte Variante in Sure 21 wieder ausführlich darauf zurückkommt. Erneut ist die Szene dreigeteilt: Disput (hier in moderatem Ton) – Zerstörung der Götzen – Todesstrafe und Errettung. Diese Fassung bringt im zweiten und dritten Teil neue Details. Im Folgenden sei zunächst der vollständige Text zitiert:

51 Wir gewährten vordem Abraham Denkvermögen und das Nachdenken über die Wahrheit, und Wir wußten Bescheid über ihn. 52 Einst sagte er seinem Vater und seinem Volk: „Was sind das für Standbilder, die ihr beharrlich anbetet?" 53 Sie sprachen: „Wir fanden, daß unsere Väter sie anbeteten." 54 Er sagte: „Ihr und eure Väter seid in eindeutigem Irrtum." 55 Darauf sagten sie: „Bringst du uns die Wahrheit, oder gehörst du zu denen, die Scherz treiben?" 56 Er sprach: „Euer Herr ist der Herr über Himmel und Erde. Er ist es, Der sie erschaffen hat, und ich gehöre zu den Zeugen, die das erkannt haben. 57 Bei Gott, ich werde euren Götzen heimlich schaden, wenn ihr mir den Rücken zukehrt und fortgegangen seid." 58 Dann schlug er sie in Scherben, ausgenommen ihren Obersten, den sie befragen sollten. 59 Sie sprachen: „Wer hat unseren Göttern das angetan? Er gehört gewiß zu den Frevlern." 60 Einige sagten: „Wir hörten einen jungen Mann namens Abraham über sie lästern." 61 Sie sprachen: „Bringt ihn vor die Augen der Leute, damit sie bezeugen!" 62 Da fragten sie ihn: „Hast du unseren Göttern das angetan?" 63 Er antwortete: „Das hat wohl ihr Oberster da getan. Fragt sie, wenn sie sprechen können!" 64 Sie dachten darüber nach. Einige sprachen: „Ihr seid die Ungerechten." 65 Dann senkten sie ihre Köpfe und verfielen wieder dem Irrtum. Sie sagten: „Du weißt doch, daß sie nicht sprechen können." 66 Er sprach: „Dient ihr anstatt Gottes dem, was euch keineswegs nützen oder schaden kann? 67 Pfui über euch und über das, was ihr anstelle von Gott anbetet! Wollt ihr euch nicht des Verstandes bedienen?" 68 Sie sagten: „Verbrennt

ihn und laßt eure Götter siegen, wenn ihr etwas tun wollt!" 69 Wir aber sprachen [gemeint ist Gott]: „O Feuer, sei kühl und füge Abraham keinen Schaden zu!" 70 Dann wollten sie ihm Böses antun. Doch Wir ließen sie die Verlierer sein.

Abraham provoziert die Götzendiener. Er spielt mit ihnen und gibt ihren unvernünftigen Aberglauben der Lächerlichkeit preis. Der „Aufklärer" Abraham, dessen „Nachdenken über die Wahrheit" eigens betont wird (V. 51), fordert sie auf, sich ihres Verstandes zu bedienen (V. 67). Den einen wahren Gott zu erkennen, ist nicht allein Sache der Offenbarung und des Glaubens, sondern auch – so der Koran – eine Sache der menschlichen Vernunft, die immerhin auch von Gott gegeben ist. Die Reaktion der verspotteten Stammes- und Familienangehörigen ist drastisch: Abraham soll verbrannt werden, er soll auf dem Scheiterhaufen sterben! Doch Gott läßt nicht zu, daß Abraham auch nur ein Haar gekrümmt werde, und bewahrt ihn vor dem drohenden Feuertod. Gott läßt das Feuer erkalten. Damit möchte der Koran sagen: wer für den Einen, den wahren Gott „brennt", den läßt das Feuer der Menschen kalt, dem können von Menschen gemachte und geschürte Scheiterhaufen nichts mehr anhaben. Das Licht der Wahrheit, das Gott im Menschen gerade auch mit Hilfe des Verstandes entzündet, kann unverwundbar, kann unantastbar machen. Ähnlich berichtet der Koran auch von Gottes rettender Intervention bei anderen herausragenden Propheten, die mit dem Tod bedroht wurden, etwa bei Noah, bei Lot, bei Mose, bei Jesus und bei Muhammad selbst. Das für das allgemeine Volksempfinden zentrale Motiv in dieser Variante – die Errettung Abrahams aus dem Feuer – begegnet bereits in der nachbiblischen jüdischen Tradition. Es wird dann erneut aufgegriffen und ausgeschmückt von der späteren islamischen Überlieferung in den populären Legenden um

Abraham und Nimrod, wie wir im neunten Kapitel sehen werden.

Die für Theologen zentrale Aussage dieser fünften Variante, daß Gott auch vernünftig zu erkennen sei, wird in den beiden nächsten Fassungen der Geschichte – sie stammen aus der dritten Phase der Wirksamkeit Muhammads in Mekka kurz vor der Auswanderung nach Medina – weiter herausgearbeitet. In Sure 29,16–27 argumentiert Abraham mit den Werken der Schöpfung. Der Verständige möge seine Augen aufmachen und sehen! Die Schöpfung ist nicht nur ein Indiz für die Existenz des Einen, sondern auch dafür, daß Gottes Macht sogar den Tod überwindet, so daß kein Ungläubiger seiner Strafe entrinnen kann, andererseits aber auch kein Gläubiger angesichts des Todes verzweifeln muß, da der Schöpfer-Gott auch die Macht zur Auferweckung hat.

16 Gedenke Abrahams, der zu seinem Volk sprach: „Dient Gott und seid Ihm gegenüber fromm! Das ist das Beste für euch, wenn ihr es nur wüßtet! 17 Was ihr anstatt Gottes anbetet, das sind Götzen, und ihr erdichtet Lügengeschichten. Diejenigen, die ihr anstatt Gottes anbetet, können euch nicht versorgen. Sucht Versorgung bei Gott, dient Ihm, und seid Ihm dankbar! Zu Ihm werdet ihr zurückgebracht werden. 18 Wenn ihr mich der Lüge zeiht, so haben schon Völker vor euch ihre Gesandten der Lüge geziehen. Der Gesandte hat nur deutlich zu verkünden.“ 19 Sehen sie denn nicht ein, daß Gott die Schöpfung hervorbrachte und daß Er sie durch die Auferweckung wieder erschaffen wird? Das ist für Gott ein leichtes. 20 Sprich: „Geht auf der Erde umher und seht, wie Er die Schöpfung entstehen ließ! Gott wird dann die letzte Schöpfung erwirken.“ Gottes Allmacht umfaßt alles. 21 Er bestraft qualvoll, wen Er will und gewährt Barmherzigkeit, wem Er will. Und zu Ihm werdet ihr zurückgeführt werden. 22 Ihr seid weder auf Erden noch im Himmel unerreichbar, und ihr habt außer Gott weder Beschützer noch Helfer. 23 Diejenigen, die Gottes Zeichen und die Begegnung mit Ihm im Jenseits leugnen, haben keine Hoffnung auf Meine Barmherzigkeit. Ihnen wird qualvolle Strafe zuteil werden. 24 Seine Leute hatten keine andere Antwort als: „Tötet ihn [Abra-

ham] oder verbrennt ihn!" Gott errettete ihn vor dem Feuer. Darin ist ein Zeichen für Menschen, die wahrhaftig glauben.

Der nächsten ausführlichen Fassung dieser zweiten großen Abraham-Geschichte im Koran wenden wir uns im folgenden Kapitel zu.

3. Abraham und die Sterne – oder: Was der Verständige erkennt

Noch anschaulicher und in durchaus überraschender Weise demonstriert die siebte Fassung der Erzählung das Argument der Vernunft. Bringt man Abraham in Verbindung mit der Betrachtung der Sterne, erinnert sich der und die mit der biblischen Tradition Vertraute an die Verheißung einer zahlreichen Nachkommenschaft durch Gott (Genesis 15,5). Der Zusammenhang „Abraham und die Sterne" hat im Koran jedoch eine völlig andere Akzentuierung erhalten: hier geht es nicht um das Dilemma der Kinderlosigkeit Abrahams und Saras, sondern um Abrahams Suche nach dem, der wahrhaft Gott genannt zu werden verdient. Die Äußerung eines Kinderwunsches Abrahams begegnet im Koran nur an einer einzigen Stelle – Sure 37,100: „Gott, schenke mir rechtschaffene Nachkommen" – und hat dort keinen Bezug zur Betrachtung der Sterne. Diese haben mit Blick auf Abraham im Koran eine andere Funktion, wobei der Koran, historisch betrachtet, offenkundig erneut aus einem Erzählschatz schöpft, der bei der außerbiblischen jüdischen Überlieferung anknüpft.

In Sure 6,74–84 geht der Koran ein letztesmal ausführlich auf Abrahams Konflikt mit seinem Vater ein.[23] Diese Fassung hat mehrere Besonderheiten: sie nennt zu Beginn den Namen des Vaters von Abraham; sie beschreibt die allmähliche „Konversion" – also Hinwendung – Abrahams zu Gott; und sie gibt einen begrifflichen Hinweis darauf, daß Abraham ursprünglich ein Heide war. Zur ersten Besonderheit. Der Name von Abrahams Vater wird hier in Sure 6,74 zum ersten und einzigen Mal im Koran genannt: *Azar* – im Unterschied zur Hebräischen Bibel, derzufolge Abrahams Vater *Terach* hieß (Genesis 11,27), welcher Name dann auch in den späteren islamischen Prophetenlegenden wieder auftaucht. Um die widersprüchlichen Angaben zum Namen von Abrahams Vater zu harmonisieren, haben die Ausleger die verschiedensten Erklärungen bemüht. Die traditionelle Auskunft ist, daß er tatsächlich Terach geheißen habe. Azar sei der Name des von Terach verehrten Götzen gewesen, nach dem dann Terach als zweiten Namen Azar als eine Art Ruf- oder Spitznamen erhalten habe.[24] In dieser Erzählvariante findet kein Disput mehr zwischen Terach alias Azar und Abraham statt, auch keine Zerstörung der Götzenbilder. Vielmehr wird in anschaulicher Weise beschrieben, wie Abraham angesichts der Gestirne und mit Hilfe der ihm gegebenen Vernunft Gott erkennt. Der Anfangssatz der fünften Fassung der Geschichte in Sure 21 hatte festgestellt, daß Gott „Abraham Denkvermögen und das Nachdenken über die Wahrheit“ gewährte (V. 51). Was man sich darunter vorzustellen hat, wird in der siebten Variante der Geschichte in Sure 6 aus der Zeit unmittelbar vor der Emigration Muhammads nach Medina konkret geschildert:

74 Einst sagte Abraham zu seinem Vater Azar: „Hältst du Götzen für Götter? Ich bin der Ansicht, daß ihr, du und dein Volk, eindeutig im Irrtum seid.“ 75 So ließen Wir Abraham das Reich der Himmel und der Erde betrachten und verstehen, auf daß er zu den fest überzeugten Gläubigen gehöre. 76 Als ihn Nacht umgab, erblickte er einen Stern. Er sprach: „Das ist mein Gott. „Als aber der Stern unterging, sprach er: „Ich diene nicht gern denen, die untergehen.“ 77 Und als er den Mond erblickte, der aufgegangen war, sprach er: „Das ist mein Gott.“ Als er unterging, sprach er: „Wenn mich mein Herr nicht rechtleitet, werde ich sicher einer der Verirrten bleiben.“ 78 Und als er die Sonne erblickte, die aufgegangen war, sprach er: „Das ist mein Gott. Das ist größer als die anderen Himmelskörper.“ Als sie unterging, sprach er: „Ihr Menschen! Ich bin an dem, was ihr Gott beigesellt, unschuldig.“ 79 Ich erhebe mein Antlitz zu Dem, Der die Himmel und die Erde erschuf, als Hanif, und gehöre nicht zu den Anhängern der Vielgötterei.“

Daß Abraham und seine Vorfahren ursprünglich Heiden waren und „anderen Göttern dienten“, war aus der Hebräischen Bibel bekannt (Josua 24,2). Im Koran wird von Abraham, dem Heiden, der Gott sucht und findet, in dieser Fassung am anschaulichsten berichtet. Es ist die ihm von Gott gegebene und ihn rechtleitende Vernunft, die ihn nicht schlagartig, sondern vielmehr – sehr zur Irritation so mancher Ausleger – allmählich von Irrtum zu Irrtum weiterschreiten läßt zur wahren und vollen Gotteserkenntnis. Dreimal hält Abraham gleichsam in aufsteigender Hierarchie ein Gestirn – erst einen Stern, dann den Mond und schließlich die Sonne – für Gott und erkennt, daß es jeweils noch etwas Größeres – einen Größeren – geben muß. Das ist das Ziel und der Kern der abrahamischen Glaubens- und Vernunfterkenntnis, wie es sich schon in der zuvor erwähnten Passage Sure 29,16ff andeutete: Gott kann nur der unvergängliche Schöpfer des Himmels und der Erde sein, nicht aber seine vergänglichen Geschöpfe, seien es die Gestirne des Himmels, seien es ihre von Menschen gemachten Abbilder auf Erden.

Am Ende dieser Variante – die dritte Besonderheit – taucht ein Begriff auf, der für die weitere Entwicklung des koranischen Abrahambildes zentrale Bedeutung gewinnen wird. In Sure 6,79 sagt Abraham: „Ich erhebe mein Antlitz zu Dem, Der die Himmel und die Erde erschuf, als Hanif, und gehöre nicht zu den Anhängern der Vielgötterei.“ Bei dem Begriff *hanif* handelt es sich um ein Lehnwort aus dem Wortschatz des Syro-Aramäischen. In dieser von Christen gesprochenen Sprache bedeutet das Wort *hanpa* abschätzig „Heide“. Im Koran jedoch wird dieses Wort aufgewertet und erhält eine völlig neue, ganz und gar positive Bedeutung. Die Konversion des Begriffes wird in der Person und Konversion Abrahams gleichsam verkörpert. Aus dem Heiden Abraham ist der Urmonotheist Abraham geworden. Aus der Bedeutung „Heide“ für *hanpa* ist in der arabisierten und islamisierten Form *hanif* der Gottessucher, der wahrhaft Gläubige geworden. Unten im achten Kapitel kommen wir nochmals darauf zurück.

Doch nicht jedem ist die vernünftige Erkenntnis des einen Gottes gegeben! So wird in der Fortsetzung der siebten Variante dieser Erzählung von Abrahams Streit mit seinen Stammesgenossen berichtet. Auch wenn dieser Konflikt bekanntermaßen lebensgefährlich für Abraham ist: nunmehr fühlt sich er sich sowohl vor den Götzen, die sich nicht einmal selber helfen können, wie auch vor den Todesdrohungen seiner Sippe sicher, da Gott ihn schützt, wie der Text in Sure 6 weiter berichtet:

80 Seine Stammesgenossen jedoch stritten mit ihm. Er sprach: „Streitet ihr mit mir über Gott, Der mich rechtgeleitet hat? Ich fürchte mich nicht vor dem, was ihr Gott beigesellt, denn nur wenn Gott es will, kann mir etwas zustoßen; Gottes Wissen umfaßt alles, und ihr müßt euch Gedanken machen. 81 Wie sollte ich fürchten, was ihr Gott beigesellt, wenn ihr nicht fürchtet, Gott etwas beizugesellen ohne jeglichen Beweis und wozu Er euch nicht ermächtigt hat? Wer von uns, ihr oder ich, hat mehr Recht auf Zuversicht? Sagt es, wenn ihr es wißt! 82 Nur diejenigen, die an Gott glauben und die ihren Glauben nicht mit Unglauben mischen, erfreuen sich der Zuversicht und sind rechtgeleitet.“ 83 Das ist Unser unanfechtbarer Beweis, den Wir Abraham seinem Volk gegenüber gewährt haben, und Wir haben seinen Rang erhöht. Wir erhöhen den Rang wie Wir wollen, denn Dein Herr ist allwissend und unendlich weise. 84 Abraham schenkten Wir Isaak und Jakob. Beide haben Wir rechtgeleitet. Lange davor leiteten Wir Noah recht. Von seinen [Abrahams] Nachkommen haben Wir David, Salomo, Hiob, Joseph, Moses und Aaron rechtgeleitet. Wie Wir sie belohnt haben, belohnen Wir alle, die das Gute tun.

Der Koran schließt das Kapitel der Auseinandersetzungen Abrahams mit dem Glauben seiner Väter, den er angesichts seiner Erkenntnis des wahren Gottes für Götzenkult hält, erst gegen Ende des Wirkens Muhammads im Ganzen, also in medinensischer Zeit. Sämtliche Diskussionen, alles Flehen und Drohen auf beiden Seiten war nutzlos. Nachdem

Abraham seine Lossagung vom Vater bereits einmal angedroht hatte (Sure 19,48), macht er sie nun tatsächlich wahr. Er sagt sich im Koran gleich zweimal – also definitiv – von seiner Herkunftsfamilie und deren Kult los. Von nun an sind sie geschiedene Leute, ja sogar Feinde um des Glaubens willen. Die erste Lossagung findet sich in Sure 60,4: „Wir sagen uns von euch und von denen los, die ihr anstatt Gottes anbetet. Wir erkennen euch nicht an. Zwischen uns und euch zeigte sich offenbar für immer Feindschaft und Haß, bis ihr an Gott allein glaubt." Die Fronten sind klar und deutlich und für alle Zeiten festgelegt, ein Brückenschlag ist nicht mehr möglich. Intoleranz, Feindschaft und Haß regieren zwischen der Sippe Azars und Abraham, der sich mit seiner ganzen eigenen Familie – also mit Sara und seinem Neffen Lot zusammen – von ihrer aller Herkunft lossagt („wir"). Es folgt eine interessante Hinzufügung im selben Vers: „Ausgenommen ist Abrahams Wort an seinen Vater: ‚Ich will für dich um Vergebung bitten, obgleich ich für dich gegen Gottes Strafe nichts tun kann.'" Er und sein Vater sind um des Glaubens willen verfeindet, doch will Abraham offenbar Azar weder hassen noch ihm nach dem Leben trachten. Vielmehr ist seine Lossagung verbunden mit einer Bitte um Vergebung, freilich nicht im Sinne einer Bitte an den Vater, dieser möge ihm seinen neuen Glauben – mithin: den Abfall vom Glauben der Väter – verzeihen, sondern im Sinne einer erneuten Fürbitte Abrahams vor Gott für den aus seiner Sicht verblendeten Vater.

Die zweite, zeitlich spätere Lossagung Abrahams in Sure 9,114 ist individuell und nicht kollektiv formuliert. Doch ist sie ebenfalls mit einer Bitte um Vergebung für den Vater verknüpft: „Abraham bat nur um Vergebung für seinen Vater, weil er es ihm versprochen hatte. Als er aber klar erkannte, daß er ein Feind Gottes war, sagte er sich von ihm los." Eben dies ist auch das Leitmotiv am Ende der dritten Phase der Verkündigung Muhammads in Mekka und später in Medina: die soziale wie auch die religiöse Loslösung von der Heimat, der Herkunftsfamilie, von der eigenen Sippe und ihrer Religion. Vollständiger kann der Bruch nicht sein. Nicht das Blut zählt, sondern der Glaube. An die Stelle der Verwandtschaft der Großfamilie, der Solidarität der Sippe, tritt die Gemeinschaft der Glaubenden (arab. *umma*), die ihrerseits in Medina erweitert wird durch die dortigen sog. „Helfer" (arab. *ansar*), die sich Muhammad angeschlossen haben. Die „vertikale" Verbindung mit Gott ist von nun an – damals für Abraham und seine Familie, heute für Muhammad und seine Anhänger – wichtiger als die „horizontale" Verbundenheit mit der Herkunftsfamilie. Wer die Religion der Väter und Mütter verläßt, weil er zum Glauben an den Einen Gott gefunden hat, der glaubt auch bis zur letzten Konsequenz. Und die heißt in diesem Fall: Emigration (arab. *hidschra*) oder Tod.

Auch in dieser Hinsicht sieht Muhammad sein eigenes Geschick in demjenigen Abrahams vorgebildet. Wer in damaliger Zeit mit seiner Sippe brach, verlor nicht nur sein soziales Netz und seine wirtschaftliche Absicherung, sondern auch jeglichen äußeren Schutz. Der war isoliert, gleichsam „vogelfrei". Wird in der Hebräischen Bibel Abrahams Auswanderung aus dem Land seiner Väter begründet mit der Verheißung eines neuen Landes durch Gott (Genesis 12,1), so erscheint im Koran der Exodus Abrahams als Konsequenz der Feindschaft mit dem Vater aufgrund seiner Abkehr vom (Un-) Glauben der Väter. Die spätere, mit einer überaus konfliktträchtigen Wirkungsgeschichte verbundene Verheißung des Landes auch noch als persönliches Eigentum Abrahams und seiner Nachkommen (Genesis 12,7; 13,14ff) ist ebenfalls ein Motiv, das der Koran so nicht kennt. Das neue Land erscheint hier eher als Zufluchtsort, um das eigene Überleben und Weiterleben zu sichern – ganz so, wie auch für Muhammad im Jahre 622 die Oasenstadt Yathrib die Fortsetzung seiner Sendung ermöglichte, als für ihn und die anderen Muslime die Situation in Mekka lebensgefährlich geworden war. Untergang oder Emigration hieß die Alternative. Dreimal klingt im Koran dieses Motiv der Auswanderung Abrahams an. Zeitlich zuerst in Sure 37,99: „Er sprach: ‚Ich gehe, wohin Gott mich leitet. Er wird mich den rechten Weg führen.'" Dann in Sure 21,71: „Wir erretteten ihn und Lot und ließen sie zu dem Land gehen, das Wir für die Welten gesegnet haben." Und schließlich in Sure 29,26: „Er sprach: ‚Ich werde zu meinem Herrn ausziehen. Er ist der Allmächtige, der Weise.'"

4. Abraham und seine Namen – oder: Das vollkommene Vorbild

Im zweiten der eben zitierten drei Worte von der Emigration Abrahams klingt das Stichwort „Segen" an (Sure 21,71). Das erinnert an die Verheißung in der Hebräischen Bibel, Abraham werde ein Segen für alle Welt sein (Genesis 12,1–3): „Zieh weg aus deinem Land, von deiner Verwandtschaft und aus deinem Vaterhaus in das Land, das ich dir zeigen werde. Ich werde dich zu einem großen Volk machen, dich segnen und deinen Namen groß machen. Ein Segen sollst du sein. Ich will segnen, die dich segnen; wer dich verwünscht, den will ich verfluchen. Durch dich sollen alle Geschlechter der Erde Segen erlangen." Im Koran wird nicht Abraham selbst ein Segen genannt, sondern das Land, in das er zieht, und später noch das Heiligtum von Mekka, das er neu errichtet (Sure 3,96). Doch ist in Sure 37,113 auch von Gottes Segen (arab. *baraka*) auf Abraham und Isaak die Rede. Worin besteht der Segen, der aus der Sicht des Korans von Abraham ausgeht? Er besteht darin, daß Abraham für alle Zeiten zu einem gültigen Vorbild und Anführer (arab. *imam*) des Glaubens an den Einen Gott wird. In Sure 2,124 heißt es: „Einst prüfte Gott Abraham durch Aufgaben, die dieser vollkommen erfüllte. Gott sprach zu ihm: ‚Ich werde dich zum Vorbild für die Menschen machen.'" Der *imam*-Titel für Abraham ist im Koran einzigartig. Allen Gläubigen, die seinem Beispiel folgen, wird *imam Ibrahim* zum Segen, zur Inspiration, zum Trost. Das gilt nicht zuletzt auch für Muhammad persönlich, der im Lichte der Abraham-Offenbarungen seine eigene Sendung aller Schwierigkeiten und Feindschaft zum Trotz annehmen und verstehen lernte. *Imam Ibrahim*, das Vorbild und der Führer der Menschheit, wird sich zunehmend als das direkte Vorbild, als der Lehrer Muhammads erweisen.

Um den Segenscharakter Abrahams zum Ausdruck zu bringen, der in seiner Funktion als Vorbild begründet ist, gibt ihm der Koran seit der zweiten Phase der Wirksamkeit Muhammads in Mekka zahlreiche Würdetitel, die in Medina schließlich in einem zweiten einzigartigen Ehrennamen gipfeln werden. Es wird gleichsam ein Füllhorn von Ehrennamen über Abraham ausgegossen, wie das im Koran sonst nur noch bei Jesus, dem Sohn Marias, der Fall ist.[25] Namen sind, zumal im Orient, alles andere als Schall und Rauch; sie sind der Inbegriff von Würde und Ansehen; sie bringen das Charisma ihres Trägers zum Ausdruck und stellen gewissermaßen das Konzentrat seiner Persönlichkeit dar. Selbstverständlich gilt Abraham zunächst als „Prophet" (arab. *nabi*), ein Titel, dem ihm bereits vereinzelt die Hebräische Bibel (Genesis 20,7) und öfter dann die jüdische Tradition zuerkannt hat. An einem Dutzend Stellen wird dann Abraham im Koran – wie auch seine Söhne und Enkel – so genannt und in entsprechenden Prophetenreihen mit aufgeführt, z. B. in Sure 3,84 (= 2,136):

> Sprich: „Wir glauben an Gott, an die Offenbarung, die Er uns herabgesandt hat, an das, was Er Abraham, Ismael, Isaak, Jakob und dessen Nachkommen herabgesandt hat, und an die Offenbarungen, die Moses, Jesus und die Propheten von ihrem Herrn bekommen haben. Wir machen keinen Unterschied zwischen ihnen und sind Gott ergeben."

Muslime glauben an alle Propheten – also auch an Abraham. Das bedeutet: sie glauben wie Abraham und mit Abraham an Gott. So wird Abraham zum Segen für sie. Abraham als Vorbild – das meint auch: Abraham gilt im Koran als beispielhafter Ur-Muslim, der bereits einige der späteren islamischen Pflichten – der sog. „Säulen des Glaubens" (arab. *arkan ad-din*) – erfüllt. Von Abraham und den Seinen heißt es in Sure 21,73:

Wir haben sie zu Vorbildern gemacht, die nach Unserem Befehl die Menschen rechtleiteten. Wir gaben ihnen ein, gute Werke zu vollbringen, die Gebete zu verrichten und die Sozialabgabe zu entrichten. Sie dienten Uns allein.

Damit werden die Muslime gewissermaßen zu Abrahamiten, die nachahmen, was ihr Vorbild ihnen vorlebte, wie Sure 22,78 deutlich macht:

Setzt euch für Gottes Sache mit aller Kraft ein! Er hat euch erwählt und legt euch nichts Beschwerliches in der Religion auf. Das ist die Religion eures Vaters Abraham. Gott hat euch bereits vorher Muslime genannt. Der Gesandte soll euch dafür Zeuge sein, und ihr sollt für alle Menschen Zeugen sein. Verrichtet das Gebet, entrichtet die Sozialabgabe und stützt euch auf Gott! Er ist doch euer Beschützer. Gott ist der beste Hüter und der beste Helfer.

Ordnet man alle fünfundzwanzig Suren, in denen Abraham erwähnt wird, in eine zeitliche Reihenfolge ihrer Entstehung bzw. Offenbarung, so findet sich exakt in der Mitte, als dreizehnte, eine Sure, die direkt nach Abraham benannt ist. In dieser *Sura Ibrahim* gibt es ein schönes Gebet, das Abraham als vorbildlicher Muslim betet. Hier findet sich auch eine Anspielung auf seine wichtige Rolle für die *Ka'ba* in Mekka, die dann in der letzten Phase der Wirksamkeit Muhammads in Medina das Abraham-Bild bestimmen wird. Dieses Gebet in Sure 14, das eigentlich nicht weiter kommentiert zu werden braucht, lautet:

35 Einst sprach Abraham: „Mein Herr! Mache dieses Land sicher und
bewahre meine Söhne und mich davor, den Götzen zu dienen! 36 Mein
Herr! Die Götzen haben viele Menschen irregeleitet. Wer mir folgt, der
gehört zu meiner Glaubensgemeinschaft, und nimm Dich dessen an, der
sich mir widersetzt, bist Du doch unendlich vergebend und barmherzig!
37 Unser Herr! Ich habe einen Teil meiner Nachkommenschaft in einem

Tal, das ohne Pflanzen ist, bei Deinem Heiligen Haus angesiedelt. Unser Herr! Damit sie das Gebet hier verrichten, mache, daß Menschen sie liebevoll aufsuchen, und gib ihnen Früchte, auf daß sie dankbar sein mögen! 38 Unser Herr! Du weißt alles, was wir verbergen und was wir äußern. Gott entgeht nichts, weder auf der Erde noch in den Himmeln. 39 Gott sei gelobt, Der mir im Alter Ismael und Isaak geschenkt hat. Mein Herr erhört die Bittgebete. 40 Unser Herr! Mache, daß ich das Gebet ordnungsgemäß verrichte und desgleichen die Rechtschaffenen von meinen Nachkommen! Unser Herr! Erhöre unsere Bitte! 41 Unser Herr! Vergib mir, meinen Eltern und den Gläubigen an dem Tag, an dem die Abrechnung erfolgen wird!"

Abraham wird hier als der vorbildliche Beter geschildert insofern er nicht nur an sich selber denkt, sondern auch andere fürbittend in sein Gebet einschließt. Ähnlich ist das auch in dem im zweiten Kapitel bereits zitierten Gebet Abrahams in Sure 26,83–89 der Fall. Noch viele andere Titel und Tugenden Abrahams werden im Koran aufgezählt, die bereits aus der jüdischen und christlichen Tradition bekannt sind: Abraham gilt, wie Jesus, als Rechtschaffener bzw. Gerechter (arab. *salih*).[26] Er ist sanftmütig (arab. *halim*): „Wahrlich, Abraham war ein sanftmütiger, demütiger Mensch" (Sure 9,114). Ihm wird ein ebenso sanftmütiger Sohn verheißen (Sure 37,101). Diese Titulierung ist besonders interessant, denn sonst ist die Sanftmut im Koran eine Eigenschaft Gottes. Nur Abraham und seinem Sohn wird sie noch zugebilligt. Hamideh Mohagheghi erklärt dazu: „*Halim* ist jemand, der sanftmütig und milde jedes Vorkommen und Geschehnis geduldig erträgt und dankbar ist; *halim* ist jemand, der nie die Hoffnung verliert und stets zuversichtlich ist, dass die schlechten Vorkommnisse auch ihren Sinn und Zweck haben und sich zum Guten wandeln können. Dass diese Eigenschaft im Qur'an außer Gott nur Abraham und seinem Sohn zugeschrieben wird, macht deutlich, dass diese beiden für besonders schwere Aufgaben auserwählt waren."[27] Wir werden gleich im nächsten Kapitel auf diese Aufgaben ausführlich zu sprechen kommen. Des weiteren ist Abraham gehorsam und gottergeben (arab. *muslim*). Er ist ein „Verkünder der Wahrheit“ (arab. *siddiq*, Sure 19,41; 33,7f), „reinen Herzens“ (arab. *salim*, Sure 37,84) und ein von Gott Auserwählter (arab. *mustafa*, Sure 2,130). Wie vielfach bereits im Judentum und Christentum wird Abraham, wenngleich nicht mit derselben Betontheit, auch im Koran als „Vater“ der Glaubenden bezeichnet. Nur in Sure 22,78 ist von *abu Ibrahim* – genauer: von der „Religion eures Vaters (arab. *abikum*) Abraham“ die Rede.

Auch wenn Abraham in der Bibel und in der jüdischen sowie der christlichen Tradition in hohen Ehren gehalten wird, fällt doch auf: in beiden Vorgängerreligionen werden auch problematische Seiten Abrahams, seine Schwächen und Fehler angedeutet. Beispielsweise in der berühmten Dreiecksgeschichte Abraham – Sara – Pharao, die im Koran nicht erwähnt wird, was umso auffälliger ist, da diese Geschichte sogar zweimal in der Hebräischen Bibel erzählt wird.[28] Es hat seinen bestimmten Grund, weshalb davon im Koran nichts erkennbar wird. Denn Abraham ist nicht einfach irgendein religiöses und moralisches Vorbild für die Gläubigen – er ist vielmehr das Vorbild schlechthin! Mit anderen Worten: *er ist ein vollkommenes Vorbild ohne Fehler und Schwächen.* So kann man durchaus den Koran verstehen, wie das Muslime selber betonen. Der bedeutende islamische Gelehrte *Abdoldjavad Falaturi* (gest. 1996) etwa sagt über Abraham, wie ihn die jüdische und die christliche Tradition beschreiben: „Ein solcher Abraham, mit so vielen entwürdigenden Lastern, kann kein Vorbild für die Muslime sein. (...) Der Abraham, mit dem der Islam entsteht, besteht und fällt, ist eine ganz andere Gestalt“ – eben ein vollkommenes Vorbild. Darum könne im Koran keine Geschichte vorkommen, in der Abraham schwach, furchtsam und trügerisch mit Blick auf seine Frau Sara agiert, „weil nach koranischem Verständnis unaufrichtige Propheten und Gesandte undenkbar sind“, wie Falaturi meint.[29] Statt Geschichten, die auch von den Schwächen Abrahams handeln, finden wir im Koran ganz im Gegenteil ein Loblied auf die zahlreichen Tugenden Abrahams. Es wird in Sure 16 angestimmt:

120 Abraham war ein Vorbild im Glauben, gottergeben, jeglicher Irrlehre fern, und er gehörte nicht zu den Götzendienern, die Gott Gefährten beigesellten. 121 Er war Gott für Seine Gaben dankbar. Dafür hat Gott ihn auserkoren und ihn auf den geraden Weg geleitet. 122 Im Diesseits erwiesen Wir ihm Huld, und im Jenseits wird er gewiß zu den Rechtschaffenen gehören.

Das höchste Lob jedoch stellt ein Ehrenname dar, den der Koran Abraham erst relativ spät, in der letzten Phase der Wirksamkeit Muhammads in Medina verleiht. In Sure 4,125 heißt es: „Gott hat Abraham zum Freund auserkoren.“ Mit diesem Titel „Freund“ (arab. *khalil*) krönt der Koran das besondere Verhältnis des Vertrauens, dessen Abraham von Gott gewürdigt wird. Der Titel bringt natürlich keine Gleichwertigkeit zweier Freunde „auf gleicher Augenhöhe“ zum Ausdruck, wohl aber symbolisiert er die Innigkeit und Nähe zu Gott, die Abraham zuteil wird. Die Initiative zu dieser Beziehung der Freundschaft geht wohlgemerkt von Gott aus – kein Mensch kann sie sich durch Tugenden erwerben oder mit Verdiensten erwirken. Der berühmte Mystiker Ibn al-Arabi (gest. 1240), ein Zeitgenosse von Maimonides und Thomas von Aquin, sieht in dem Freund-Titel gar eine wechselseitige Durchdringung zwischen Abraham und Gott zum Ausdruck gebracht, so wie die Farbe und der von ihr gefärbte Stoff sich miteinander verbinden.[30] Solche wie auch immer näher zu beschreibende Freundschaft mit Gott ist und bleibt eine letztlich unverdiente Auszeichnung Abrahams von Seiten Gottes. So sehen das auch Juden und Christen. Denn dieser zweite einzigartige Titel für Abraham kommt auffälligerweise bereits mehrfach in der Bibel vor (Jesaja 41,8; Daniel 3,35; Jakobus 2,23). Diese elementare Gemeinsamkeit im Urteil von Thora, Neuem Testament und Koran über Abraham als Freund Gottes wird heutzutage im sog. jüdisch-christlich-muslimischen „Trialog" – neben dem bereits genannten gemeinsamen Wert der Gastfreundschaft – als ein weiterer wichtiger Ausgangspunkt für wechselseitige Begegnung und Freundschaft im Namen Abrahams betrachtet. Darauf wird im Teil D des Buches zurückzukommen sein.

Dieser Würdetitel steht allerdings in einer gewissen Spannung und in einem eigentümlichen Kontrast zu den beiden Bezeichnungen – oder, wenn man so will, Beschimpfungen –, die Abraham für seinen eigenen Vater, von dessen Religion er sich losgesagt hat, gebraucht: er sei ein „Feind Gottes" (Sure 9,114) und sogar ein „Freund des Satans" (arab. *wali ash-shaytan*, Sure 19,45). Hier muß man fragen: ist diese Intoleranz, diese Schmähung des Andersglaubenden, der notwendige Preis des Monotheismus? Oder jedenfalls eines überzogenen Monotheismus? Überzogen deshalb, weil dieser Monotheismus sich selber auf Kosten und zu Lasten Andersglaubender ins Recht setzt. Kann und darf ein Gläubiger – auch wenn er das Ansehen eines Abrahams besitzt – wirklich behaupten, Gott wolle die Zweiteilung der Menschen in Gute weil Gläubige – also „Freunde Gottes" – und in Böse weil Ungläubige – nämlich die Freunde Satans, mithin die „Feinde Gottes"? Dieser fundamentalistische Manichäismus ist wohl eine stete Versuchung und Gefahr für das monotheistische Credo, was freilich nicht nur die Geschichte des Islams, sondern die aller monotheistischen Religionen, also auch des Judentums und des Christentums belegt.[31]

Der Ägyptologe Jan Assmann hat eine jahrelange heftige Monotheismus-Kontroverse ausgelöst mit seiner These von der sog. „Mosaischen Unterscheidung". Damit meinte Assmann die Unterscheidung zwischen wahrer und falscher

Religion, zwischen dem wahren Gott und den falschen Göttern, was auf eine Grenzziehung und Bewertung zwischen dem überlegenen, aber unduldsamen Monotheismus – für welchen Mose stehe – und dem irrenden, aber großzügig toleranten Polytheismus – repräsentiert in dem Vielgötterkult des alten Ägyptens – hinauslaufe.[32] Dem Koran zufolge muß man allerdings feststellen: diese religiöse Fundamentalunterscheidung ist viel älter als Mose. Sie ist im Grunde bereits eine *„Abrahamische Unterscheidung*"! Mit dieser Einsicht wird die tiefe Ambivalenz, wenn nicht gar die Widersprüchlichkeit des koranischen Abrahambildes deutlich. Auf der einen Seite verkörpert Abraham nämlich das Recht jedes Menschen auf die Freiheit des Glaubens: sich von einer als falsch erkannten Religion abzuwenden und einer anderen Religion zuzuwenden. Abraham nimmt für sich dieses Recht auf Konversion in Anspruch – gegen den Widerstand seines Volkes, seiner Sippe, seines Vaters. Der Bruch mit den Seinen und der Exodus sind der äußere, konsequente Ausdruck dieser inneren Freiheit, die Abraham für sich gewonnen und kompromißlos eingefordert hat.

Auf der anderen Seite jedoch erscheint Abraham mit seinen Beschimpfungen des Vaters als „Feind Gottes" und „Freund Satans" in einem fundamentalistischen Zwielicht, gleichsam als der „erste Manichäer", viele Jahrhunderte ehe der Religionsstifter Mani lebte (gest. ca. 277 n.Chr.). In diesen beiden Koranversen (Sure 9,114; 19,45) verkörpert der koranische Abraham zugleich die Dämonisierung alles Nichtmonotheistischen, das als Heidentum, als Götzendienst, als Unglaube diffamiert wird – selbstredend in der Tradition und nach dem Vorbild des Judentums sowie des Christentums.[33] Eine ganz entscheidende Frage der Zukunft des Islams wird sein: an welche dieser beiden Seiten Abrahams werden die Muslime als Abrahamiten, als die Nachahmer der „Religion Abrahams" (arab. *millat Ibrahim*) mehrheitlich anknüpfen? Das Potential ist nach beiden Richtungen vorhanden. Der Islam kann nach dem Vorbild des Konvertiten Abraham eine *tolerante Religion der Religionsfreiheit* sein, in welcher „keinerlei Zwang im Glauben“ (arab. *la-ikraha fi-d-din*, Sure 2,256) – mithin auch keine Behinderungen bei der Konversion vom Islam zu anderen Religionen hin – herrscht. Andererseits kann der Islam gleichermaßen nach dem Vorbild Abrahams eine *intolerante Religion der Glaubenszwänge* sein, die alle diejenigen dämonisiert und bekämpft, die nicht oder nicht mehr im Sinne des Islams glauben. Auch das gab und gibt es faktisch im Islam: daß Apostaten und angeblich „Ungläubige“ zum Tod verurteilt werden.[34] Das ist das Paradox: daß im Islam als der „Religion Abrahams“, welcher von Gott vor der Todesstrafe wegen Abfall vom Glauben (arab. *ridda, irtidad*) bewahrt wurde, andere Menschen seinerseits mit der Todesstrafe wegen Apostasie bedacht werden. Hier steht Abrahamisches gegen Abrahamisches in ein und derselben Religion: Konversionsverbote sind mit Blick auf den Konvertiten Abraham zutiefst unabrahamisch. Die Todesstrafe für einen Apostaten (arab. *murtadd*) ist mit Blick auf den Apostaten Abraham, der selber zum Tod verurteilt worden war, ebenfalls zutiefst unabrahamisch. Toleranz wie Intoleranz, Freiheit wie Zwang – beides ist den Erben Abrahams möglich, weil das Erbe Abrahams ambivalent ist. Das ist in den anderen beiden Religionen genau dasselbe Dilemma, wie deren Geschichte mit ihren ebenso vielfältigen und widersprüchlichen Abrahamrezeptionen zeigt. Wir kommen im Teil D darauf zurück.

Man könnte einwenden: die Konfrontation und das schlußendliche Zerwürfnis zwischen Abraham, dem Freund Gottes, und seinem Vater Azar, dem Feind Gottes, werde im Koran etwas gemildert und überbrückt durch die erwähnte Fürbitte Abrahams für seinen Vater, daß Gott ihm dessen Unglauben vergeben möge. Nun, vielleicht hat Azar seinerseits die Götter, an die er glaubt, um Vergebung für seinen abtrünnigen Sohn gebeten. Es ist auffällig, daß sowohl im Judentum als auch im Islam das Motiv von Abraham als dem *Fürsprecher für andere* begegnet, eine Rolle, die sich seiner freundschaftlichen Nähe zu Gott verdankt. Und doch gibt es auch hier einen Unterschied. Abraham erscheint in der Hebräischen Bibel, wie bereits erwähnt, als Fürsprecher in Bezug auf die Einwohner der lasterhaften Städte Sodom und Gomorra, über die Gott ihrer Verfehlungen wegen das Gericht beschlossen hat (Genesis 18,20ff); auch tritt er für Abimelech und dessen Familie ein, die Gott seinetwegen bestraft hat (Genesis 20). Im Koran begegnet Abraham als Fürsprecher zwar ebenfalls mehrfach: zunächst in Sure 11,74–75 für das „Volk von Lot". Dann wiederholte Male für seine Eltern: viermal bezogen allein auf seinen Vater (Sure 9,114; 19,47; 26,86; 60,4) und einmal unter Einschluß seiner Mutter (Sure 14,41). Doch Abraham scheint dem Koran zufolge mit seiner Fürsprache nicht allzuviel bei Gott ausrichten zu können. In Sure 11,76 weist Gott die Fürsprache Abrahams für Lots Familie brüsk ab: „Hör auf damit! Gottes Entscheidung ist bereits ergangen." Später in Sure 60,4 sagt Abraham selber zu Azar, er könne für ihn gegen Gottes Strafe nichts tun. Die Fürsprachen Abrahams im Koran wirken nur noch wie ferne, verblaßte Reflexe des viel markanteren Einflusses, über den Abraham der jüdischen Überlieferung zufolge bei Gott verfügt. Es hat den Anschein, als ob Gott seinen menschlichen Freund in Gerichtsangelegenheiten nicht mitreden läßt. Ob Abrahams Fürsprache für die Eltern Gott womöglich doch gnädig stimmen wird am Tage der Auferstehung? Darüber erfahren wir im Koran selber nichts. Erst in der islamischen Tradition hören wir dazu mehr. Im elften Kapitel werden wir auf Azars Schicksal im Jenseits zurückkommen.

5. Abraham und der Traum – oder: Der anonyme Sohn

Abraham als vollkommenes Vorbild und als Vater der wahrhaft Gläubigen – dieses Motiv konkretisiert sich und spitzt sich zu in der bekanntesten und zugleich umstrittensten Abraham-Geschichte. In der jüdischen Tradition nennt man sie die Erzählung von Isaaks „Bindung“ (hebr. *aqedah*); in der christlichen Tradition hat man sie vielfach die Geschichte von der „Opferung Isaaks“ genannt, was freilich mißverständlich ist, da die Pointe gerade darin besteht, daß Isaak *nicht* geopfert wird. Diese Geschichte wird auch im Koran erzählt, anders als die beiden bisherigen großen Abraham-Geschichten allerdings nur ein einziges Mal. Zum besseren Vergleich sei zunächst die biblische Version aus Genesis 22,1–14 zitiert:

„Nach diesen Ereignissen stellte Gott (hebr. *Elohim*) Abraham auf die Probe. Er sprach zu ihm: Abraham! Er antwortete: Hier bin ich. Gott sprach: Nimm deinen Sohn, deinen einzigen, den du liebst, Isaak, geh in das Land Morija und bring ihn dort auf einem der Berge, den ich dir nenne, als Brandopfer dar. Frühmorgens stand Abraham auf, sattelte seinen Esel, holte seine beiden Jungknechte und seinen Sohn Isaak, spaltete Holz zum Opfer und machte sich auf den Weg zu dem Ort, den ihm Gott genannt hatte. Als Abraham am dritten Tag aufblickte, sah er den Ort von weitem. Da sagte Abraham zu seinen Jungknechten: Bleibt mit dem Esel hier! Ich will mit dem Knaben hingehen und anbeten; dann kommen wir zu euch zurück. Abraham nahm das Holz für das Brandopfer und lud es seinem Sohn Isaak auf. Er selbst nahm das Feuer und das Messer in die Hand. So gingen beide miteinander. Nach einer Weile sagte Isaak zu seinem Vater Abraham: Vater! Er antwortete: Ja, mein Sohn! Dann sagte Isaak: Hier ist Feuer und Holz. Wo aber ist das Lamm für das Brandopfer? Abraham entgegnete: Gott wird sich das Opferlamm aussuchen, mein Sohn. Und beide gingen miteinander weiter. Als sie an den Ort kamen, den ihm Gott genannt hatte, baute Abraham den Altar, schichtete das Holz auf, fesselte seinen Sohn Isaak und legte ihn auf den Altar, oben auf das Holz. Schon streckte Abraham seine Hand aus und nahm das Messer, um seinen Sohn zu schlachten. Da rief ihm der Engel des Herrn (hebr. *JHWH*) vom Himmel her zu: Abraham, Abraham! Er antwortete: Hier bin ich. Jener sprach: Streck deine Hand nicht gegen den Knaben aus und tu ihm nichts zuleide! Denn jetzt weiß ich, daß du Gott fürchtest; du hast mir deinen einzigen Sohn nicht vorenthalten. Als Abraham aufschaute, sah er: Ein Widder hatte sich hinter ihm mit seinen Hörnern im Gestrüpp verfangen. Abraham ging hin, nahm den Widder und brachte ihn statt seines Sohnes als Brandopfer dar. Abraham nannte jenen Ort *Jahwe-Jire* (Der Herr sieht), wie man noch heute sagt: Auf dem Berg läßt sich der Herr sehen."

Die koranische Version dieser Geschichte ist schon recht früh entstanden bzw. offenbart worden, nämlich bereits zu Beginn der zweiten Phase von Muhammads Sendung in Mekka. Sie ist – nach den beiden Erzählungen von der Gastfreundschaft und von den Konflikten mit der Religion der Väter – die dritte große Abraham-Geschichte des Korans. Sie findet sich in Sure 37 im Kontext einer breiten Rückschau auf bewährte Propheten, an die erinnert wird: neben Abraham sind es Noah, Mose und Aaron, Elia, Lot und Jona. Der gottesdienstliche Rahmen dieser „Rezitation" – das ist die Grundbedeutung des arabischen Wortes *Qur'an* – wird daran deutlich, daß jeweils am Ende einer Episode in hymnischer Art von der Gemeinde geantwortet wird: „Friede sei mit …" Der Rezitator fügt dann – gleichsam als Kommentar Gottes – formelhaft hinzu: „So belohnen Wir die Gläubigen, die Gutes tun und das Beste anstreben. Er gehört zu Unseren wahrhaftig gläubigen Dienern." Die ausführlichste dieser Schilderungen bewährter Gottesmänner ist die von Abraham. Im direkten Anschluß an die im zweiten Kapitel bereits zitierte Erzählung vom Konflikt mit dem Vater (Sure 37,83–98) läßt der Koran Abraham sprechen:

99 „Ich gehe, wohin Gott mich leitet. Er wird mich den rechten Weg führen. 100 Gott, schenke mir rechtschaffene Nachkommen!" 101 Dann übermittelten Wir ihm die frohe Botschaft, daß ihm ein sanftmütiger Sohn geboren werde. 102 Als der Junge alt genug war, um mit ihm zu arbeiten, sagte Abraham zu ihm: „Mein Sohn! Ich habe im Traum gesehen, daß ich dich schlachte. Sieh, was du dazu meinst!" Er antwortete: „Vater! Führe aus, was dir befohlen wird, du wirst mich, so Gott will, geduldig finden!" 103 Als sich beide in Gottes Willen ergeben hatten und er ihn mit der Stirn zum Boden hingelegt hatte, 104 riefen Wir ihm zu: „O Abraham! 105 Du hast den Traum bereits wahr gemacht!" So belohnen Wir die Gläubigen, die Gutes tun und das Beste anstreben. 106 Das war die offenkundige Prüfung. 107 Und Wir lösten ihn mit einem großen Schlachtopfer aus. 108 Und Wir lassen die späteren Generationen seiner lobend gedenken. 109 Friede sei mit Abraham! 110 So belohnen Wir die Gläubigen, die Gutes tun und das Beste anstreben. 111 Er gehört zu Unseren wahrhaftig gläubigen Dienern. 112 Wir übermittelten ihm die frohe Botschaft, daß Isaak Prophet und einer der Rechtschaffenen sein würde. 113 Wir segneten ihn und Isaak. Unter ihren Nachkommen gibt es Rechtschaffene und solche, die sich offenkundig selbst unrecht tun.

Das erzählerische Grundgerüst und der dramaturgische Kern sind in der biblischen und der koranischen Fassung dieser Vater-Sohn-Geschichte identisch. Doch gibt es einige interessante Abweichungen und Neuakzentuierungen, wie das oft der Fall ist, wenn sich der Koran auf Episoden aus den jüdischen und christlichen Offenbarungsschriften bezieht. Zunächst fällt auf, daß im Unterschied zur Bibel keine Namen erwähnt werden: weder der Name des Jungen noch der des Ortes, an dem das Opfer stattfinden soll. Die Anonymität des Opfers wie auch die Ortlosigkeit der Opferstätte mögen für sich genommen wohl erst einmal bedeuten: *der Korantext hält sich offen für Deutungen, für Konkretionen, für Identifikationen und Namensgebungen.* Denn es kann jeden jederzeit an jedem Ort der Welt treffen, daß er oder sie auf diese oder jene Weise zum Opfer wird oder sich selbst als Opfer hingibt – nicht nur ein Isaak auf dem Berg Morija. Der hebräische Text vermittelt eher ein historisch konkretes, einmaliges und personell eindeutiges Drama; der Korantext hat mehr etwas Typologisches, Archetypisches, Zeit- und Ortloses an sich. Die koranische Version erwähnt bei der rettenden Intervention vom Himmel her nicht einmal den Engel und beim stellvertretenden Tieropfer auch nicht den Widder. Vielfache Identifikationen sind gewollt und werden durch diese große Offenheit allererst möglich.[35]

In innerislamischen Auslegungsdebatten einerseits und im sog. „Trialog" zwischen Juden, Christen und Muslimen andererseits ist diese Geschichte vor allem in zweierlei Hinsicht umstritten und wird kontrovers diskutiert: zum Einen im Hinblick auf die Frage der Identität des Sohnes (Isaak oder Ismael?), zum Anderen im Hinblick auf die Frage: Was mag der Sinn dieser Prüfung sein? Letztere Frage wird zum Teil auch in Verbindung mit der weiteren Frage nach der Güte und Gerechtigkeit Gottes – der in jüdisch-christlichen sowie in philosophischen Kreisen sog. „Theodizee"-Frage – gestellt. Was nun zunächst den ersten Streitpunkt angeht, so mag viele überraschen, daß die Identifikation des anonymen Sohnes nicht nur und erst im biblisch-koranischen Vergleich strittig ist, sondern auch schon innerhalb des Islams. In der Tat ist in der islamischen Welt die Frage, von welchem Sohn in Sure 37,99ff überhaupt die Rede sei, lange Zeit kontrovers diskutiert worden. Regelmäßig behaupten heutzutage Muslime im Dialog mit Juden oder/und Christen, hier sei zweifelsfrei *Ismael* gemeint, der auch nicht auf dem Berg Morija – der jüdischen Tradition zufolge identisch mit dem Tempelberg in Jerusalem –, sondern laut islamischer Überlieferung auf dem Berg Thabir nördlich von Mekka geopfert werden sollte. Allerdings suggeriert diese Behauptung eine Eindeutigkeit, die weder repräsentativ ist für die 1400 Jahre lange innerislamische Koranauslegung noch durch den offenen Korantext selber so gegeben ist. Man kann sich die Kommentare und Erläuterungen zu dieser Vater-Sohn-Geschichte im Verlaufe der islamischen Überlieferung nicht vielschichtig genug vorstellen. Nach Auffassung sehr vieler früher und klassischer Koranausleger ist der namenlose Knabe selbstverständlich Isaak und der Ort der Opferung der Berg Morija gewesen. Oft lautete in der frühislamischen Welt der Beiname Isaaks schlicht: „das Schlachtopfer Gottes“.[36] Erst in neuerer Zeit ist die Identifikation mit Ismael und dem Berg Thabir zur muslimischen Mehrheitsmeinung avanciert. Das Interesse der folgenden Darstellung ist es jedoch weiterhin, primär danach zu fragen, was der Koran selber sagt, statt den Koran durch die Brille der Tradition zu lesen.

Nähert man sich möglichst unvoreingenommen der zitierten Passage und liest einfach, was dasteht, so ist man zunächst geneigt, denjenigen Recht zu geben, die sagen, hier sei von *Ismael* die Rede. Man kann die Geschichte in drei Phasen lesen: von der Bitte um Nachkommen und der Wunscherfüllung (V. 99–101) über die Prüfung (V. 102–107) bis hin zur abschließenden Belohnung (V. 108–113). Der Ausgangspunkt ist eindeutig: der kinderlose Abraham bittet Gott um Nachkommen. Dann wird ihm ein Sohn verheißen. Nicht Isaak, sondern Ismael ist es, der bekanntlich Abraham zum Vater macht, als welcher er in der folgenden Prüfungsgeschichte handelt. Ismael müßte von daher auch derjenige Sohn sein, der dieser Prüfung mit unterworfen wird, da Abraham erst vierzehn Jahre später den zweiten Sohn Isaak erhalten hat. In der dritten Phase wird Abraham als Belohnung eben dieser zweite Sohn angekündigt. Dann müßte man den Vers 112 allerdings anders übersetzen (was grammatikalisch möglich ist), als es die hier zugrundegelegte Al-Azhar-Ausgabe tut, nämlich folgendermaßen: „Wir übermittelten Abraham die frohe Botschaft *von Isaak und daß er* Prophet und einer der Rechtschaffenen sein würde." Dann wäre hier in der Tat erstmals in dieser Erzählung von Isaak, dem anderen Sohn Abrahams, die Rede. Dann wäre Isaak, der zweite Sohn, die Belohnung Gottes dafür, daß Abraham bereit war, Ismael, den ersten Sohn, zu opfern. In dieser Weise kann man durchaus den Text gemäß der Logik der Erzählfolge interpretieren, wie es viele vor allem zeitgenössische Muslime auch tun. Dabei wird freilich oft ein Doppeltes verschwiegen: erstens daß der Hinweis auf den „einzigen Sohn", den Gott für die Opferung erwählt und der bis zur Geburt Isaaks nur Ismael sein kann, gar nicht aus dem Koran selber stammt, sondern eine Notiz aus Genesis 22,2 darstellt, die bei dieser Interpretation in den Koran hineingelesen wird. Und zweitens wird verschwiegen, daß es doch eine reichlich fragwürdige Belohnung Gottes für Abraham darstellt, ihm einen zweiten Sohn zu schenken, dessen Rivalität mit Ismael dann zu reichlich Konflikt und Unheil statt zur Freude für und zum „Frieden über Abraham" (V. 109) geführt hat. So sehen Belohnungen Gottes für die Gläubigen (V. 110) eigentlich nicht aus.

Angesichts der Offenheit der koranischen Version dieser Vater-Sohn-Geschichte gibt es auf der anderen Seite eine ganze Reihe guter und sogar besserer exegetischer Argumente für die alternative Auffassung, hier sei nicht von Ismael, sondern von *Isaak* die Rede. Sie ergeben sich aus der Einzelauslegung, dem Zusammenhang des Textes, dem Sprachgebrauch sowie aus der Chronologie der Suren des Korans. Ich nenne im Folgenden die fünf zentralen Anhaltspunkte, die denjenigen Auslegern Recht geben, die der Meinung sind, der anonyme Sohn in Sure 37 sei Isaak.

Erstens wird an keiner Stelle der gesamten Erzählung Ismael explizit erwähnt. Hingegen wird am Ende Isaak ausdrücklich mit Namen genannt. Das geht auch aus Vers 112 hervor, den die Al-Azhar-Ausgabe so übersetzt: „Wir übermittelten Abraham die frohe Botschaft, daß Isaak Prophet und einer der Rechtschaffenen sein würde." Das bedeutet, daß hier nicht von einem weiteren Sohn die Rede ist, sondern daß es sich bei Isaak um den bisherigen Protagonisten in diesem Drama vom beinahe geopferten Jungen handelt. Dann besteht die göttliche Belohnung nicht darin, Abraham einen weiteren Sohn zu schenken, dessen Dasein für Zündstoff statt für Frieden über Abraham sorgen wird, sondern darin, daß der verschonte Sohn Isaak nicht einfach ein Überlebender und gerade noch Davongekommener sei, sondern sogar ein Prophet und Gerechter sein werde, der von Gott ausgezeichnet wird wegen seiner Standhaftigkeit und Gottergebenheit im Angesicht des Todes. Das wäre nun in der Tat keine fragwürdige, sondern eine echte Belohnung Gottes zur Freude Abrahams, da Menschen – auch nicht die Söhne Abrahams – sich nicht eigenmächtig zu Propheten machen können.

Ein weiteres Argument dafür, daß es hier um Isaak geht, ist der übliche und nie zufällige koranische Sprachgebrauch. Vers 101 – „Dann übermittelten Wir ihm die frohe Botschaft, daß ihm ein sanftmütiger Sohn geboren werde" – enthält einen deutlichen Hinweis. Denn wann immer der Koran eine „frohe Botschaft" Gottes an Abraham erwähnt, bezieht er sich auf die erste große Geschichte von den Gästen Abrahams mit der Isaak-Verheißung. Der exegetische Befund ist eindeutig: die Wendung „Abraham eine ‚frohe Botschaft' ausrichten" zielt im Koran stets und in allen Varianten dieser Geschichte – sechsmal – auf Isaak.[37] Dieser Befund hat, drittens, auch seinen guten Grund! Denn Isaak verdankt seine Existenz dem barmherzigen *Ratschluß Gottes*, wohingegen Ismaels Dasein bekanntlich auf das Zusammenwirken Saras, Abrahams und Hagars zurückgeht (Genesis 16), sich also *menschlicher Eigeninitiative* verdankt. Wenn also Sure 37,101 exakt dieselbe Terminologie verwendet, die sonst im Koran dort, wo Isaak ausdrücklich genannt wird, benützt wird, ist davon auszugehen, daß auch hier Isaak, das Geschenk Gottes an Abraham, gemeint ist und nicht Ismael, den Abraham und Hagar – auf Saras Drängen hin – sich sozusagen selbst geschenkt haben. Mit anderen Worten: zu Ismael und den bekannten Umständen seiner eigenmächtigen Zeugung paßt die Formel von der „frohen Botschaft" an Abraham überhaupt nicht. Sollte dieser typische Sprachgebrauch des Korans für Isaak hier in Sure 37,101 ausnahmsweise und zudem unpassenderweise auch für Ismael gelten, dann dürfte man ja erwarten, daß auch sein Name explizit erwähnt wird. Doch welchen Grund sollte Muhammad haben, eine mehrfach im Koran erwähnte Formel aus ihrem üblichen Isaak-Kontext herauszulösen und auf Ismael zu beziehen, ohne daß dies zu Ismael paßt und ohne seinen Namen zu nennen?

Ein viertes Argument für Isaak ergibt sich aus dem Vergleich der Abraham-Passagen in Sure 37 und in Sure 19. Beide Suren stammen aus der zweiten Phase der Wirksamkeit Muhammads in Mekka, liegen also zeitlich relativ nahe beieinander. Beide weisen exakt denselben beziehungsmäßigen Kontrast auf, der sich über drei Generationen erstreckt. Zuerst wird der Streit Abrahams mit seinem Vater geschildert; unmittelbar darauf wird Abraham ein Sohn geschenkt, der ein „Prophet" genannt wird. Hat man die große Abraham-Erzählung in Sure 37,83–113, die etwas früher entstanden ist, vor Augen, so liest sich Sure 19,49 wie eine spätere Zusammenfassung: „Als er [Abraham] sich von ihnen und ihren Götzen abgewandt hatte, schenkten Wir ihm Isaak und von Isaak Jakob. Beide machten Wir zu Propheten." Isaak, der künftige Prophet, ist in beiden zeitlich benachbarten Passagen das Geschenk Gottes für Abraham, der sich von der Religion seines Vaters losgesagt hat. *Der vaterlos gewordene Abraham wird selber zum Vater, indem ihm ein Sohn geschenkt wird.* Und die zweite Belohnung für die bestandene Prüfung ist: dieser Sohn wird sogar ein Prophet werden. Man könnte also sagen: die erzählerische Offenheit und Anonymität des Abraham-Sohnes in Sure 37,83–113 wird am Ende dieser Geschichte selbst (in V. 112f) explizit auf Isaak hin identifiziert, was dann wenig später in Sure 19,49 zusammenfassend nochmals bestätigt wird.

Nun mag der aufmerksame Leser bereits den Einwand auf den Lippen tragen: wie kann dem vaterlosen Abraham seinerseits die Vaterschaft durch Isaak geschenkt werden, wenn denn Abraham durch Ismael bereits Vater ist? Hier kommt nun ein fünftes, entstehungsgeschichtliches Argument für Isaak ins Spiel. Es ergibt sich, wenn man chronologisch die Reihenfolge der Offenbarung der Suren berücksichtigt. Dies ist mit Blick auf das Veständnis der Gestalt Abrahams ja ein Hauptanliegen dieses Buches. Erst aus dieser Perspektive wird nämlich deutlich: Ismael ist eine Figur, die erst etliche Jahre später als Sure 37 und Sure 19 – genauer: in der Verkündigung Muhammads in Medina – eine Rolle spielen wird, wie wir im siebten Kapitel sehen werden. Ausdrücklich als ein Sohn Abrahams wird Ismael nämlich erst in dem oben bereits zitierten vorbildlichen Gebet Abrahams erwähnt (Sure 14,35.39), also in einer Sure, die aus der dritten Phase der Wirksamkeit Muhammads in Mekka stammt, mithin also einige Jahre später als Sure 37 und Sure 19 offenbart wurde. Wie die ältesten Erwähnungen Ismaels im Koran, auf die ich später näher eingehen werde, zeigen, kannte Muhammad zu Beginn der zweiten Phase seiner Wirksamkeit, in die Sure 37 mit dieser Opfergeschichte gehört, Ismael als *Sohn Abrahams* noch nicht. Von Ismael erfährt Muhammad erst nach der Offenbarung von Sure 37 – und selbst dann steht er zunächst ohne Bezug zu Abraham da. Ganz anders ist das mit Isaak! Mit Sicherheit wußte Muhammad zur Zeit von Sure 37 bereits um Isaak, wie die ältere Sure 51 mit der ersten großen Abraham-Geschichte, die wir ganz zu Beginn behandelt haben, belegt.

Dieser fünfte Gesichtspunkt aus entstehungsgeschichtlicher Perspektive bestätigt also das letztgenannte inhaltliche Argument: zum damaligen Zeitpunkt seines Wirkens ging Muhammad tatsächlich davon aus, daß der vaterlos gewordene Abraham durch Isaak, den Gott ihm als Belohnung für die Standhaftigkeit gegenüber Azar geschenkt hat, allererst zum Vater geworden ist. Von Ismael als dem älteren Bruder Isaaks wußte Muhammad damals, als er Sure 37 vortrug, noch nichts. Ich kann es auch so ausdrücken: der Zusammenhang zwischen dem ihm zu jener Zeit noch relativ unbekannten Propheten Ismael (Sure 19,54–55) und Ismael, dem Sohn Abrahams und älteren Bruder Isaaks, wurde Muhammad von Gott erst später offenbart. Den ersten Problemkreis dieser dramatischen Vater-Sohn-Erzählung abschließend sei nochmals betont: die koranische Version präsentiert sich zeitloser, deutungsoffener und typologischer als die eindeutigere, quasi „historisch“ wirkende Fassung der Hebräischen Bibel. Daher halte ich beide Identifikationen des anonymen Sohnes – mit Ismael wie auch mit Isaak – für legitim, auch wenn die Anhaltspunkte des Korans selber deutlich für Isaak sprechen, wie – ich betone es nochmals – auch viele hervorragende muslimische Ausleger vor allem in den ersten Jahrhunderten des Islams erkannt haben. Doch da es in der Opfergeschichte nicht primär um seine Söhne geht, sondern um Abraham und sein Gottesverhältnis, macht es für das Verständnis der Erzählung ohnehin keinen Ausschlag gebenden Unterschied, mit wem der anonym bleibende Sohn identifiziert wird. Der Traum Abrahams, seinen geliebten Sohn zum Zwecke der Opferung hinzuschlachten, ist ein schrecklicher in jedem Fall. Abdojavad Falaturi hat Recht: „Ob

Ismael oder Isaak, das ist nicht entscheidend. Entscheidend ist die Offenheit und Aufrichtigkeit Abrahams; entscheidend ist die Bereitschaft des kleinen Kindes, das gerade zu laufen begonnen hat, dem Vater jede versteckte Sorge zu nehmen und ihn sogar zu ermutigen, den göttlichen Anweisungen zu folgen; entscheidend ist ferner, daß Abraham diese unvorstellbar schwere Prüfung bestanden und sich als mustergültiges Beispiel eines Muslims, eines Gottergebenen in Glauben und Tat, erwiesen hat."[38]

Damit sind wir bei der zweiten umstrittenen Frage, die sich an diese Geschichte richten läßt, angelangt: worin besteht denn der Sinn, die eigentliche Bedeutung dieser Beinahe-Opferung? Und was ist die Rolle Gottes darin? Kann eine solche Prüfung wirklich von einem gütigen Gott kommen? Zugespitzter gefragt: will Gott hier den Menschen zu einem Auftragsmord anstiften? Noch radikaler formuliert: darf Gott seinem Freund Abraham, der bereits seinen *Vater* um des Glaubens willen preisgegeben und sozusagen verloren hat, auch noch den *Sohn* nehmen, ja ihn zum Sohnesmörder machen? Gibt es überhaupt eine Grenze für das, was Gott von einem Menschen verlangen kann? Gewiß sind das eher moderne Fragen, die zum Teil unter dem Stichwort „Theodizee" – die Frage nach der Güte bzw. Gerechtigkeit oder Gerechtsprechung Gottes – subsummiert werden. Manchen frommen Menschen, die solches Fragen für unzulässig halten, bereiten sie Unbehagen. Kritischen Zeitgenossen ebenfalls, doch in ganz anderer Hinsicht, wie das Beispiel des Königsberger Philosophen *Immanuel Kant* (gest. 1804) zeigt. Seine Bemerkungen sind ein typisches Beispiel für die neuzeitliche Beurteilung Gottes und dessen, was er möglicherweise zu Abraham gesagt hat, nach dem Maßstab der moralischen Vernunft: „wenn Gott zum Menschen wirklich spräche, so kann dieser doch niemals wissen, daß es Gott sei, der zu ihm spricht." Immerhin könnte, so Kant, das „moralische Gesetz" im Sinne eines allgemeinen Humanitätsideals ein inhaltliches Kriterium sein. Dazu merkt Kant in einer berühmt gewordenen Fußnote an:

> „Zum Beispiel kann die Mythe von dem Opfer dienen, das Abraham, auf göttlichen Befehl, durch Abschlachtung und Verbrennung seines einzigen Sohnes – (das arme Kind trug unwissend noch das Holz hinzu) – bringen wollte. Abraham hätte auf diese vermeinte göttliche Stimme antworten müssen: ‚daß ich meinen guten Sohn nicht töten solle, ist ganz gewiß; daß aber du, der du mir erscheinst, Gott seist, davon bin ich nicht gewiß, und kann es auch nicht werden, wenn sie [die Stimme] auch vom (sichtbaren) Himmel herabschallete.“[39]

In der Hebräischen Bibel wird deutlich, daß das Menschenopfer zu Zeiten Abrahams (ca. 1900–1800 v.Chr.) und auch noch in sehr viel späterer Zeit im Vorderen Orient durchaus verbreitet war, sowohl in der nichtjüdischen Umgebung als auch beim Volk Israel selbst (vgl. Exodus [= 2. Mose] 22,28f), obwohl später das Mosaische Gesetz Menschenopfer verboten hatte.[40] Auch zeigen nachbiblische rabbinische Auslegungen von Genesis 22, daß Menschen nicht erst in der Moderne, sondern schon sehr früh diese Erzählung als anstößig empfunden haben. In dieser dramatischen Vater-Sohn-Geschichte schwingt jedenfalls auch eine ebenso dramatische Geschichte zwischen Gott und Mensch mit, zwischen Gott und seinem Freund Abraham, die verstanden werden möchte und ihrer Tief- und Abgründigkeit wegen doch so schwer zu begreifen ist. Darin gleicht die Opfergeschichte teilweise dem Hiob-Drama: „Für Abraham spitzt sich die Versuchung noch zu: Hiob verliert zwar seine Kinder und seine Gesundheit, und das ist schlimm genug. Aber Abraham soll den Sohn opfern, der der Verheißungsträger für ein ganzes Volk ist. Er soll seine eigene Zukunft zu Asche verbrennen. So ist Abraham nicht nur innerlich hin- und hergerissen zwischen Gottesliebe und

Kindesliebe, sondern er wird auch hin- und hergerissen zwischen zwei Gottesbildern: Der Gott, der ihn von seinem 75. bis zu seinem 100. Lebensjahr geführt und den Sohn geschenkt hat, steht auf der einen Seite; und der Gott, der durch eine wahnsinnige Anordnung das alles in drei bis vier Tagen zunichte und kaputt macht, steht auf der anderen Seite.“[41]

Damit komme ich zum direkten Vergleich der Texte. Abgesehen von der Frage nach der unterschiedlichen Identität des Sohnes gibt es insgesamt vier besonders bemerkenswerte Unterschiede zwischen der koranischen und der biblischen Fassung der Opfergeschichte. Zunächst: seinen Sohn zu opfern kann der Hebräischen Bibel zufolge durchaus als *Anweisung Gottes* verstanden werden. So interpretierten die christlichen Ausleger durchweg[42] – jedenfalls bis zum oben skizzierten humanistischen Protest in der Neuzeit. Im Judentum hingegen wurden seit jeher Zweifel laut, daß ein solcher Befehl tatsächlich von Gott selbst (hebr. *JHWH*) stammen könne. Dem jüdischen Jubiläenbuch zufolge war es Mastema, der Herr der bösen Geister und Gottes Gegenspieler, der Gott dazu aufforderte, Abraham zu testen: „Und es kam (heraus) der Fürst Mastema und sagte vor Gott: ‚Siehe, Abraham liebt den Isaak, seinen Sohn, und er freut sich über ihn vor allen. Sage ihm, er solle ihn hinaufbringen als Brandopfer auf den Altar. Und du wirst sehen, ob er dieses Wort tut. Und du wirst wissen, ob er glaubend ist in allem, womit du ihn versuchst.‘“[43]

Interessant ist nun: dem Koran zufolge ist das Vorhaben, den Sohn zu opfern, durchaus kein direkter Befehl Gottes, sondern *ein Traum, den Abraham träumt,* ohne daß dieser Traum zunächst eindeutig auf Gott zurückgeführt wird. Hier zeichnet sich der Koran einmal mehr durch eine größere Offenheit aus, und zwar sowohl im Vergleich mit der biblischen Fassung als auch verglichen mit der um Eindeutigkeit bemühten Interpretation späterer Koranausleger.[44] Dadurch relativieren sich in gewisser Weise die gestellten (An-) Fragen an Gott, da sie sich ja zunächst an den Träumer Abraham richten. Hier könnte sich ein Ausweg auftun auf Abrahams Gratwanderung zwischen einer rückhaltlosen und einer rücksichtslosen Opferbereitschaft. Erst ganz allmählich – dem Lern- und Erkenntnisprozeß Abrahams und seines Sohnes entsprechend – stellt sich die Eindeutigkeit her aus dem weiteren Gang des Geschehens. Die Prüfung Abrahams durch Gott bzw. durch seinen *Elohim*-Schatten, wie die Bibel gleich zu Beginn der Erzählung deutlich macht (Genesis 22,1), erweist sich dem Koran zufolge als eine solche erst gegen Ende der Erzählung (Sure 37,106). So behalten die gestellten Fragen ihre theologische Dringlichkeit auch in Bezug auf die koranische Fassung der Opfergeschichte.

Damit hängt ein zweiter Unterschied direkt zusammen: während im Koran ein Erkenntnisprozeß Abrahams und seines Sohnes beschrieben wird, scheint es in der biblischen Fassung vielmehr um einen *Erkenntnisprozeß Gottes* zu gehen. Gott muß Abraham auf furchtbare Weise prüfen, um sich über dessen Glaubensgröße allererst Gewißheit zu verschaffen (Genesis 22,12): „jetzt weiß ich, daß du Gott fürchtest; du hast mir deinen einzigen Sohn nicht vorenthalten.“ Hier geht es also um „eine Erkenntnis, die Gott gewonnen hat durch die Prüfung eines Frommen.“[45] Dieser Vers, der nahelegt, daß der – klassischer jüdischer und christlicher Glaubenslehre zufolge – allwissende Gott etwas Bestimmtes zu einer bestimmten Zeit nicht wissen könne, hat jüdischen wie christlichen Auslegern seit jeher großes Kopfzerbrechen bereitet. Nicht aber ihren muslimischen Kollegen, denn ein Äquivalent zu Genesis 22,12 findet sich in der koranischen Fassung gerade nicht. Der allwissende Gott weiß im Koran sehr wohl um die Größe von Abrahams und seines Sohnes Glaubensgehorsam – nur sie selber wissen es noch nicht und sollen sie allererst entdecken. Und wie sie ihre Glaubensgröße entdecken und bewähren! Damit sind wir beim dritten Unterschied.

Dem Koran zufolge sucht Abraham sogleich das *Gespräch mit seinem Sohn*. Nach Genesis 22 schweigt Abraham so lange als irgend möglich über sein Vorhaben und läßt den Sohn im Ungewissen zwischen Bangen und Hoffen. Auf die Frage seines Sohnes nach dem Opfer – „eine Frage, die Abraham ins Herz treffen muß“[46] – antwortet Abraham ausweichend (V. 8): „Gott wird sich das Opferlamm aussuchen, mein Sohn.“ Identisch sind die biblische und die koranische Fassung der Geschichte an dieser Stelle allenfalls insofern, als die Mutter gar nicht vorkommt. Sie wird nicht gefragt, sie wird nicht eingeweiht. Für sie muß doch die Zumutung ebenso groß, die Prüfung genauso hart wie für ihren Mann gewesen sein. Diese mütterliche Perspektive berücksichtigen weder die Hebräische Bibel noch der Koran. Das mag daran liegen, daß Opferhandlungen wie auch Kriegshandlungen in beiden patriarchalen Kulturen – der jüdischen wie der muslimischen – hauptsächlich „Männersache“ waren. Erst die nachbiblische jüdische sowie die nachkoranische islamische Tradition haben bei ihrer Auslegung weitere Figuren wie die Mutter oder den Satan in die Geschichte eingefügt. Wir kommen gleich darauf zurück.

Während in der biblischen Fassung also Isaak bis zur Opferhandlung völlig ahnungslos bleibt, wird dem Koran zufolge der Sohn von Anfang an eingeweiht. Der Vater ergreift selbst die Initiative und wartet nicht erst auf die Frage seines Sohnes (V. 102): „Mein Sohn! Ich habe im Traum gesehen, daß ich dich schlachte. Sieh, was du dazu meinst!” Dadurch ändert sich der Charakter der Erzählung ganz erheblich. Zum Einen erscheint Abraham nicht länger als hinterhältiger, grausamer Vater, der etwas gegen seinen Sohn im Schilde führt.[47] Zum Anderen hat der – nach Auffassung der Korankommentatoren – etwa 13jährige Knabe nunmehr die Möglichkeit, seinen Gehorsam gegenüber seinem Vater Abraham wie auch seine Ergebenheit gegenüber dem unerforschlichen Willen Gottes zu bewähren – oder eben auch nicht. Er bleibt nicht bis zum Schluß das ahnungslose Opfer, sondern er ist von Anfang an ein mündiger Mitspieler in diesem Geschehen. Wenn schon nicht die Mutter, so wird wenigstens der Sohn um seine Meinung zu Abrahams schrecklichem Traum befragt. Hamideh Mohagheghi zufolge soll der Sohn sogar „entscheiden, ob der Vater der Aufforderung Gottes nachkommen soll oder nicht. Ein eindeutiger Aufruf, dass die Rechte der Menschen geschätzt und sorgfältig beachtet werden sollen."[48] Al-Zamakhshari (gest. 1144) hingegen kommentiert: „Er [Abraham] hat ihn nicht konsultiert, um seine Meinung zu erkunden und seinen Rat zu befolgen, sondern um zu erfahren, wie er zur Prüfung Gottes steht, die ihn getroffen hat. So könnte er ihn festigen und ihm zur Standhaftigkeit helfen, sollte er Angst haben, und so sichergehen, daß er nicht strauchelt, wenn er standhaft bleibt und sich Gott ergibt. Und auch wollte er ihn lehren, sich selbst zu erforschen, um stärker zu werden und der Prüfung leichter entgegenzusehen, wie jemand, der sie erwartet. Somit würde er seinen Lohn erhalten durch die Unterwerfung unter den Befehl Gottes, bevor er eintrifft."[49]

Die „offenkundige Prüfung" (V. 106) – wie der Koran selber das Geschehen deutet (so auch in Sure 2,124) – erstreckt sich nicht, wie in der Hebräischen Bibel, allein auf Abraham, sondern sie bezieht den Sohn mit ein. Daß es sich bei dieser Versuchung generell um eine Glaubensprobe handelt, darin stimmen die biblische und die koranische Fassung überein – doch Gott will, so der Koran, nicht nur Abraham prüfen, sondern auch seinen Sohn. Dessen Antwort dokumentiert, daß er beabsichtigt, die Prüfung ebenfalls vorbildlich zu bestehen (V. 102): „Vater! Führe aus, was dir befohlen wird. Du wirst mich, so Gott will, geduldig finden!" Der Sohn erkennt sogar noch eher als der Vater, daß der Traum ein „Befehl von oben“ war. *Der Sohn öffnet dem Vater die Augen über die wahre Natur und Herkunft der nächtlichen Vision.* Mit den Worten des berühmten indischen Korankommentators Abdullah Yusuf Ali (gest. 1953): „Um sicherzugehen, daß es kein dummer Traum war, und – falls er ein tatsächlicher Befehl war – um sicherzugehen, daß sein Sohn zustimmte, befragte Abraham seinen Sohn. Der Sohn stimmte bereitwillig zu und versprach Standhaftigkeit, falls sein Selbstopfer tatsächlich eingefordert würde. Die ganze Sache ist symbolisch. Gott verlangt nicht nach dem Fleisch und Blut von Tieren (Sure 22,37), erst recht nicht von Menschen. Doch verlangt er die Hingabe unseres ganzen Seins an Gott. Das Symbolische besteht darin, daß wir etwas aufgeben sollten, das sehr wertvoll für uns ist, wenn die Glaubenspflicht dieses Opfer erfordern sollte.“[50]

Und dann „ergeben sich beide in Gottes Willen“ (V. 103). Wenn Väter ihre Söhne als mündige Menschen behandeln und sie in ihre Träume und Vorhaben einbeziehen, dann können sie von ihren Söhnen auch etwas lernen, etwas so Kostbares lernen wie Gottergebenheit, Geduld, Standhaftigkeit und Mut. Der Vater hat etwas vor, der Sohn nimmt dazu Stellung, sie führen das Vorhaben gemeinsam aus – das ist ein anderer Ton als in der biblischen Variante. Ein anderer Ton auch als im Verhältnis Abrahams zu seinem Vater Azar. Das stellt das Vater-Sohn-Verhältnis in ein neues Licht, das ähnlich bereits in der nachbiblischen jüdischen Tradition aufleuchtet. Auffällig ist der eigentümliche Kontrast zwischen der ersten Vater-Sohn-Beziehung (Abraham und dessen Vater), die an unterschiedlichen Glaubensauffassungen scheitert und zerbricht, und dieser zweiten Vater-Sohn-Beziehung (Abraham und sein Sohn), die sich bewährt und vertieft durch ihren gemeinsamen opferbereiten Glauben. Denn in der Tat: dem Koran zufolge bewähren Abraham und sein Sohn in dieser schwersten göttlichen Prüfung gemeinsam ihren Glauben. *Diese Übereinstimmung im*

Glauben war es, die Abraham mit seinem Vater nicht teilen konnte, nun aber mit seinem Sohn in einer äußersten Bewährungsprobe teilen darf. Man könnte sagen: der ungläubige Vater wird von Gott gleichsam „kompensiert" durch einen gläubigen Sohn. Eben deshalb wird der nun nicht länger anonym bleibende, sondern mit seinem Namen Isaak benannte Sohn am Ende dieser dritten großen Erzählung (V. 112f) „Prophet" und „rechtschaffen" genannt. So erfüllt Gott die Bitte Abrahams nicht einfach um *irgendwelche* Nachkommen, sondern um „rechtschaffene" Nachkommen (V. 100). Um ihres in der Prüfung bewährten Glaubens willen werden beide, Abraham und Isaak, von Gott gesegnet (V. 113) – ein Segen freilich, der interessanterweise nicht vererbbar ist, also keinen Automatismus, keine Garantie beinhaltet: „Unter ihren Nachkommen gibt es Rechtschaffene und solche, die sich offenkundig selbst unrecht tun."

Dies ist ein auffällig kritischer Abschluß der Geschichte mit Blick auf jüdische, christliche oder muslimische Selbstgerechtigkeiten, die bereits der Koran vor Augen hat: sich auf den Glaubens-Vater Abraham nur zu berufen, meint der Vers, genügt nicht. Man muß seinen Glauben wie Abraham auch aktiv bewähren, um als ein rechtschaffener, gesegneter Nachkomme Abrahams zu gelten. Wer seinen Glauben nicht bewährt, tut nicht Gott, sondern sich selber Unrecht. Die Bewährung des Glaubens aber bedeutet mitunter mehr, als nur bestimmte korrekte Formeln nachzubeten, wie Muhammad al-Ghazali, Sheikh an der Al-Azhar Universität Kairo, meint: „Die Erzählung [von Abraham und seinem Sohn] ist ein weiteres Beispiel dafür, daß Gottes Prüfung des Menschen schwerwiegend und weitreichend ist, und daß wahrer Glaube mehr ist als ein bloßes Lippenbekenntnis, sondern Standhaftigkeit und völlige Unterwerfung unter Gott erfordert."[51]

Für den Koran, mithin für die Muslime stellt sich die Frage nach der Güte Gottes in dieser dritten großen Abraham-Erzählung eigentlich nicht. Denn nicht Gott habe seine Güte vor dem Forum der menschlichen Vernunft oder Moral zu bewähren, sondern Abraham und sein Sohn seien gefordert, ihren Glauben an Gott zu bewähren. Dann stellt sich freilich die Frage: gehört dem Koran zufolge letztlich der blinde Gehorsam zu einem unbedingten Glauben dazu? Ist solch ein erbarmungsloser weil radikaler Gehorsam – neben der schon erwähnten Intoleranz gegenüber denen, die wie Azar an viele bzw. andere Götter glauben – ein weiterer Preis, der für den Monotheismus bezahlt werden muß? Anders gefragt: führt eine von Gott rückhaltlos eingeforderte Opferbereitschaft zu Abrahams Rücksichtslosigkeit? Der koranischen Fassung zufolge nicht zwangsläufig. Abraham hat immerhin das Einverständnis seines Sohnes eingeholt und sich freiwillig mit diesem in Gottes Willen ergeben. Abraham hätte natürlich – was im Raum des Monotheismus durchaus möglich ist, wie die obigen Beispiele aus der jüdischen Auslegungsgeschichte gezeigt haben – auch zweifeln und die Aufforderung Gottes für ein Mißverständnis seinerseits oder gar für eine satanische Einflüsterung halten können. Die Versuchung des Zweifels hat in der Neuzeit der dänische Religionsphilosoph *Sören Kierkegaard* (gest. 1855) eindringlich beschrieben. Abraham hätte Gott gehorchen und zugleich gegen dessen Zumutung rebellieren können:

„Aber Abraham glaubte und zweifelte nicht, er glaubte das Unsinnige. Wenn Abraham gezweifelt hätte, hätte er etwas anderes getan, etwas Großes und Herrliches; denn wie hätte Abraham irgend andres tun können, als was groß und herrlich ist! Er wäre ausgezogen zum Berge Morija, er hätte das Brennholz gespalten, die Scheite entzündet, das Messer gezogen, – er hätte zu Gott gerufen: ‚Verschmähe dies Opfer nicht, es ist nicht das Beste, das mein eigen ist, das weiß ich wohl; denn was ist ein alter Mann gegen den Sohn der Verheißung, aber es ist das Beste, was ich dir geben kann. Laß es Isaak niemals erfahren, daß er sich trösten möge mit seiner Jugend.' Er hätte das Messer in seine eigne Brust gestoßen. Er wäre in der Welt bewundert worden, und sein Name würde nicht vergessen sein; aber Eins ist es, bewundert werden, ein Andres, ein weisender Stern werden, der den Geängstigten rettet. Aber Abraham glaubte. Er bat nicht für sich, den Herrn zu bewegen; nur damals, als über Sodom und Gomorrha die gerechte Strafe erging, trat Abraham herfür mit seinen Bitten."[52]

Abraham ist eben deshalb zu einem wegweisenden Stern für alle Glaubenden geworden, weil er nicht zweifelte und weil er seinen rückhaltlosen Glauben nicht rücksichtslos, sondern unter Einbeziehung seines Sohnes bewährt hat.

Auf eine dritte und letzte Frage gilt es im Zusammenhang dieser Abraham-Erzählung ausführlicher einzugehen, welche sich umso dringlicher stellt, als sie sonst eher seltener im Blickpunkt steht. Es handelt sich um die Frage nach der Mutter – genauer: nach *den Müttern Sara und Hagar.* Die Mutter bleibt sowohl in der koranischen als auch schon in der biblischen Version draußen vor, obwohl sie eigentlich von dem dramatischen Geschehen zwischen ihrem Mann und ihrem Sohn unmittelbar mit betroffen ist. Es ist ja auch ihr Sohn, der da geopfert werden soll, und nicht allein Abrahams Sohn. Diese dramatische Abraham-Erzählung kann man also insgesamt auf mindestens drei Ebenen betrachten: als Vater-Sohn-Geschichte, als eine Geschichte zwischen Gott und Mensch, und schließlich auch als Familiendrama unter Einschluß der Mutter, mithin als eine Vater-Mutter-Sohn-Geschichte. Was nun viele überraschen mag: nicht erst Frauen der Gegenwart, die sich mit der Bibel- bzw. Koranauslegung beschäftigen, haben derlei Überlegungen angestellt. Schon in den mittelalterlichen Auslegungen der Rabbinen wurde gefragt, wo denn Sara war und was sie tat, als die Männer opfern gingen.[53] Da in der Hebräischen Bibel unmittelbar nach der Geschichte von der Bindung Isaaks der Tod Saras geschildert wird (Genesis 23,2), hat bereits der *Midrasch Bereschit Rabba*, abgeschlossen um ca. 400 n.Chr., einen kausalen Zusammenhang zwischen beiden Geschichten hergestellt: Sara stirbt infolge dieses Dramas um Isaak. Und sie stirbt offensichtlich einsam und getrennt von Abraham, der sich nach dieser furchtbaren Begebenheit im ca. 50 km entfernten Beerscheba niedergelassen hatte (Genesis 22,19). Von dort eilt er nach Kirjat-Arba (Hebron), wo Sara stirbt, zur Totenklage herbei. Andere *Midraschim* beschreiben die List, mit der Abraham seine Opferabsichten vor Sara zu verbergen sucht, und das bitterliche Weinen Saras beim Abschied und Aufbruch der beiden Männer zum Opfergang.

Dieses zuerst im nachbiblischen Judentum anzutreffende Nachdenken über einen direkten *Zusammenhang zwischen der Opfergeschichte und dem Tod Saras* hat sich bis in die islamischen Prophetenerzählungen hinein fortgesetzt. Auch dort begegnet – rund 600 Jahre nach dem *Midrasch Bereschit Rabba* – die Notiz: „Als Sara erkannte, was er [Abraham] mit Isaak vorhatte, lebte sie noch zwei Tage, am dritten Tag starb sie.“[54] In der Nacherzählung der Opfergeschichte bei dem Universalhistoriker Rashid ad-Din al-Hamadani (gest. 1318) ist zu lesen: „Als diese Geschichte [von Abraham und Isaak] Sarah so zu Ohren kam, fing sie an zu weinen und verlor ihres Sohnes wegen den Verstand. Sie schrie laut auf, wurde ohnmächtig und starb in derselben Minute.“[55]

Das Bedürfnis, die Vater-Sohn-Geschichte um diese *weiblich-mütterliche Perspektive* zu erweitern, ist bis in die Gegenwart hinein zu beobachten. In der Tat sollte diese Geschichte, die sowohl in der Hebräischen Bibel als auch im Koran allein um Gott und die Männer kreist, immer wieder neu geschrieben und dabei um Sara bzw. Hagar als weiteren Akteurinnen zu einer echten Familiengeschichte ergänzt werden. Und das nicht, um den vorliegenden Text zu manipulieren oder zu ersetzen, sondern um eine zusätzliche Dimension, die ausgeblendet oder nicht im Blick war, aufleuchten zu lassen. In heutiger Zeit kommt es ganz besonders darauf an, über den alten Texten nicht nur endlos zu brüten, sondern auch kreativ und innovativ mit ihnen umzugehen, und zwar so, daß sie in die gegenwärtigen Herausforderungen hinein zu sprechen vermögen. Wir kommen später in der Schlußbetrachtung (Teil D) darauf zurück. Dieses generelle Anliegen gilt speziell für die Opfergeschichte. Mit der Ergänzung durch die Mütter gewinnt das gesamte Geschehen, das nunmehr drei menschliche Akteure kennt, an Tiefe. So wird es dreidimensional, statt nur zweidimensional – sozusagen „flächig-männlich" – zu sein. Ich zitiere im Folgenden zwei ganz unterschiedliche Beispiele für das Bemühen um eine neue Lesart (engl. *relecture*) dieser alten Geschichte. Das erste Beispiel ist den mittelalterlichen islamischen Prophetenerzählungen entnommen, wie sie ath-Thalabi (gest. 1035) aus Nischapur (Ostiran) in seiner klassisch gewordenen Sammlung geschildert hat. Diese *relecture* könnte allerdings viel älter sein. Ath-Thalabi zufolge soll sie auf den Prophetengefährten Abu Huraira (gest. ca. 678) zurückgehen:

„Als Abraham im Traum sah, daß er seinen Sohn opfern sollte, sagte der Satan: ‚Bei Gott! Wenn ich die Familie Abrahams bei dieser Gelegenheit nicht verführe, werde ich nie einen von ihnen verführen.' Er verwandelte sich in die Gestalt eines Mannes, begab sich zur Mutter des Jungen und sagte zu ihr: ‚Weißt du, wohin Abraham mit deinem Sohn gegangen ist?' Sie sagte: ‚Er ist mit ihm zum Holzsammeln in die Schlucht da gegangen.' Er sagte: ‚Nein, bei Gott! Er ist mit ihm weggegangen, um ihn zu schlachten!' Sie sagte: ‚Beileibe nicht! Er ist zu rücksichtsvoll gegen mich und zu liebevoll gegen ihn, als daß er das täte.' Da sagte der Satan: ‚Er behauptet, Gott habe ihm das befohlen.' Sie sagte: ‚Wenn ihm das befohlen worden ist, tut er gut daran, gegen seinen Herrn gehorsam und zu sein und sich dem Befehl Gottes zu unterwerfen.' Da lief der Teufel wie auf der Flucht weg, bis er den Sohn einholte, der hinter seinem Vater herging. Er sagte zu ihm: ‚Junge! Weißt du, wohin dein Vater mit dir geht?' Er sagte: ‚Um für unsere Familie Holz in der Schlucht da zu sammeln.' Er sagte: ‚Bei Gott! Er will nichts anderes als dich schlachten.' Er fragte: ,Warum?' Er sagte: ,Er behauptet, Gott habe es ihm befohlen.' Da sagte der Junge: ,Dann soll er tun, was Gott ihm befohlen hat; er muß auf den Befehl Gottes hören und ihm gehorchen.' Als der Junge sich ihm verweigerte, wandte der Teufel sich an Abraham und sagte zu ihm: ,Wo willst du hin, Meister?' Er sagte: ,Ich will in die Schlucht da, um etwas zu erledigen.' Er sagte: ,Bei Gott! Ich habe gesehen, daß der Teufel zu dir im Traum gekommen ist und dir befohlen hat, deinen Sohn zu opfern.' Da erkannte Abraham ihn und sagte: ,Weg von mir, Verfluchter! Bei Gott! ich werde den Befehl meines Herrn ausführen.' Da kehrte der Teufel im Zorn um, ohne seine Absicht bei Abraham und seiner Familie erreicht zu haben. Sie hatten sich ihm mit der Hilfe und Unterstützung Gottes entzogen."[56]

Dieses mehr als 1000 Jahre alte Beispiel für eine *relecture* der koranischen Opfergeschichte versucht, nicht allein die Perspektive der Mutter mit einzubringen, sondern über die Figur des Satans zugleich den Charakter der Prüfung für die Beteiligten noch zu verschärfen. Abraham, seine Frau und ihr gemeinsamer Sohn sollen sich nicht nur einer furchtbaren Prüfung von seiten Gottes unterziehen, sondern werden darüber hinaus noch vom Satan in Versuchung geführt. Diese Versuchung besteht gerade darin, an der Bedeutung des Opfers als einer göttlichen Prüfung zu zweifeln. So erweisen sich am Ende nicht nur Abraham und sein Sohn, sondern auch die Mutter als im Glauben besonders Bewährte, die *gleichzeitig eine göttliche Prüfung und eine satanische Versuchung bestehen*. Die beiden zusätzlich eingebrachten Perspektiven verstärken die Tendenz, die bereits im Koran zu beobachten ist. Von welcher weiteren Seite auch immer das Geschehen betrachtet wird, welcher neue Akteur auch auftreten mag – es bleibt dabei: Abraham und sein Sohn haben „sich beide in den Willen Gottes ergeben" (Sure 37,103). Sie sind durch keinen Selbstzweifel von innen und durch keine Versuchung von außen mehr zu erschüttern. Alle Fragen im Sinne der Theodizee prallen von dieser Glaubensfestigkeit – manche mögen sogar sagen: von dieser Glaubensfestung – ab wie Pfeile von einer soliden Rüstung.

Das zweite, völlig anders gelagerte Beispiel für eine *relecture* der Opfergeschichte stammt aus dem zeitgenössischen Judentum, von *Sylvia Karzen*, welche die weiblich-mütterliche Sichtweise intensiv und so realistisch in ihre Neuinterpretation einbringt, daß sie wohl allen Müttern dieser Welt aus dem Herzen spricht:

„Und Gott sprach zu Abraham: Nimm deinen Sohn, den du liebhast und geh und opfere ihn zum Brandopfer. – Wo war denn die Mutter? Ein Engel Gottes kam auch zur Mutter undsagte: ‚Nimm deinen Sohn in die Berge und baue einen Altar und bringe ihn als Opfer dar zur Prüfung, daß du gehorsam bist und Gott fürchtest.' Die Mutter bedeckte ihre Augen, weil sie Angst hatte, das Gesicht des Engels Gottes zu sehen, und sie schüttelte den Kopf: ‚Nein. Ich kann meinen Sohn nicht opfern. Er ist Gottes Geschenk an mich. Er ist mir viel zu kostbar!' Die ganze Nacht konnte die Mutter nicht schlafen. Ihr erster Gedanke war, mit ihrem Sohn in die Wüste zu fliehen und ihn zu verstecken. Aber im Herzen wußte sie, daß Gott alles sieht und alles weiß. Dann dachte sie daran, ein anderes Kind aus einem Stamm der Nachbarn zu finden und ihren Sohn durch jenen zu ersetzen, aber sie wußte, daß der Betrug entdeckt werden würde. Als sie am nächsten Morgen aufstand, sah sie, daß Abraham, ihr Sohn und zwei ihrer Diener das Lager verlassen hatten. Da wurde ihr klar: der Engel war genauso dem Abraham erschienen, und der war mit ihrem Sohn weggegangen, um Gottes Bitte zu erfüllen. Was konnte sie jetzt noch unternehmen, da Abraham schon fortgegangen war? Wie sollte sie das Unvermeidliche aufhalten? Da rief sie in ihrer Verzweiflung zu Gott: ‚O Herr der Welt, Schöpfer des Universums, höre mein Gebet. Hast du vergessen, wie sehr ich mich über dieses Kind gefreut habe? Hast du vergessen, daß du selbst mir gesagt hast, daß durch diese Geburt unser gemeinsamer Sohn das Haupt eines großen Volkes werden würde? Hast du die besondere Liebe einer Mutter für ihr Kind vergessen? O Gott, bewahre meinen Sohn! Erlaube Abraham nicht, ihn zu schlachten! Wenn du unbedingt ein Menschenopfer brauchst, dann nimm mich statt meines Sohnes! Ich gehe und bin bereit dazu, aber halte die Hand Abrahams fest, daß er sie nicht gegen unser gemeinsames Kind ausstreckt!' Als sie diese Worte ausgerufen hatte, da erbarmte sich Gott ihrer um ihrer selbstlosen Mutterliebe willen. Er erhörte sie und ließ einen Widder im Gebüsch erscheinen, so daß der Engel zu Abraham sprach: ,Tue deinem Sohn nichts an und nimm diesen Widder für das Brandopfer, denn Gott hat das Flehen deiner Frau und seiner Mutter erhört.'"[57]

Nach diesem exemplarischen Ausflug in die Wirkungsgeschichte von Genesis 22 und Sure 37, der zugleich die bleibende Aktualität und Faszination dieses Dramas dokumentiert, wenden wir uns abschließend wieder direkt dem Korantext zu. Stellvertretend für den im letzten Augenblick verschonten Sohn wird ein – im Korantext nicht ausdrücklich genanntes – Tier geopfert (V. 107): „Und Wir lösten ihn mit einem großen Schlachtopfer aus." Gott soll – so meinen die Kommentatoren – den Engel Gabriel gesandt haben, der als Ersatz für das Menschenopfer das Opfertier bringt, denn Gott wolle keine Menschenopfer. So heißt es denn auch in den Prophetenlegenden ausschmückend:

„Da blickte Abraham auf, und da stand Gabriel mit einem Widder, der schwarze und schöne Augen hatte; seine Augenbrauen waren zusammengewachsen. Der Widder rief: ,Gott ist groß', und Abraham und sein Sohn riefen: ,Gott ist groß.'"[58]

Es ist sehr interessant, daß in zeitgenössischen, volkstümlich-islamischen Bilddarstellungen der intervenierende Engel auffällig häufig weiblich dargestellt wird. Auch diese ikonographischen Beispiele sind Teil des Bestrebens, eine weibliche Dimension einzubringen. Nicht nur über die Person der Mutter, die bei den Neuerzählungen ins Spiel gebracht wird, sondern auch in der Art, wie die Engel gemalt werden, hat die spätere islamische Tradition die „harte Männergeschichte", wie sie die Bibel und der Koran erzählen, um eine wichtige Nuance ergänzt: das Menschenopfer wird von einer Macht des Erbarmens gestoppt, die ausdrücklich weibliche, manchmal gar mädchenhafte Züge trägt.[59]

Die Nachahmung Abrahams, des vorbildlichen Ur-Muslims, ist durchaus wörtlich zu verstehen, wenn denn der von Muhammad neu gestiftete Islam letztlich die „Religion Abrahams“ darstellt. Das alljährlich gefeierte höchste Fest der islamischen Welt wird in Erinnerung an Abraham das *Opferfest* (arab. *ᶜid-al-adhha*, türk. *kurban bayrami*) oder auch das „große Fest“ genannt. Es bildet den viertägigen Schluß- und Höhepunkt der Pilgerfahrt (arab. *haddsch*) in Mekka, wird jedoch gleichzeitig von den Muslimen in aller Welt mitgefeiert. An diesem Punkt wird ein bemerkenswertes Detail sichtbar – es ist dies der vierte und letzte Hauptunterschied zwischen der biblischen und der koranischen Fassung der Opfergeschichte. Genesis 22 zufolge soll Abraham seinen Sohn als *Brandopfer* (hebr. *ᶜolah*) darbringen, wie der Text gleich mehrfach sagt. In Sure 37,107 hingegen ist nicht von einem Brandopfer, sondern von einem *Schlachtopfer* (arab. *dhibh*) die Rede (als Verb auch in V. 102). Das Brandopfer wurde im Alten Israel als rituell-kultische Opferform verstanden, vollzogen von einem (Hohen-) Priester im Tempel oder an anderen speziellen Heiligen Stätten. Demgegenüber ist das Schlachtopfer schon in der Hebräischen Bibel als die sozusagen säkularisierte und universalisierte Opferform, die an vielen Orten von vielen Menschen dargebracht werden kann, definiert worden (vgl. Deuteronomium [= 5. Mose] 12,13–15). An dieses unkultische und demokratisierte Opferverständnis, welches das gemeinsame Essen und Trinken der Opfernden impliziert, schließt sich die koranische Fassung der Opfergeschichte an. Und genau dieses Opferverständnis macht die kollektive Nachahmung Abrahams in Gestalt des islamischen Opferfestes, das ein Schlachtopfer für alle und kein exklusiv priesterliches Brandopfer ist, allererst möglich.

Die Bedeutung dieses Schlachtopfers ist darum auch keine kultische im Sinne z. B. einer stellvertretenden Sühne für Sünden.[60] Vielmehr besteht sie darin, daß sich jeder das Fest mitfeiernde Muslim und jede Muslimin symbolisch selber Gott zur Verfügung stellt: „Hier bin ich, o' Gott, zu deinem Dienst bereit", heißt es in der entsprechenden Formulierung. Symbolisch ist dieses Opfer also insofern, als es bei der Opferung letztlich nicht um das Tier oder um das Vergießen des Blutes geht, sondern um die eigene Haltung Gott gegenüber, wie sie Abraham vorgelebt hat. Dieser ist nicht mehr nur der Spiegel des Propheten, sondern ein Spiegel für alle Muslime. Sie identifizieren sich bei diesem Fest kollektiv mit Abraham und bemühen sich darum, seine Haltung der rückhaltlosen Opferbereitschaft – der Hingabe des Liebsten an Gott – zu verinnerlichen und nachzuvollziehen. Bei der Schächtung wird das Tier mit dem Kopf in Richtung Mekka gelegt. Dabei spricht der Opfernde das folgende Gebet: „Im Namen Gottes. Gott ist größer. Gott! In Deinem Namen, durch Dich und für Dich. Nimm es von mir an, wie Du es von Deinem Freund Abraham angenommen hast." Das Fleisch des geschlachteten Tieres wird aufgeteilt. Ein Drittel kann man für die eigene Familie behalten; ein Drittel wird an Verwandte oder Nachbarn und ein weiteres Drittel an die Armen abgegeben. Es ist auch möglich, das Geld für ein Opfertier einer Hilfsorganisation zu spenden, die dann die Schlachtung und Verteilung des gesamten Fleisches an Bedürftige vornimmt.

In Erinnerung an Abraham werden bis auf den heutigen Tag alljährlich in Mekka und weltweit Tiere geopfert. Was das konkret bedeutet, welche Dimensionen das angesichts von zwei bis drei Millionen Pilgern in Mekka annimmt, welche tierethischen Probleme sich daraus ergeben, davon kann man sich kaum eine Vorstellung machen, wenn man noch nie dort war. Am Besten greift man deshalb auf Erlebnisberichte von Pilgern zurück. Ich zitiere im Folgenden aus der vielfach gelobten und in der Tat sehr eindrücklichen Darstellung einer Pilgerfahrt von Abdellah Hammoudi, einem aus Marokko stammenden, renommierten Ethnologen. Hammoudi schildert seine Eindrücke vom Vorabend des Opferfestes, auf dem Weg von Arafat nach Mina:

„Langsam begann ich die Schafe zu riechen. Dann sah ich die ersten Ställe. Der Geruch wurde immer stärker, je länger die endlosen Reihen der Viehhallen vor den Bergen, deren scharfe Reliefs zu erahnen waren, an uns vorüberzogen. Unweit der Straße verbrachten die Tiere dort ihre letzte Nacht, verharrten reglos unter schwacher Beleuchtung. (...) Millionen Lebewesen warteten darauf, getötet zu werden. Die Ställe in Minā sahen aus wie ein riesiges Tierkonzentrationslager: zwei, drei, vier Millionen Köpfe oder noch mehr. Eine riesige Anzahl von Pilgern bereitete sich darauf vor, ihre Opferpflicht durch eine ‚Opfergabe' zu erfüllen, zu der das Sühne- und das Almosenopfer hinzukommen. Wie sehr ich mir auch einredete, dass wir nichts mit Wild- und Haustieren gemein hatten, wie groß ich die Distanz zwischen uns und den gesichts- und sprachlosen Tierarten auch machte, die in unseren Augen keine Gefühle ausdrücken können, die vermischten Gerüche von Blut, Kot und Schweiß schnürten mir trotzdem einmal mehr die Kehle zu. Wir waren zusammengekommen, um unser Leben zu erretten, doch das Heil verlangte von uns die Tötung dieser Tiere. Die Masse der Pilger, die nach dem ‚Verweilen' in Arafat, dem Gebet in Muzdalifa und der Steinigung in Minā auf dem Gipfel der Entsagung angelangt war, würde nun Millionen von Leben auslöschen. Vielleicht sehe ich in einem Tier ja tatsächlich vor allem die Gattung. Dennoch setzt jede Opferung einem Leben ein Ende, das ebenso einzigartig ist wie jedes menschliche Leben: Es ist ein Gewaltakt, kurz gesagt, ein Mord. (...)

Der Anblick dieser zusammengepferchten Tiere, die für die Vernichtung bestimmt waren, übertrug sich unwiderruflich auf jenes andere Bild von dem einsamen Patriarchen, der den eigenen Sohn als Opfer darbietet, um dem Willen Gottes zu folgen. Es gab der wunderbaren Ersetzung des Kindes durch das Lamm einen unheilvollen Zug. Die Modernisierung der Pilgerfahrt hatte daran zweifellos ihren Anteil:

optimierte Gehege, eingezäunte Flächen, Planquadrate, lückenlose Sicherheits- und Überwachungssysteme. Jedem Reich war sein Platz zugewiesen worden. Den Tiermassen ihre Pferche und, nicht weit entfernt davon, den Menschenmassen die Zeltlager, die entlang der mit Absperrband markierten Straßen von hohen Eisengittern umgeben waren. Nichts durfte sich dieser Rationalität entziehen. Das Hin und Her der Polizeifahrzeuge und die ständig über uns kreisenden Hubschrauber vervollständigten das Bild. Diese Ordnung sollte es der Menschenmasse ermöglichen, im Namen Gottes die Tiermasse zu töten. Auf den ersten Blick hatte die Moderne den alten Zielen keinen Abbruch getan. Es konnte aber auch nur den Anschein haben, denn vielleicht beeinträchtigte die Moderne die Glaubenspraxis mit ihren veränderten Maßstäben, Zeitabläufen, Synchronisierungen und Vorrichtungen, mit ihren vervielfachten Handlungsmöglichkeiten."[61]

Soweit ein Schlaglicht, eine leise Ahnung dessen, was es heutzutage bedeutet, in millionenfacher Steigerung in den Spuren Abrahams und seines Sohnes die Tieropferung nachzuahmen! Die Frage ist berechtigt: muß diese riesige Tötungsmaschinerie wirklich sein? Ist das im Sinne Gottes? Könnten nicht die Millionen Opfertiere in Mekka ihrerseits ausgelöst werden durch wenige stellvertretende Opfertiere, so wie jenes allererste Opfertier den Sohn Abrahams ausgelöst hat? Natürlich sind sich viele Muslime bewußt: auf das geopferte Fleisch und Blut kommt es nicht entscheidend an. Gott fragt zuerst nach der Hingabebereitschaft der Gläubigen. Hier – und nicht bei den Schlachthäusern von Minā – sind wir am eigentlichen Kern des Islams angelangt. Er versteht sich nicht als eine Schlachtopferreligion, sondern als eine Frömmigkeit, die auf Demut und Hingabe beruht. Dementsprechend heißt es in der Sure 22, die den Namen „Die Pilgerfahrt" trägt (V. 37):

„Weder ihr Fleisch noch ihr Blut [der Opfertiere] erreicht Gott. Ihn erreicht aber eure Frömmigkeit. So hat Er sie euch dienstbar gemacht, damit ihr Gott dafür preist, daß Er euch rechtgeleitet hat."

Die im übertragenen Sinne gemeinten *Opfer des Herzens*, von denen schon einige, dem Jerusalemer Tempelkult gegenüber kritisch eingestellte Propheten und Psalmen in der Hebräischen Bibel sprechen, sind die wirklichen Opfer, die Gott gefallen. Daß weder Fleisch noch Blut Gott erreichen, auch nicht in millionenfacher Steigerung, wohl aber die Frömmigkeit des Einzelnen – diese Auffassung von Sure 22,37 hat ihre exakte Entsprechung beim Propheten Micha 6,7–8: „Hat der Herr Gefallen an Tausenden von Widdern, an zehntausend Bächen von Öl? Soll ich meinen Erstgeborenen hingeben für meine Vergehen, die Frucht meines Leibes für meine Sünde? Es ist dir gesagt worden, Mensch, was gut ist und was der Herr von dir erwartet: Nichts anderes als dies: Recht tun, Güte und Treue lieben, in Ehrfurcht den Weg gehen mit deinem Gott."[62] Eben dies war und ist auch die Botschaft des Jesus von Nazareth, welcher dem Neuen Testament zufolge das alte Gotteswort beim Propheten Hosea (6,6) – „Barmherzigkeit will ich, nicht Opfer!" – gleich zweimal zitiert (Matthäus 9,13; 12,7).

6. Abraham und die Auferstehung – oder: Von der Unruhe des Herzens

Auch während der Wirksamkeit Muhammads in Medina (622–632) spielt Abraham eine wichtige Rolle in seiner Verkündigung. Muhammad ist Abraham nunmehr auch darin ähnlich geworden, daß er wie jener ausgewandert ist in eine zwar ungewisse Zukunft hinein, jedoch auf „dem rechten Weg" sich glaubend (Sure 37,99). *Ihre eigentliche Zukunft – gemessen an der späteren Wirkungsgeschichte – hatten beide Emigranten in ihrer neuen Heimat noch vor sich.* Die Wichtigkeit Abrahams für Muhammad in Medina zeigt sich schon und besonders in der zweiten Sure, genannt „die Kuh". In insgesamt zwanzig, zum Teil sehr langen Versen kommt diese ihrerseits längste Sure des Korans auf Abraham zu sprechen – das ist so umfangreich wie in keiner anderen Abraham-Sure und macht quantitativ fast ein Fünftel des gesamtes Textbestandes des Korans über Abraham aus. Ein zentraler Gesichtspunkt in der Auseinandersetzung Abrahams mit dem Glauben seiner Väter – und spiegelbildlich Muhammads mit seinen mekkanischen Gegnern – war die Frage gewesen nach Gott als dem Schöpfer. In der spätmekkanischen Sure 29,16–27 hatte Abraham mit den Werken der Schöpfung argumentiert: diese seien nicht nur ein Indiz für die Existenz des Einen, sondern auch dafür, daß Gottes Macht sogar den Tod überwindet. Wahrhaftig Gott genannt zu werden habe nur der verdient, welcher auch die Macht zur Auferweckung hat, hatte Abraham seinem Vater erklärt. Nun – Muhammad ist seit kurzem in Medina – widmet sich eine Passage von drei langen Versen in Sure 2 erneut und von verschiedenen Seiten her der Frage nach Gott und seiner Allmacht als Schöpfer. Zwar wird Abraham nur in zwei Versen explizit genannt, doch da sie eine thematische Einheit bilden – Demonstrationen der schöpferischen Allmacht und Souveränität Gottes, um den Glauben an die Auferstehung zu begründen –, gehe ich im Folgenden auf alle drei Verse ein. Zunächst Sure 2,258:

Hast du nicht von demjenigen [Herrscher] gehört, der wegen der ihm von Gott gewährten Macht so überheblich wurde, daß er mit Abraham über Gott debattierte. Abraham sagte: „Mein Herr läßt leben und sterben." Darauf sagte er: „Ich lasse leben und sterben." Da sagte Abraham: „Gott läßt die Sonne im Osten aufgehen, so lasse du sie im Westen aufgehen!" Der Ungläubige war sprachlos. Gott leitet die, die unrecht tun, nicht zum rechten Weg.

Viele Ausleger meinen, hier sei von *Nimrod* die Rede, dem mythischen „ersten Helden auf Erden" (Genesis 10,8ff). Nimrod galt als Tyrann, der sich in seinem Hochmut zum Herrn über die Menschheit aufschwang. Im Koran jedoch bleibt der Machthaber anonym. Es könnte jederzeit an jedem Ort vorkommen, daß ein besonders mächtiger Mensch sich zum Herrscher über Leben und Tod aufschwingt und von seinen Untertanen womöglich eine göttliche Verehrung einfordert. Da können die Gläubigen nach dem Vorbild und mit den Worten Abrahams lediglich bekennen: „Mein Herr – und nicht du! – läßt leben und sterben", oder, fast gleichlautend mit den Worten von Sure 3,156: „Gott ist es, der leben und sterben läßt" – und nicht das Schwert des Feindes auf dem Schlachtfeld. Ein Bekenntnis, das nicht allein Abrahams Bild von dem Schöpfer-Gott zum Ausdruck bringt, sondern auch die Weigerung impliziert, irgendeinen Menschen als Gott oder anstelle Gottes zu verehren. Abrahams Glaube an den einen Gott bedeutet nicht nur die Absage an die Götzen seiner Väter, sondern auch die Absage an alle Menschen, die sich selber zu Göttern – mithin zu Herren über Leben und Tod – aufschwingen. Sodann führt auch hier Abraham seinen unbekannten Diskussionspartner ad absurdum und gibt ihn der Lächerlichkeit preis (vgl. Sure 21,51–73): den Lauf der Sonne könne eben nur der Herr über die Schöpfung beeinflussen! Der gottgleiche Machthaber verstummt und Abraham ist der rhetorische und theologische Sieger in diesem Disput. Später haben die islamischen Prophetenlegenden den Konflikt zwischen Abraham und Nimrod breit ausgemalt – bis hin zu Abrahams siebentägigem Aufenthalt im Feuer des Scheiterhaufens. Wir kommen im neunten Kapitel darauf zurück. An den Nimrod-Vers schließt sich ein Gespräch zwischen einem ebenfalls anonymen Menschen und Gott an (Sure 2,259):

Denke auch an den Mann, der an einer Stadt vorüberkam, die in Trümmern lag und sagte: „Wie könnte Gott diese Stadt jemals wieder zum Leben rufen?" Gott ließ ihn sterben und rief ihn nach hundert Jahren wieder ins Leben und sprach: „Wie lange bist du tot gewesen?" Der Mann sagte: „Einen Tag oder einen Bruchteil davon." Gott sprach: „Du bist hundert Jahre tot gewesen. Schau deine Speise und deinen Trank an, sie sind nicht verdorben, und sieh dir deinen Esel an! Wir machen dich zu einem Zeichen für die Menschen. Sieh dir die Knochen an, wie wir sie wieder zusammenfügen und mit Fleisch beziehen!" Als der Mann das alles klar erkannte, sprach er: „Nun weiß ich, daß Gott alles kann."

Der Anfang des Textes mag an die Hebräische Bibel erinnern: als Nehemia in das 586 v.Chr. von den Babyloniern zerstörte Jerusalem kam: „Jerusalem liegt in Trümmern, und seine Tore sind abgebrannt" (Nehemia 2,17). Ein Wiederaufbau war nach menschlichem Ermessen unrealistisch bzw. unmöglich, doch Nehemia ist der Überzeugung (V. 20): „Der Gott des Himmels wird uns Erfolg verleihen. Wir, seine Knechte, wollen ans Werk gehen und bauen." Doch dem Koranvers geht es gar nicht um die mögliche Wiederbelebung einer Geisterstadt durch Gott(es Hilfe), sondern um *Gottes Souveränität über die Zeit:* alles Irdische ist in unterschiedlicher Weise der Vergänglichkeit, mithin der Zeit, unterworfen; doch Gott spielt gleichsam mit der Zeit, wie es ihm gefällt. Abdullah Yusuf Ali zufolge ist aus dem Text die Lehre zu ziehen: „(1) Zeit bedeutet für Gott nichts; (2) sie betrifft verschiedene Dinge in verschiedener Weise; (3) die Schlüssel von Leben und Tod sind in Gottes Hand; (4) die Macht des Menschen ist nichtig – sein Glaube sollte sich auf Gott richten."[63] Mithin läßt Gott Menschen sterben und ruft sie nach 100 Jahren ins Dasein zurück; Speise und Trank konserviert er; Tiere vermodern und er sorgt für ihre Wiederbelebung – ein Vorgang, der sich offensichtlich an die berühmte Vision in der Hebräischen Bibel von der Wiederbelebung des Totenfeldes beim Propheten Ezechiel (37,1–14) anlehnt: dort werden die Knochen beschrieben, die zusammenrücken, mit Fleisch überzogen und schließlich mit Gottes Geist belebt werden. Ebenso geht es auch im Koran nicht nur darum, *daß* Gott, der Schöpfer, die Macht zur Auferweckung besitzt – kollektiv und auf Menschen bezogen (Hesekiel 37) wie individuell und auch auf Tiere bezogen (Sure 2,259) –, sondern auch, *wie* er das konkret anschaulich tut.

Die Frage nach dem Wie, nach der Anschaulichkeit der schöpferischen Allmacht Gottes für die menschlich-begrenzte Vorstellungskraft, ist auch das Thema des dritten Verses, der Abraham wieder explizit erwähnt, und zwar mit einer Bitte (Sure 2,260):

> „Mein Herr! Zeige mir, wie Du die Toten auferweckst!" Gott sprach: „Glaubst du das denn nicht?" „Doch", sagte Abraham, „aber ich möchte, daß mein Herz wirklich sicher ist." Gott sprach: „Nimm vier Vögel und zähme sie zu dir hin! Verteile die Stücke auf verschiedene voneinander entfernte Berge! Rufe sie dann zu dir her, und sie werden kommen! Wisse, daß Gott allmächtig und unendlich weise ist!"[64]

Abraham, der Freund Gottes, hat ein gläubiges Herz. Doch dieses Herz ist unruhig, ist so lange unsicher, bis Gott selbst dem Herzen Sicherheit und Frieden gewährt durch eine konkrete Demonstration seiner Allmacht. Erneut bedient sich der Koran, wie übrigens auch an anderen Stellen ohne Bezug auf Abraham, der Tiere als Fingerzeiger und Beispielgeber – hier nun sind es Vögel. Dieses *Vogel-Wunder* in Sure 2,260 erinnert manche Ausleger an die Erzählung aus der Hebräischen Bibel von den geteilten Fleischstücken, durch die ein göttliches Feuer hindurchfährt (Genesis 15,8–18).[65] Während es in dem biblischen Text um einen diesseitigen Bund Gottes mit Abraham im Sinne der Verheißung des Landes geht, handelt Sure 2,260 von einem jenseitigen Bund Gottes mit Abraham im Sinne der Verheißung einer Beziehung mit Gott – im Falle Abrahams heißt das ja: der Freundschaft mit Gott – auch über den Tod hinaus. Das Thema „Auferstehung" im Sinne einer fortdauernden individuellen Beziehung mit Gott über den Tod hinaus ist für den Koran wie schon für das Neue Testament ein selbstverständliches Glaubensgut. In der Hebräischen Bibel allerdings kann davon mit Blick auf Abraham und die anderen sog. „Erzväter" und „Erzmütter" noch keine Rede sein, da sich der Auferstehungsglaube zeitlich erst sehr viel später entwickelt hat. Der Abraham der Hebräischen Bibel lebt nach seinem Tod allenfalls im übertragenen Sinne weiter: in seinen Nachkommen, in ihrem Andenken an und ihrer Verehrung für ihn.

Neben diesen mehr oder minder plausiblen Anklängen an die Hebräische Bibel steht dem Vogel-Wunder Abrahams ein *anderes Vogel-Wunder* im Koran wesentlich näher, das *von Jesus* berichtet wird (Sure 3,49). Jesus sagt:

> „Ich bin zu euch mit einem Zeichen Gottes, eures Herrn, gekommen. Ich schaffe euch aus Lehm eine vogelähnliche Gestalt, die werde ich anhauchen, so daß sie mit Gottes Erlaubnis zu einem Vogel wird."

Beide Vogel-Wunder im Koran möchten die schöpferische Allmacht Gottes anschaulich machen, um so den fragenden und zweifelnden Herzen der Gläubigen Frieden und neues Vertrauen zu schenken. Abraham ist Adressat dieser göttlichen Demonstration und Jesus das Medium. Jesus vollbringt dieses Wunder, das in anderer Form auch in der volkstümlichen christlichen Tradition bekannt ist, dem Koran zufolge freilich nicht „eigenmächtig", sondern ausdrücklich aufgrund der göttlichen Erlaubnis.[66]

Unklar ist bislang geblieben, inwiefern in Sure 2,260 die Vögel ein Bild für den Glauben an die Auferstehung sein sollen. Worin genau besteht diese nach den Versen 258 und 259 nunmehr dritte Demonstration der Schöpfermacht Gottes? Es gibt zwei Möglichkeiten, den vage bleibenden Text zu verstehen: entweder wörtlich oder eher im übertragenen Sinne. Die Al-Azhar-Ausgabe läßt ihre *wörtliche Interpretation* direkt in die deutsche Übersetzung des Textes einfließen:

„Nimm vier Vögel und zähme sie und sieh sie dir so genau an, daß du sie wiedererkennen kannst! Schlachte sie und verteile die Teile auf verschiedene voneinander entfernte Berge! Rufe sie dann zu dir her, und sie werden kommen!"

Der mehrheitlichen Deutung zufolge besteht das Wunder darin, daß Gott geschlachtete, zerteilte und verstreute Vogelreste neu erschaffen kann als lebendige Vögel, die aus großer Entfernung zu Abraham geflogen kommen. Die Schwierigkeit dieser buchstäblichen Interpretation, der auch die meisten deutschen Koranübersetzer folgen, liegt freilich darin, daß im Text von einer Schlachtung der Vögel gar nicht explizit die Rede ist – sie wird stillschweigend vorausgesetzt bzw. in den Text hineingelesen. Es heißt im Text lediglich: „Nimm vier Vögel und zähme sie zu dir hin! Verteile die Stücke [oder: Verteile sie stückweise, also einzeln] auf verschiedene voneinander entfernte Berge! Rufe sie dann zu dir her, und sie werden kommen!"

Andere Ausleger mit schiitischem oder mit sufisch-mystischem Hintergrund argumentieren daher durchaus plausibel, die Vögel seien gar nicht tot. Sie sollen vielmehr von Abraham gezähmt werden und sich dabei so sehr an ihn gewöhnen, daß sie nach ihrer aller Aussetzung auf den Bergen aus allen vier Himmelsrichtungen wieder zurück zu ihm finden, jeder Vogel einzeln. Dieser übertragenen, *symbolischen Interpretation* zufolge wird das Vogelwunder zu einem Sinnbild dafür, daß die Gläubigen durch ihren Glauben mit ihrem Herrn so innig vertraut werden, daß sie durch den Tod hindurch zu Gott zurückkehren. „Auferstehung" wird hier also metaphorisch verstanden: nicht im Sinne der Wiederbelebung der toten äußeren Gestalt, sondern im Sinne der Rückkehr und Heimkehr zu Gott, dem Ursprung des Menschen, ganz so, wie der Koran oftmals und auch in dieser Sure betont (2,28):

„Wie könnt ihr Gott leugnen? Ihr wart leblos [nicht existent], und Gott ist es, Der euch ins Leben rief. Dann läßt Er euch sterben und wieder auferstehen. Und zu Ihm kehrt ihr zurück."

Welche der beiden Deutungen auch besser zu überzeugen vermag, die Pointe bleibt in jedem Fall: *für den Glaubenden bedeutet der Tod keine endgültige Trennung von Gott.* Auferstehung bedeutet das Zurückfinden zu Gott für jeden, der mit Gott ein inniges Verhältnis aufgebaut hat. Denn Gott ist, wie der Vers direkt vor dieser Abraham-Passage sagt (Sure 2,257), „der Freund (arab. *wali*) der Gläubigen. Er führt sie aus der Finsternis ans Licht." Und das heißt: er führt sie vom Nichtdasein ins Dasein und vom Tod in ein neues Leben. Nur eine solche Hoffnung voller Licht, voller Zukunft vermag das unsichere Herz Abrahams, des Freundes Gottes, wie auch die Herzen aller glaubenden Menschen, die ihrerseits Gott zum Freund haben, in der Tiefe zu beruhigen. Und daß der Koran zur Illustration dieser frohen Botschaft von

Gottes Schöpfermacht in beiden Versen Sure 2,259–260 auf Tiere zurückgreift, läßt darüber hinaus sogar vermuten, daß der Glaube an eine *Auferstehung auch der Tiere* vom Koran her begründet werden kann. Auch die ängstlichen Herzen der Tiere haben Hoffnung, so Gott will.

7. Abraham und Mekka – oder: Ismael tritt aus dem Schatten Isaaks hervor

Bislang hatte Ismael – dt. „Gott (er)hört", arab. *Isma'il* –, der andere Sohn Abrahams, im Unterschied zu Isaak oder auch zu Lot praktisch keine Rolle in Muhammads Verkündigung gespielt. In der mehr als zehnjährigen Wirksamkeit Muhammads in Mekka wird er lediglich an fünf Stellen explizit erwähnt. Historisch muß man klar festhalten: *Ismael ist für Muhammad viele Jahre lang unwichtig.* Seine Identität als ältester Sohn Abrahams ist ihm zunächst sogar nicht einmal bekannt. Wo Ismael an den chronologisch ersten drei Stellen im Koran auftaucht, geschieht das ohne jeden Bezug zu Abraham! Erstmals wird Ismael ausdrücklich in Sure 19,54–55 erwähnt:

> Gedenke Ismaels im Koran! Er hielt sein Versprechen voll ein und war Gesandter und Prophet. Er pflegte seinen Angehörigen zu befehlen, das Gebet zu verrichten und die Zakat-Abgaben zu entrichten, und er erfreute sich des Wohlgefallens seines Herrn.

Nur wenige Verse zuvor ist explizit von Abraham und seinem Sohn Isaak die Rede (Sure 19,49), doch ein Zusammenhang mit Ismael wird nicht hergestellt: „Als er [Abraham] sich von ihnen und ihren Götzen abgewandt hatte, schenkten Wir ihm Isaak und von Isaak Jakob. Beide machten Wir zu Propheten." Genau dasselbe ist kurze Zeit später zu beobachten bei der zweiten knappen Notiz über Ismael in Sure 38,48: „Gedenke Ismaels, Elisas und Zu-l-Kifls! Sie alle gehören zu den Guten." Auch hier ist auffällig, daß jeder Hinweis auf eine Verbindung Ismaels mit Abraham fehlt, obwohl dieser in den direkt vorangehenden Versen gemeinsam mit seiner Familie erwähnt wird:

45 Gedenke Unserer Diener Abraham, Isaak und Jakob, die Macht und Ansehen besaßen und einsichtig waren! 46 Wir bedachten sie mit der besonderen Eigenart, des Jenseits zu gedenken. 47 Sie gehören bei Uns zu den Auserkorenen und Guten.

Derselbe Sachverhalt wiederholt sich ein drittes Mal in Sure 21. Zunächst wird in Vers 72 Abraham mit seiner Familie erwähnt und später in Vers 85 Ismael in einer knappen Prophetenreihe. Bei diesen chronologisch ersten drei Erwähnungen Ismaels im Koran springt jedem aufmerksamen Leser und Hörer die enge *Zusammengehörigkeit von Abraham und Isaak* einerseits sowie andererseits die gleichzeitige völlige *Zusammenhanglosigkeit zwischen Abraham und Ismael* – wohlgemerkt: jeweils in benachbarten Versen ein und derselben Sure – regelrecht in die Augen! Man muß aus historischer Sicht also nüchtern feststellen: Isaak gilt dem Koran von Anfang an als ein Sohn Abrahams; Ismael hingegen wird erst im Laufe der Wirksamkeit Muhammads als ein Sohn Abrahams allmählich sozusagen „entdeckt". Abgesehen von der im fünften Kapitel bereits behandelten Frage nach der Identität des anonymen Sohnes in der Opfergeschichte, eine sehr folgenreiche Entdeckung, wie wir sehen werden.

Erst in den letzten beiden Jahren der Wirksamkeit Muhammads in Mekka taucht Ismael zum ersten Mal explizit in Verbindung mit Abraham auf, und zwar in dem bereits behandelten großartigen Gebet Abrahams in Sure 14:

35 „Mein Herr! Mache dieses Land sicher und bewahre meine Söhne und mich davor, den Götzen zu dienen! (...) 39 Gott sei gelobt, Der mir im Alter Ismael und Isaak geschenkt hat."

Erst jetzt, viele Jahre nach der Offenbarung der Opfergeschichte, ist Ismael ausdrücklich als ein Sohn und als der Erstgeborene Abrahams im Koran eingeführt. Dabei scheint diese anfängliche „Entdeckung“ des Zusammenhangs zwischen Abraham und Ismael durchaus nicht nachhaltig gewesen zu sein. Denn noch in der etwa ein Jahr später entstandenen sechsten Sure wird in Vers 84 Abraham mit Isaak ausführlicher erwähnt; nur zwei Verse weiter nennt der Koran auch Ismael in einer kurzen Prophetenreihe – doch wieder ohne jeden Bezug zu Abraham (Sure 6,86).

Die Beobachtung, daß Muhammad in den ersten zehn Jahren seiner Wirksamkeit die Familie Abrahams nicht genau kannte, läßt sich übrigens nicht allein am Beispiel Ismaels belegen, sondern darüber hinaus auch am Beispiel Jakobs, der in der Bibel als Sohn Isaaks und Enkel Abrahams gilt. Dem Koran zufolge ist *Jakob* jedoch anfänglich ein weiterer Sohn Abrahams, mithin der jüngere Bruder und nicht der Sohn Isaaks.[67] Noch in den letzten Jahren Muhammads in Mekka – in Sure 21,72 und in Sure 11,71 – erscheint Jakob als zweiter Sohn, den Abraham sich zusätzlich zu Isaak gewünscht hat. Erst in Medina, in einer Zeit der intensiven Kontakte und Auseinandersetzungen mit den dortigen jüdischen Stämmen, wird Muhammad die biblische Genealogie der Familie Abrahams völlig klar. Etwa zur selben Zeit, in der Ismael als der erstgeborene Sohn Abrahams im Koran erscheint, wird auch Jakob deutlich als Sohn Isaaks und Enkel Abrahams identifiziert.[68] Zu derlei *genealogischen Klärungen* ist Muhammad dem Koran zufolge ohne weiteres bereit gewesen, hatte Gott ihn doch gerade in dieser Zeit aufgefordert, sich bei Juden und Christen, den sog. „Schriftbesitzern“ (arab. *ahl al-kitab*), kundig zu machen: „Wenn du Zweifel über die Offenbarung hegst, die Wir dir herabgesandt haben, frage jene, die vor dir das Buch lasen“ (Sure 10,94; vgl. Sure 16,43). Muhammad hat offensichtlich Erkundigungen über Abrahams Familie eingezogen, wie die korrigierten Zuordnungen Jakobs und Ismaels in den Medina-Suren zeigen (auch wenn spätere islamische Theologen von „Zweifeln“ oder „Irrtümern“ des ihrer Ansicht nach unfehlbaren Propheten nichts wissen wollen). Und nun schlägt auch die Stunde Ismaels. In Medina, angesichts der dortigen dramatischen äußeren Umstände, tritt er gleichsam aus dem Schatten Isaaks hervor und wird – mit immer stärkerem Gewicht dann in der islamischen Tradition – *Isaak genealogisch und theologisch vorgeordnet.* Wie ist es dazu gekommen? Was ist in Medina geschehen und in welcher Hinsicht wird Ismael von nun an immer wichtiger? Das soll uns im Folgenden sowie dann weiter im zehnten Kapitel beschäftigen.

Abgesehen von seinem Berufungserlebnis (ca. 610) und dem Tod seiner Frau Chadidscha (619), mit der Muhammad fünfundzwanzig Jahre verheiratet gewesen war, stellt die Emigration nach Yathrib – dem später sog. „Medina“ – drei Jahre später die wichtigste Zäsur im Leben Muhammads dar. Die etwa 300 km nördlich von Mekka gelegene Oasenstadt bot dem Propheten völlig neue Rahmenbedingungen für die Verkündigung seiner Botschaft und vor allem für deren konkrete Umsetzung, welche denjenigen in Mekka diametral entgegengesetzt waren. Nun war es allererst möglich, eine muslimische Gemeinde (arab. *umma*), ein Gemeinwesen nach den Maßstäben des Korans aufzubauen. Von daher wurde die Emigration (arab. *hidschra*), also das Jahr 622 der westlichen Zeitrechnung, zum Ausgangspunkt der islamischen Zeitrechnung. Muhammad kam mit seinen Anhängern jedoch nicht als Flüchtling oder Asylsuchender nach Yathrib, sondern in einer ganz bestimmten, zuvor vertraglich vereinbarten Rolle: als Bündnispartner und als Streitschlichter oder Schiedsrichter (arab. *hakam*) für die dortigen verfeindeten Stämme, die sich größtenteils dazu verpflichtet hatten, Muhammad zu unterstützen – auch in den gewaltsamen Konflikten und Scharmützeln mit den Mekkanern – und seine religiöse Botschaft anzunehmen. In Mekka befanden sich die Muslime in der Minderheit; es war für sie eine Situation der Ohnmacht, Verfolgung und Diskriminierung. In Medina befinden sich die Muslime zunehmend in einer Position der – nicht unangefochtenen – Macht und zugleich der kriegerischen Konfrontation mit den Gegnern in Mekka. In Mekka wirkte Muhammad als Prophet, der mit seiner monotheistischen und ethischen Botschaft eine Gefahr für das soziale und wirtschaftliche Establishment wie auch für den polytheistischen Götterkult in der *Ka'ba* darstellte. In Medina wächst Muhammad immer stärker auch in neue Rollen hinein: als erfolgreicher Mediator und Politiker, als Gesetzgeber und Heerführer, der es versteht, einen immer größeren privaten Hausstand, die islamische Gemeinde sowie ein Heer von Kämpfern aufzubauen und anzuführen, so daß sich sein Ansehen, sein Ruf in Arabien auszubreiten beginnt.

In Medina hatte Muhammad sich an manchen religiösen Riten und Gebräuchen der dort ansässigen Juden orientiert. Ihr Einfluß und Ansehen wie auch ihre wirtschaftliche Macht waren zu groß, als daß Muhammad sie hätte ignorieren können. Damals lebten in der Oasenstadt schätzungsweise zehntausend Juden, verteilt auf drei bedeutende Stämme, die in jeweils eigenen, festungsartig ausgebauten Vierteln lebten. Es wird dort etliche Synagogen und wohl auch ein jüdisches Lehrhaus gegeben haben. Ohnehin verstand Muhammad seine Botschaft ganz in der Tradition der älteren monotheistischen Religionen, der „Schriftbesitzer", wie der Koran sie nennt. Die Anhänger Muhammads hielten etwa das Fasten am jüdischen Versöhnungstag (hebr. *Rosh ha-shana*) und feierten ihr Gemeinschaftsgebet am Freitagmittag – bevor dann mit der Abenddämmerung der jüdische Ruhetag (hebr. *Shabbat*) begann. Außerdem beteten die Muslime wahrscheinlich in Richtung Jerusalem.[69]

Doch eine Hoffnung, die Muhammad in Medina hegte, ist zum Scheitern verurteilt: daß ihn die dortigen Juden als ihren Propheten anerkennen. Das haben sie nicht getan. Im

Gegenteil, sie begegnen Muhammad kritisch und zunehmend feindselig. In den folgenden Jahren (623–628) wird das Verhältnis der Muslime zu den jüdischen Stämmen immer schwieriger und eskaliert am Ende sogar. Dafür sind zahlreiche Faktoren und Umstände mit verantwortlich, die hier nicht näher dargestellt werden können. Wir halten nur das Ergebnis fest: zwei Stämme werden ins Exil gezwungen und aus Yathrib vertrieben, der dritte Stamm der *Qurayza* hingegen, der insgeheim mit den mekkanischen Feinden der Muslime verhandelt hatte, wird faktisch ausgerottet: alle Männer werden getötet, die Frauen und Kinder als Sklaven verkauft – ein Urteil, das übrigens Muhammad nicht selber fällte. Aus heutiger Sicht erscheint es grausam und unangemessen, doch entsprach diese harte Maßnahme gegen Kollaborateure mit den Feinden ganz den Maßstäben der damaligen Zeit: „die Welt des Arabiens des 7. Jahrhunderts war gnadenlos. Mohammed wußte, daß seine erbittertsten Gegner jede Gelegenheit wahrnehmen würden, ihn zu töten."[70] Muhammad hatte in Mekka mit der Vielgötterei seiner Vorfahren gebrochen. Die Konsequenz war seine Emigration nach Yathrib. Diese Erfahrung sah er vorgebildet in Abrahams Lossagung vom heidnischen Kult des Vaters und seiner Auswanderung. Diesem ersten Bruch folgte in Medina der skizzierte zweite Bruch mit den jüdischen Stämmen. Keine Frage, daß dies auch theologisch zu einer zunehmenden Abkehr vom Judentum führte, was natürlich auch Auswirkungen hatte für die weitere Ausgestaltung Abrahams im Koran.[71]

Bereits die zweite Sure, die zeitlich in die Anfangsjahre des Wirkens Muhammads in Medina gehört, bringt die rituelle und theologische Abkehr der Muslime vom Judentum zum Ausdruck. Unmittelbar nach wichtigen neuen Abraham-Versen, auf die ich gleich eingehen werde, wird in den Versen 142 bis 150 ein entscheidender Richtungswechsel markiert. Jerusalem soll nicht länger Orientierungspunkt für das Gebet sein. Nunmehr mögen die Muslime ihr rituelles Gebet ausschließlich mit Blick und in Richtung (arab. *qibla*) auf das Heiligtum in Mekka verrichten. Auch wenn Juden, Christen und Muslime denselben Gott verehren, so sollen sie doch ihr Gebet in unterschiedlichen Richtungen vollziehen (Sure 2,148):

> Jeder Glaubensangehörige hat seine Gebetsrichtung, der er sich zuwendet. Wetteifern sollt ihr um die guten Werke. Wo immer ihr auch seid, zum Jüngsten Gericht wird Gott euch alle zusammenführen. Gottes Allmacht ist unermeßlich.

Mit der Lossagung vom Polytheismus der Mekkaner hatte Muhammad sich in die Tradition der monotheistischen Religionen gestellt, mit deren Propheten Abraham, Mose und Jesus er sich tief verbunden fühlte. Durch die Festlegung einer neuen Gebetsrichtung zum Heiligtum in Mekka wird nun der *Anspruch auf die Eigenständigkeit* der durch Muhammad neu gestifteten Religion des Islams demonstriert. Dieser Islam ist mehr als nur ein arabisches Judentum oder ein arabisches Christentum. Die *Ka'ba* wird gleichsam zu einem „neuen Jerusalem". Da mag man sich mit den Zeitgenossen Muhammads verwundert fragen: ist diese neue *qibla* nicht höchst mißverständlich? Warum denn sollten die monotheistischen Muslime nunmehr ausgerechnet in Richtung eines polytheistischen Heiligtums beten, wo sie doch Mekka erst vor kurzem eben deshalb verlassen haben? Bedeutet dies nicht einen Rückfall ins Heidentum?

Genau in dieser zweideutigen Konfliktlage, in der Muhammad sich befand, kommt nun Abraham ins Spiel. Mit einer sog. Kultlegende oder Ätiologie in Sure 2 erklärt der Koran, daß das Heiligtum in Mekka zwar derzeit (noch) heidnisch zweckentfremdet werde, daß es jedoch ursprünglich ein von Abraham und seinem Sohn Ismael gestiftetes Gotteshaus gewesen sei. Die Erzählung von der Stiftung des Heiligtums von Mekka ist chronologisch betrachtet die letzte große Abraham-Geschichte im Koran. Sie findet sich zuerst und am ausführlichsten in Sure 2,125–134:

125 Wir haben die *Ka'ba* zur Zufluchtsstätte und zum sicheren Ort für die Menschen gemacht. Wir sprachen: „Macht euch die Stätte, an der sich Abraham aufhielt, zur Gebetsstätte! Abraham und Ismael haben Wir verpflichtet: „Ihr sollt Mein Haus für die Andächtigen reinhalten, die es umschreiten oder sich darin zurückziehen, die vor Gott knien und sich niederwerfen." 126 Einst sprach Abraham: „Herr! Mache diese Stadt sicher und gewähre ihren Einwohnern Früchte, sofern sie an Gott und den Jüngsten Tag glauben!" Gott sprach: „Die Ungläubigen lasse Ich auf Erden kurz genießen, dann zwinge Ich sie am Jüngsten Tag zur Höllenstrafe. Welch schlimmes Ende!" 127 Abraham und Ismael legten den Grundstein des Heiligen Hauses und beteten: „Unser Herr, nimm es von uns an! Du hörst alles und bist der Allwissende. 128 Gott, unser Herr, mache, daß wir Dir ergeben sind! Aus unseren Nachkommen mache ein rechtschaffenes, Dir ergebenes Volk! Lehre uns, mit welchen Riten wir Dir dienen sollen und vergib uns! Du bist der Allvergebende, der Barmherzige. 129 Unser Herr, schicke unseren Nachkommen einen Gesandten aus ihrer Mitte, der ihnen Deine offenbarten Verse vorträgt, sie das Heilige Buch und die Weisheit lehrt und sie läutert! Du bist der Allmächtige, der Allweise." 130 Von der Religion Abrahams würde sich nur der abwenden, der sich zum Törichten macht. Im Diesseits hatten Wir ihn auserkoren, und im Jenseits gehört er gewiß zu den Rechtschaffenen. 131 Als sein Herr zu ihm [Abraham] sprach: „Ergib dich Mir!" sagte er: „Ich ergebe mich dem Herrn der Welten!" 132 Abraham empfahl seinen Kindern, den wahren Glauben zu befolgen. Dasselbe tat Jakob, der seinen Kindern sagte: „Gott hat euch diese Religion ausgewählt. Bevor der Tod euch dahinrafft, müßt ihr euch Ihm ergeben." 133 Oder seid ihr etwa anwesend gewesen, als der sterbende Jakob seinen Kindern sagte: „Wem werdet ihr nach meinem Tod dienen?" Sie sprachen: „Wir werden deinem Gott dienen, dem Gott deiner Vorfahren Abraham, Ismael und Isaak, dem einzigen Gott. Ihm sind wir ergeben." 134 Das sind Menschen, die einst gelebt haben. Sie sind verantwortlich für ihre Werke, und ihr habt eure Werke, für die ihr verantwortlich seid. Ihr werdet nicht wegen ihrer Taten zur Rechenschaft gezogen.

Wer die Gestalt Abrahams allein aus der Hebräischen Bibel kennt, dürfte von dieser Erzählung am meisten überrascht sein. Wohl ist Abraham als einer, der Orte der Gottesverehrung stiftet und Opferstätten (Altäre) errichtet – wie etwa in Sichem und in Bethel (Genesis 12,6–8) –, hinreichend bekannt. Auch daß Abraham als (Halb-) Nomade ein großer Wanderer vor dem HERRN war und womöglich bis in den Negev und nach Ägypten reiste, ist nicht neu. Doch daß Abraham auf seinen Wanderungen bis nach Südarabien gekommen sein soll, um dort ein Heiligtum für Gott zu erbauen, ist in der biblischen Tradition unbekannt. Diesen Bericht des Korans deshalb jedoch – wie das vielfach westliche Koranausleger getan haben – rundweg ins Reich der Legenden zu verweisen und als Erfindung Muhammads abzutun, ist unangebracht. Denn zum Einen befinden wir uns bei den Erzählungen über Abraham und die anderen Erzväter und Erzmütter, historisch betrachtet, ohnehin auf schwankendem Boden. Ob Abraham als eine historisch faßbare Gestalt überhaupt gelebt hat, ist nicht einmal zu beweisen, geschweige denn eine Art „historischer Abraham" objektiv rekonstruierbar. Von daher ist die Frage völlig spekulativ, ob er außer in Palästina jemals auch in Ägypten oder in Arabien gewesen sein mag oder nicht. Sehr weite Strecken zurücklegende semitische Halbnomaden, wie sie Abraham und seine Sippe repräsentiert, gab es in diesen geographischen Räumen damals unzählige.

Zum Anderen ist es das legitime Recht aller derer, die sich religiös mit Abraham befassen, unter Berücksichtigung ihrer jeweiligen Situation ihr eigenes Bild von Abraham zu entwerfen. Damit hat ja nicht erst Muhammad begonnen, sondern so sind lange vor ihm schon die jüdischen und christlichen Rezipienten verfahren. Exemplarisch verweise ich auf den Verfasser des Jubiläenbuches, über dessen Bild von Abraham zu sagen ist: „Was er beschreibt, sind nicht eigentlich die Verhältnisse zur Zeit der Vorfahren Abrahams, sondern ist in Wahrheit seine eigene Gegenwart, wie er sie erfahren und gedeutet hat."[72] Wer Abraham war, ist historisch nicht zu klären – wer Abraham hingegen zu bestimmten Zeiten für bestimmte Gruppen ist, was er ihnen theologisch bedeutet, läßt sich leichter fassen. Derlei Abraham-Aktualisierungen verraten weit mehr über diejenigen, die diese uralten Geschichten über lange Zeiträume tradiert und neu akzentuiert haben, als über die Gestalt Abrahams selbst. Mithin ist die koranische Kultlegende über Mekka so historisch und so unhistorisch wie alle älteren Abraham-Erzählungen aus der jüdischen Tradition.[73]

Noch zwei weitere Male nimmt der Koran später Bezug auf Abraham und die *Ka'ba*. Deutlich kürzer ist das der Fall in Sure 3:

> 95 Sprich: „Was Gott sagt, ist die Wahrheit. Folgt dem Weg Abrahams, des Hanifen! Er glaubte innig an Gott, Dem er keine anderen Gottheiten zugesellte." 96 Das erste Gotteshaus, das für die Menschen gebaut worden ist, ist das zu Mekka. Gesegnet und eine Rechtleitung für die ganze Welt ist es. 97 Darin sind klare Zeichen, so die Gebetsstätte Abrahams. Wer dort eintritt, ist in Sicherheit. Die Menschen, sofern sie die Möglichkeit haben, sind Gott gegenüber verpflichtet, zu diesem Haus [der *Ka'ba*] zu pilgern. Wer aber Gott leugnet, muß sich vergegenwärtigen, daß Gott allmächtig und auf die ganze Welt nicht angewiesen ist."

Die zeitlich letzte Erwähnung der *Ka'ba* in Verbindung mit Abraham findet sich schließlich in Sure 22,26:

> Einst wiesen Wir Abraham den Platz für das Heilige Haus zu und sprachen: „Geselle Mir keine Gefährten bei! Halte mein Haus rein für die, die es umschreiten, die sich in der Nähe aufhalten und die, die im Gebet niederknien und sich niederwerfen!"

Mit der Erzählung von der Gründung des Heiligtums in Mekka erhält Ismael erstmals eine eigenständige theologische Bedeutung im Koran. Die Figur Ismaels übernimmt dieselbe Funktion wie die Festlegung der neuen Gebetsrichtung zur *Ka'ba* in Mekka und wie auch die Erzählung von deren Errichtung durch Abraham: mit allen diesen Hinweisen wird der Anspruch auf die Eigenständigkeit des Islams gegenüber sowohl den monotheistischen Geschwisterreligionen als auch dem polytheistischen Heidentum zum Ausdruck gebracht. Wie Isaak an der Seite seines Vaters ihrer beider schwerste Prüfung zu bestehen hat (Sure 37,99ff), so steht nun Ismael, der andere Sohn, seinem Vater bei, wenn es um die Errichtung der *Ka'ba* geht. Worin besteht nun genau dem Koran zufolge der Auftrag Gottes an Abraham und Ismael?

In den drei Versionen der Kultlegende ist ein Doppeltes im Blick: Abraham und Ismael sollten einerseits ein – wohl schon vorhandenes – Gotteshaus (Sure 2,125: „mein Haus") reinigen bzw. reinhalten (Sure 2,125; 22,26). Andererseits ist auch von einer Grundsteinlegung (Sure 2,127) und dem Aufbau des ersten monotheistischen Gotteshauses für die Menschheit die Rede (Sure 3,96), das dann konsequenterweise in Sure 3,97 der Ort oder die Gebetsstätte Abrahams (arab. *maqam Ibrahim*) genannt wird. Darauf werden wir im zehnten Kapitel zurückkommen. Das Entscheidende aber sind die folgenden beiden Gesichtspunkte. Erstens ein programmatisches Postulat: die *Ka'ba* wird durch ihre auf Abraham und Ismael zurückgeführte Begründung und Reinigung für den Monotheismus reklamiert. Sie gilt nicht länger als heidnisches, weil polytheistisches Heiligtum, sondern als das *Haus des Einen Gottes Abrahams*, der auch der Gott Muhammads ist. Aus diesem theoretischen Anspruch, aus diesem Credo, dieser theologischen Grundsatzerklärung resultiert zweitens eine ganz praktische, sehr konkrete und unmittelbare *Handlungsanweisung Gottes an Muhammad und die Muslime:* „Macht euch die Stätte, an der sich Abraham aufhielt, zur Gebetsstätte!" (Sure 2,125) und: „Die Menschen, sofern sie die Möglichkeit haben, sind Gott gegenüber verpflichtet, zu diesem Haus [die *Ka'ba*] zu pilgern“ (Sure 3,97). Dem Bekenntnis zu dem Einen Gott Abrahams soll die entsprechende Tat folgen: das Haus Abrahams neu zu weihen und als Pilgerfahrtsort für alle Muslime zu etablieren.

Bei der *Ka'ba* (arab. „Würfel“) handelt es sich bekanntlich um ein kubusförmiges Gebäude, das etwa fünfzehn Meter hoch, zwölf Meter lang und knapp elf Meter breit ist. Dieser „Tempel Abrahams“ ist gleichsam umbaute Leere: ein heutzutage leerer Raum, der alljährlich in einem Ritual gereinigt wird. So soll sich, symbolisch verstanden, der pilgernde Mensch wie Abraham Gott gegenüber vollkommen leer machen, um sich von Seiner Barmherzigkeit, Seinem Frieden erfüllen zu lassen. Doch auch in anderer Hinsicht besitzt die Architektur der *Ka'ba* eine symbolische Bedeutung, wie Muhammad Asad anschaulich erläutert: „In der formalen Einfachheit eines Kubus, in dem vollkommenen Verzicht auf alle Schönheit der Linie und Form sprach sich der Gedanke aus: ‚Was auch immer der Mensch an Vollendetem mit seinen Händen zu schaffen vermag – immer wird es nur Überheblichkeit sein, es als Gottes würdig hinzustellen; und deshalb ist das Einfachste, das er sich erdenken kann, das Größte, das er zu Gottes Ruhme bauen kann.‘ Einem ähnlichen Gedankengang verdankt wohl auch die mathematische Einfachheit der ägyptischen Pyramiden ihr Dasein – nur daß dort des Menschen Eitelkeit zumindest in den gewaltigen Ausmaßen seiner Bauwerke zum Ausdruck kam. Hier aber, in der Kaaba, sprachen sogar die Ausmaße nur von Demut und Hingabe; und die stolze Bescheidenheit dieses Baus hatte nicht ihresgleichen auf der Erde.“[74] Der Tempel Abrahams ist ein Symbol für die Demut Abrahams.

An der Errichtung bzw. Reinigung dieses Heiligtums wirkt Ismael an der Seite seines Vaters Abraham mit. Ismael gilt mithin als der Mitbegründer der *Ka'ba.* Neben dieser besonderen Rolle Ismaels wird er im Koran als der ältere

Bruder Isaaks künftig (chronologisch ab Sure 14) diesem vorgezogen. Im Zuge der skizzierten tragischen Konflikte Muhammads mit den jüdischen Stämmen und der daraus folgenden Abgrenzung vom Judentum verdrängt Ismael genealogisch und theologisch seinen jüngeren Bruder Isaak an die zweite Stelle. Der Sohn Abrahams ist hinfort und betontermaßen Ismael, welcher nunmehr in den Aufzählungen der Söhne und Enkel Abrahams als erster genannt wird (Sure 14,39; 2,133–140; 3,84; 4,163). Die *Rivalität der beiden Söhne Abrahams*, in der sich prototypisch die Rivalität der „Kinder Abrahams" – der drei monotheistischen Religionen – widerspiegelt, wird bereits in der Bibel sichtbar. Dort mündet diese Rivalität in eine Überlegenheit Isaaks – also zunächst des auserwählten Volkes Israel und der Juden, später der Kirche, die sich als das neue Gottesvolk versteht – über Ismael. Doch machen die Genesis-Texte, wie neuere exegetische Untersuchungen belegen, immerhin auch deutlich, daß Gott, der Sara, Isaak und Jakob erwählt und bevorzugt hat, dennoch an Ismael und Hagar und seinen Verheißungen ihnen gegenüber festhält.[75] Genau daran – an der unverbrüchlichen Treue Gottes gegenüber dem älteren Bruder Isaaks und dessen Mutter – knüpfen später sowohl der Koran als auch die islamische Tradition an, so freilich, daß diese Rivalität nun umkippt zugunsten einer Dominanz Ismaels – also der (arabischen) Muslime – über Isaak. Auf diese Problematik werden wir später zurückkommen.

Allerdings bleibt es im Koran selbst bei der bloßen *Andeutung* einer eigenständigen Bedeutung Ismaels. Ismael wird nämlich nur in der ausführlichen Version der Kultlegende in Sure 2 erwähnt; in den beiden späteren Fassungen in Sure 3 und Sure 22 wird er schon nicht mehr genannt. Ismael wird später nur noch zweimal in Prophetenreihen mit aufgelistet (Sure 3,84; 4,163). Alle Eigenschaften, die der Koran insgesamt über Ismael aufzählt, wirken stereotyp; sie gelten ebenso für viele andere Propheten und lassen kein besonderes Profil erkennen. Am meisten erfährt man über Ismael in den beiden bereits zu Beginn dieses Kapitels zitierten Versen (Sure 19,54–55). Hier wird er nicht nur als „Prophet" (arab. *nabi*), sondern sogar als „Gesandter" (arab. *rasul* = gr. *apóstolos*) gewürdigt – ein Ehrentitel, der im Koran nicht einmal Abraham, geschweige denn Isaak zuerkannt wird, sondern nur ganz wenigen, besonders prominenten Botschaftern Gottes wie vor allem Mose, Jesus und Muhammad selbst. Nichtsdestotrotz muß man feststellen: die koranische Rezeption Ismaels bleibt alles in allem sehr bruchstückhaft. Andere, aus der Hebräischen Bibel bekannte Ismael-Geschichten tauchen im Koran ebensowenig auf wie seine Mutter Hagar (arab. *Hadschar*). Erst in der nachkoranischen islamischen Tradition nimmt das Bild von Ismael konkretere Konturen an und wird – zusammen mit seiner Mutter – immer weiter ausgestaltet. Wir werden im zehnten Kapitel ausführlich darauf eingehen.

Wir kommen zurück zur Bedeutung der Kultlegende für Muhammad selbst. In der bisherigen Darstellung wurde deutlich: Abraham ist in den mekkanischen Jahren für Muhammad zu einem direkten, persönlichen Vorbild geworden, welches ihm immer deutlicher vor Augen trat und ihn seine Sendung immer besser zu begreifen lehrte – bis hin zur Notwendigkeit der Auswanderung aus der gottlosen und feindlich gesinnten Heimat. In Medina wird Muhammad angesichts der dramatischen Konflikte mit den jüdischen Stämmen und mit Hilfe der offenbarten Suren zunehmend klarer, daß er auch die Reinigung der *Ka'ba* und die Neubegründung des reinen Gottesglaubens dort durch eine praktizierende Gemeinde nach dem Vorbild Abrahams und Ismaels durchführen soll. Auf diesen Fluchtpunkt läuft letztlich die gesamte Sendung Muhammads hinaus: in der Orientierung an Abraham dessen monotheistischen Glauben zu erneuern und seinen ursprünglichen Kultort dafür wiederzugewinnen. Erst dann wäre der Islam als der wiederhergestellte Glaube Abrahams vollendet und Muhammads Auftrag als Gesandter Gottes erfüllt.

Es sollte tatsächlich noch einige Jahre dauern, bis nach den Konflikten mit den jüdischen Stämmen in Medina und den kriegerischen Auseinandersetzungen mit den feindlichen Mekkanern Muhammad endlich im Jahre 629 eine kleine Pilgerfahrt zur *Ka'ba* machen durfte, wie es im Vertrag von Hudaibiya 628 von den Mekkanern zugesichert worden war (vgl. Sure 48,25–27). Etliche der künftigen rituellen Bestandteile der Pilgerfahrt und des Ramadans führt die Kultlegende bereits auf Abraham zurück (Sure 2,125): das Umschreiten oder Umlaufen der *Ka'ba* (arab. *tawaf*), der Rückzug (im Fastenmonat) in das Gotteshaus zur Erholung, zur Koranrezitation und zum Gebet (arab. *i'tikaf*) sowie das Hinknien und Niederwerfen im Gebet (arab. *sudschud*). So werden die pilgernden Muslime im Vollzug der Pilgerfahrt allesamt zu Abrahamiten, zu Nachahmern Abrahams. Ein Jahr später schließlich nimmt Muhammad Mekka weitgehend kampflos ein und erläßt – bis auf wenige Ausnahmen – eine Generalamnestie. Nun kann Muhammad, zwei Jahre vor seinem Tod, in Nachahmung Abrahams die *Ka'ba* von allen Götzen reinigen und ihrer ursprünglichen Bestimmung der ausschließlichen Verehrung des einen Gottes (arab. *islam*) wieder zuführen. Die Reinigung des Hauses Gottes, das durch Götzendienst oder kommerziellen Handel entweiht wurde, gehört in den monotheistischen Religionen zu den Aufgaben charismatischer Führer. In diese prophetische Tradition der Tempelreinigung reiht sich nun auch Muhammad ein.[76] Die *Ka'ba* ist nicht länger ein heidnisches Heiligtum, sondern das, was sie seit den Tagen Abrahams und Ismaels gewesen ist (Sure 3,96): „Das erste Gotteshaus, das für die Menschen gebaut worden“ und als solches „eine Rechtleitung für die ganze Welt ist“. Nicht nur die religiöse Selbständigkeit gegenüber Judentum und Christentum, sondern der globale Anspruch der Sendung Muhammads zeichnet sich zunehmend deutlicher am Horizont der Abraham-Verse ab, die in Medina offenbart werden.

Die *Ka'ba* wieder ihrer ursprünglichen Bestimmung zugeführt zu haben, markiert den Höhepunkt der Laufbahn, den Zielpunkt der Sendung Muhammads. Er ist als Araber nicht allein – über Ismael – genealogisch ein direkter Nachkomme Abrahams (wir kommen in Kapitel 11 darauf zurück), sondern er ist auch theologisch ein Nachahmer Abrahams. *Abraham antizipiert Muhammad, und Muhammad imitiert Abraham. Abraham ist der Stifter des Monotheismus, Muhammad ist der Aktualisierer und Vollender des Monotheismus, der sich in allem seinem Wirken als eine direkte Gebetserhörung Abrahams erweist.* Denn Abraham hatte nach seiner Reinigung der *Ka'ba* Gott gebeten (Sure 2,129):

„Unser Herr, schicke unseren Nachkommen einen Gesandten aus ihrer Mitte, der ihnen Deine offenbarten Verse vorträgt, sie das Heilige Buch und die Weisheit lehrt und sie läutert! Du bist der Allmächtige, der Allweise."

Wie Muhammad der von Abraham erbetene Gesandte ist, so ist er zugleich der von Jesus *verheißene* Gesandte (Sure 61,6):

Einst sagte Jesus, Marias Sohn: „O ihr Kinder Israels! Ich bin von Gott zu euch gesandt worden, bestätige die vor mir offenbarte Thora und verkünde die frohe Botschaft, daß ein Gesandter namens Ahmad nach mir kommen wird."

Dem Koran zufolge haben Abraham und Jesus in analoger Weise Muhammad, dem arabischen Gesandten, den Weg bereitet und seine Sendung legitimiert. Was Gott mit Abraham – und ursprünglicher sogar mit Adam – begonnen hatte und mit Jesus weiterführte, das hat er schließlich mit

Muhammad vollendet: den reinen Gottesdienst (arab. *'ibada*) und die unverfälschte Gotteshingabe (arab. *islam*) als den Sinn des menschlichen und allen kreatürlichen Daseins wiederherzustellen.[77] Bei seiner Abschiedspilgerfahrt nach Mekka im Jahre 632, wenige Monate vor seinem Tod, wurden Muhammad die folgenden Worte übermittelt, die chronologisch zu den letzten offenbarten Versen des Korans zählen (Sure 5,3):

> Heute haben die Ungläubigen jegliche Hoffnung aufgegeben, eurer Religion Schaden zuzufügen, so fürchtet sie nicht! Mich allein sollt ihr fürchten. Heute habe Ich eure Religion vervollständigt, Meine Gnade an euch vollendet und euch die Gotteshingabe [arab. *islam*] als eure Religion vermittelt.[78]

Damit erweist sich nicht die von Muhammad neu gestiftete Religion des Islams als solche (wie exklusivistisch denkende Muslime meinen), sondern der allen Gottesoffenbarungen gleichermaßen zugrundeliegende „Glaube Abrahams" (arab. *din Ibrahim*) als das Kriterium wahrhaftiger Religiosität, ein Maßstab, an dem sich auch der Islam selbst messen lassen muß. Der theologische Schlüsselbegriff des Korans für den Islam als eine Religion, die von Muhammad nicht etwa erfunden oder – so die Auffassung vieler christlicher Theologen seit den Tagen des Johannes von Damaskus (gest. 750) – zu einer christlichen Häresie verzerrt wurde, sondern vielmehr nach dem Vorbild Abrahams neu gestiftet wurde, ist *millat Ibrahim.* Der Islam versteht sich als die wiederhergestellte „Religion" (arab. *milla*), als der aktualisierte „Glaube" (arab. *din*) Abrahams. Aus diesem Grunde sagen Muslime von sich, ihr Glaube, der Islam, sei die älteste und zugleich jüngste (monotheistische) Religion.

Insgesamt sechsmal begegnet der Ausdruck *millat Ibrahim* im Koran, zunächst zweimal in der dritten Phase der Wirksamkeit Muhammads in Mekka.[79] Der früheste Beleg ist in Sure 16,123: „Folge der Religion Abrahams, der sich jeglicher Irrlehre fernhielt und nicht zu den Götzendienern gehörte, die Gott Gefährten beigesellen." Der zweite mekkanische Beleg findet sich in Sure 6,161, unmittelbar vor der Emigration nach Medina: „Sprich: Gott hat mich auf den geraden Weg geleitet, zum rechten Glauben, der Religion Abrahams, der sich von den falschen Ansichten fernhielt und Gott nichts beigesellte." Die bereits erwähnten bedrohlichen Umstände, die Muhammad und seine Anhänger zur Emigration gezwungen haben, klingen im Folgevers Sure 6,162 an: „Sprich: ‚Mein Gebet, meine kultische Verehrung, mein Leben und mein Tod gelten Gott allein, dem Herrn der Welten.'" Der gerade Weg, den Muhammad und die Seinen zu gehen hatten, war ein Weg voller Gefahren auf Leben und Tod. Sich unter diesen schwierigen Umständen an Abraham zu orientieren, sich auf ihn zu berufen, ihn nachzuahmen, war ein großes Risiko. Diesen riskanten Weg tatsächlich zu gehen, erkannte Muhammad als den Willen Gottes. Und er ging ihn.

Vier weitere Male benutzt der Koran dann in der Zeit der Wirksamkeit Muhammads in Medina diese Ausdrucksweise, um das Wesen des Islams deutlich zu machen. Nur kurze Zeit später in Sure 2,130 und 135:

> Von der Religion Abrahams würde sich nur der abwenden, der sich zum Törichten macht. Im Diesseits hatten Wir ihn auserkoren, und im Jenseits gehört er gewiß zu den Rechtschaffenen. – Die Juden sagen: „Seid Juden, so geht ihr den richtigen Weg!" Die Christen sagen: „Seid Christen, so geht ihr den richtigen Weg!" Sage du ihnen: „Eher sollte man sich zur Religion Abrahams bekennen, der Gott nichts beigesellte."

Sodann in Sure 4,125: „Nichts Besseres kann der Gläubige tun, als sich Gott innig hinzugeben, Gutes zu tun und der Religion Abrahams, des Stifters des wahren Glaubens, zu folgen." Und schließlich in Sure 22,77–78:

Ihr Gläubigen! Kniet euch hin, werft euch nieder, dienet eurem Herrn und tut Gutes, auf daß ihr Erfolg haben möget! Setzt euch für Gottes Sache mit aller Kraft ein! Er hat euch erwählt und legt euch nichts Beschwerliches in der Religion auf. Das ist die Religion eures Vaters Abraham. Gott hat euch bereits vorher Muslime genannt. Der Gesandte soll euch dafür Zeuge sein, und ihr sollt für alle Menschen Zeugen sein. Verrichtet das Gebet, entrichtet die Zakat-Abgaben und stützt euch auf Gott! Er ist doch euer Beschützer. Gott ist der beste Hüter und der beste Helfer.

In diesen Versen wird deutlich: ohne „Vater Abraham" – der gerade auch als Vaterfigur für den vaterlos aufgewachsenen Propheten psychologisch identitätsstiftend war – hätte es nie (s)einen („Sohn") Muhammad gegeben! Ohne *Imam Ibrahim* (Sure 2,124), ohne das Vorbild des Gottesfreundes wäre der Islam als Abbild der Religion Abrahams nicht möglich gewesen. Abraham ist genealogisch der Vater der Araber und er ist theologisch der Vater der Muslime wie auch aller anderen Gottesgläubigen, und sie alle sind generell, die Anhänger Muhammads jedoch speziell seine Söhne und Töchter – also „Abrahamiten" gewissermaßen. Abraham hat, wie bereits erwähnt, als paradigmatischer Muslim sogar bereits einige der Säulen des Islams vorgelebt, nämlich das monotheistische Glaubensbekenntnis, das Gebet, die Armensteuer sowie die Pilgerfahrt nach Mekka. Doch Abraham ist mehr! *Abraham ist nicht allein für die Muslime da. Er hat auch universale Bedeutung als Vorbild aller anderen Menschen, die mit bestem Wissen und Gewissen an Gott glauben.* Auch das möchte der Begriff *millat Ibrahim* zum Ausdruck bringen. Was hat diese universale Bedeutung Abrahams für Auswirkungen im Wettstreit der Religionen, die sich gleichermaßen auf ihn als Vater des Glaubens berufen? Darum soll es im nächsten Kapitel und dann später nochmals in der Schlußbetrachtung (Teil D) gehen.

8. Abraham und der Streit seiner Erben – oder: Vom Wettstreit der guten Taten

Erst bei einer chronologischen Betrachtungsweise des Korans entlang der Wirksamkeit Muhammads wird erkennbar: Abraham wird im Laufe einer langen Entwicklung schließlich zum personifizierten Inbegriff der Abgrenzung des Islams sowohl gegenüber dem polytheistischen altarabischen Heidentum als auch gegenüber den monotheistischen Vorgängerreligionen Judentum und Christentum. Diese doppelte Abgrenzung ist in einer Phase der Etablierung, Konsolidierung und Legitimierung einer eigenständigen monotheistischen Religion vielleicht sogar für die religiöse Identitätsstiftung notwendig gewesen. Gleichwohl bedeutet diese Abgrenzung, dieser Bruch – zumindest mit den Juden Medinas, nicht generell mit „dem Judentum" – keine Leugnung der Zusammengehörigkeit der monotheistischen Religionen. Jedenfalls bricht der Koran – durchaus im Unterschied zu manchen späteren muslimischen Theologen – das aufrichtige Gespräch mit den älteren Geschwisterreligionen, die er den „Buchreligionen" zurechnet, nicht ab, sondern setzt es vielmehr fort. Bei diesem schon im Koran geführten trilateralen Dialog – im Deutschen und Englischen hat sich dafür abgekürzt das Wort „Trialog" bzw. „trialogue" eingebürgert – spielt Abraham ebenfalls eine Rolle. *Abraham als der Vater des Monotheismus schlechthin – das heißt, als „Muslim" in diesem universalen Sinne – wird zum Wahrheitskriterium dessen, was in allen drei Religionen authentischer Gottesglaube genannt zu werden verdient.* Dies soll anhand von zwei koranischen Trialog-Texten aus der Zeit der Wirksamkeit Muhammads in Medina verdeutlicht werden.

Mit Abraham verbindet sich in diesem trilateralen Zusammenhang neben dem schon erwähnten Terminus *millat* bzw. *din Ibrahim* ein letzter wichtiger Begriff, auf den wir im Rahmen der zweiten großen Geschichte (Auseinandersetzung mit den Götzen des Vaters) bereits gestoßen waren: *Hanif*. Hierbei handelt es sich – wie schon Theodor Nöldeke, der bedeutendste deutsche Arabist, erkannt hat – um ein Lehnwort aus dem Wortschatz des Syro-Aramäischen. In dieser von Christen gesprochenen Sprache bedeutete das Wort *hanpa* abschätzig „Heide". Im Koran hingegen ist damit etwas völlig Anderes, geradezu Gegenteiliges gemeint: nämlich der religiös-institutionell ungebundene Gottsucher, gleichsam ein Urmonotheist, der die Einheit und Einzigkeit Gottes schließlich erkennt und bekennt, noch ehe es Judentum, Christentum und Islam als institutionell organisierte Religionen gab. Allerdings scheint die heidnische Grundbedeutung von *hanif* im koranischen Sprachgebrauch noch immer durch, da regelmäßig hinzugefügt wird: Abraham sei *hanif* – aber kein Götzendiener gewesen! Abraham war zwar ein „Heide" in dem formellen Sinne, daß er keiner monotheistischen Religionsgemeinschaft angehörte, dennoch war er religiös kein Götzenverehrer, sondern ein wahrhaft Gläubiger.

Historisch wissen wir noch immer recht wenig über diese heiligen Heiden. Waraqa ibn Nawfal, ein Cousin von Muhammads erster Frau Chadidscha, soll zu ihnen gehört haben, ehe er Christ wurde. Immerhin ist es sehr wahrscheinlich, daß eine Zeitlang der Begriff *hanif* gleichbedeutend mit Muslim (Anhänger Muhammads) und der Ausdruck *hanifiyya* synonym für die Religion des Islams war. „Diese Bezeichnungen gab man wahrscheinlich deswegen [später wieder] auf, weil die Christen sie mit ‚Heide' und ‚Heidentum' identifizierten, und so den Christen ein starkes Argument gegen die Muslime geliefert wurde."[80] Insgesamt achtmal wird Abraham im Koran *hanif* – also Gottsucher, Urmonotheist – genannt, häufig in Verbindung mit dem zuletzt erwähnten und sachlich damit zusammengehörenden Ausdruck *millat Ibrahim* (vgl. Tabelle 1 im Anhang). Der erste Trialogtext findet sich in Sure 2:

135 Die Juden sagen: „Seid Juden, so geht ihr den richtigen Weg!" Die Christen sagen: „Seid Christen, so geht ihr den richtigen Weg!" Sage du [Muhammad] ihnen: „Eher sollte man sich zur Religion Abrahams, des Hanifen, bekennen, der Gott nichts beigesellte." 136 Sagt: „Wir glauben an Gott, an den uns herabgesandten Koran, an die Offenbarungen, die Abraham, Ismael, Isaak, Jakob und Jakobs Kindern herabgesandt wurden, an das, was Moses, Jesus und den Propheten offenbart wurde. Wir machen keinen Unterschied zwischen den Propheten, und wir ergeben uns Gott allein." 137 Wenn sie an das glauben, woran ihr glaubt, dann haben sie den richtigen Weg eingeschlagen. Wenn sie sich davon abwenden, so bleiben sie mit euch im Streit. Gott wird dich vor ihnen beschützen. Gott hört alles, und Er ist der Allwissende. 138 Das ist Gottes Rechtleitung. Kann es eine bessere geben? Wir dienen Ihm allein. 139 Sprich: „Führt ihr mit uns Streitgespräche über Gott? Er ist unser Gott und euer Gott. Wir haben unsere Werke, für die wir verantwortlich sind, und ihr habt eure, für die ihr verantwortlich seid. Gott sind wir treu." 140 Ihr sagt: „Abraham, Ismael, Isaak, Jakob und Jakobs Kinder waren Juden oder Christen." Sprich: „Wißt ihr besser darum als Gott?" Niemand tut mehr Unrecht als derjenige, der ein Zeugnis über die von Gott offenbarte Wahrheit geheimhält. Gott entgeht nichts von euren Taten.

Die zweite Trialogpassage, die sich auf Abraham bezieht, inhaltlich aber nichts Neues enthält, findet sich in der dritten Sure. Dieser Abschnitt bringt die Argumentation pointiert auf den Punkt:

65 Ihr Schriftbesitzer! Warum führt ihr Streitgespräche über Abraham? Die Thora und das Evangelium sind doch lange nach ihm herabgesandt worden! Bedient ihr euch nicht eures Verstandes? 66 Ihr habt einst Streitgespräche über Dinge geführt, über die ihr etwas wißt; warum führt ihr nun Wortgefechte über Dinge, über die ihr nichts wißt? Gott weiß alles, aber ihr wißt nichts. 67 Abraham war weder Jude noch Christ! Er war vielmehr ein Gott ergebener Hanif und gehörte keineswegs zu denen, die Gott andere Gottheiten beigesellen. 68 Diejenigen Menschen, die am ehesten Anspruch auf eine Zugehörigkeit zu Abraham haben, sind für-

wahr jene, die in seine Fußstapfen treten wie dieser Prophet [Muhammad] und die, die an ihn glauben. Gott ist der Freund der Gläubigen.

Für den Koran ist ganz klar: die Berufung der Juden und der Christen auf Abraham – also auf den ersten („alten") und den zweiten („neuen") Bund Gottes – nützt ihnen nichts, wenn ihr Glaube und ihre Taten nicht rein sind. Schon der Apostel Paulus, der Begründer des nichtjüdischen, mithin universalisierten Christentums, hatte eine bestimmte jüdische Auffassung vom Heil, die sich allein auf die genealogische Zugehörigkeit zur Nachkommenschaft Abrahams über Isaak zum Volk des Bundes sowie auf die sog. „Verdienste der Väter" beruft, zurückgewiesen.[81] Damit hatte Paulus das Christentum als einzig wahre Religion Abrahams definiert: als eine Religion des Glaubens, also einer spirituellen Kindschaft oder Nachkommenschaft Abrahams. In vergleichbarer Weise lehnt nun auch der Koran einseitige Wahrheits- und Heilsansprüche mit Berufung auf Abraham ab, und zwar sowohl gegenüber den Juden als auch den Christen. *Von Abraham „abzustammen" – sei es genealogisch oder theologisch – oder sich lediglich auf ihn zu berufen, impliziert keine exklusive und keine automatische Freundschaft mit Gott!* Dies macht der Koran mit gesondertem Bezug auf das Judentum auch in Sure 62,6–7 deutlich:

Sag: Ihr, die ihr dem Judentum angehört! Wenn ihr behauptet, daß (gerade) ihr, im Gegensatz zu den (anderen) Menschen, Freunde Gottes seid, dann wünscht euch (doch) den Tod (herbei), wenn ihr die Wahrheit sagt! Aber sie werden ihn wegen der früheren Werke ihrer Hände niemals (herbei)wünschen. Gott weiß über die Frevler Bescheid.[82]

Im selben Sinne heißt es unmittelbar vor der oben zitierten, ersten Trialog-Passage (Sure 2,133–134):

Oder seid ihr etwa anwesend gewesen, als der sterbende Jakob seinen Kindern sagte: „Wem werdet ihr nach meinem Tod dienen?“ Sie sprachen: „Wir werden deinem Gott dienen, dem Gott deiner Vorfahren Abraham, Ismael und Isaak, dem einzigen Gott. Ihm sind wir ergeben.“ Das sind Menschen, die einst gelebt haben. Sie sind verantwortlich für ihre Werke, und ihr habt eure Werke, für die ihr verantwortlich seid. Ihr werdet nicht wegen ihrer Taten zur Rechenschaft gezogen.

Zu Beginn der chronologisch letzten großen Abraham-Episode des Korans sagt Gott zu Abraham in Sure 2,124: „Ich werde dich zum Vorbild für die Menschen machen.“ Abraham erwidert: „Können das auch meine Nachkommen werden?“ – Gottes Antwort: „Meine Verheißung gilt nicht den Ungerechten.“ Wenig später heißt es in Sure 57,26: „Wir entsandten Noah und Abraham und gaben ihren Nachkommen das Prophetentum und das Buch. Einige von ihnen waren rechtgeleitet, aber viele von ihnen waren Frevler.“ In allen diesen Zitaten wird dasselbe Argument deutlich wie in den Trialogpassagen: die Abstammung von Abraham in welchem Sinne auch immer genügt nicht. Der Gottesglaube generell und das Prophetentum speziell sind kein Automatismus, und sie werden auch nicht automatisch an die Nachkommen vererbt. Unter Abrahams Nachkommen gibt es auch Frevler und Ungerechte! Dies ist eine deutliche, kritisch an das Judentum gerichtete, aber durchaus auch selbstkritisch gemeinte Spitze. Im selben Sinne betont der Schluß des zweiten Trialogtextes (Sure 3,68):

Diejenigen Menschen, die am ehesten Anspruch auf eine Zugehörigkeit zu Abraham haben, sind fürwahr jene, die in seine Fußstapfen treten wie dieser Prophet [Muhammad] und die, die an ihn glauben.

Damit definiert nach Paulus nun auch der Koran die einzig wahre Religion Abrahams – freilich nicht wie der Paulus des Galaterbriefes oder der Jesus des Johannesevangeliums in einem exklusiven Sinne für eine bestimmte Religionsgemeinschaft allein. Die Berufung auf Abraham ist auch für den Islam kein Monopol, sie begründet auch für die Anhänger Muhammads keinen Absolutheitsanspruch. Vielmehr steht sie prinzipiell allen monotheistischen Richtungen offen, sofern ihre Berufung legitim ist. Und was ist das Kriterium einer rechtmäßigen Berufung auf Abraham, das Kriterium authentischen Gottesglaubens? Der Koran ist der Ansicht: *Freunde Gottes können alle werden, die sich in Theorie und Praxis, also mit ihrer Glaubensweise und entsprechenden Taten an dem exemplarischen Gottesfreund orientieren.* Diese Auffassung des Korans erinnert an das kritisch gegen Paulus gerichtete Abrahambild des Jakobusbriefes im Neuen Testament, das von einem Judenchristen abgefaßt wurde.[83]

Für diese Position eines legitimen, also von Gott gewollten religiösen Pluralismus steht im Koran auch jener Begriff des *Hanif Ibrahim.* Aus der institutionellen Ungebundenheit der Hanifen (arab. Plural: *hunafa'*) in vorislamischer Zeit macht der Koran eine Unabhängigkeit der Muslime von Judentum und Christentum – freilich bei gleichzeitiger Selbstbindung der Muslime an das auch für sie normative und kritische Vorbild Abrahams. Wie der Richtungswechsel beim rituellen Gebet von Jerusalem nach Mekka die Abkehr und Unabhängigkeit der Muslime vom Judentum zum Ausdruck bringt, das sich selbst als exklusive Nachkommenschaft Abrahams bezeichnete, so meint der Bedeutungswechsel eines Schimpfwortes in sein Gegenteil die Abkehr und Unabhängigkeit der Muslime vom Christentum, das alles außer sich selbst als Heidentum betrachtet hatte. Durch die Übernahme des im syrischen Christentum abfällig gebrauchten Ausdrucks *hanpa* wird auch dessen Bedeutung im Koran programmatisch verändert. Aus der Negation, die im Begriff „Heide" steckt, macht der Koran eine positive Norm. Aus einem theologischen Schimpfwort im Sinne von „Götzendiener" wird ein theologischer

Ehrentitel im Sinne von „Gottsucher“ oder „Urmonotheist“.

Doch erneut geht es um mehr! Abrahams universale Bedeutung wird nicht allein bei dem Begriff *millat Ibrahim*, sondern auch hier bei diesem Ausdruck *Hanif Ibrahim* deutlich. Die Ausrichtung auf *Hanif Ibrahim* wird zur Richtschnur nicht allein für die von Muhammad neu gestiftete Religion des Islams, sondern zum Kriterium für alle drei Religionen gleichermaßen: ob sie in den Augen Gottes – mithin in Wort und Tat – wahrhaftige und rechtschaffene Juden, Christen und Muslime sind. Abraham als Kriterium der Rechtgläubigkeit bedeutet: *Juden, Christen und Muslime sollen nicht nur mit Abraham glauben, sondern auch wie Abraham glauben, denn für sie alle miteinander ist sein Vorbild der entscheidende Maßstab.* Dies wird auch in Sure 4,125 deutlich: „Nichts Besseres kann ein gläubiger Mensch tun, als sich Gott innig hinzugeben, Gutes zu tun und dem Weg Abrahams, des Hanifen, zu folgen.“ So könnte und so sollte nach dem Vorbild Abrahams der Dialog von Juden, Christen und Muslimen nicht nur ein Streiten über gemeinsame und unterschiedliche Glaubensinhalte sein; er könnte vielmehr weiterschreiten zu einem ethischen Wettbewerb der Glaubenden im Hinblick auf die Taten ihres Glaubens. Dies klang oben bereits in Sure 2,148 an: „Jeder Glaubensangehörige hat seine Gebetsrichtung, der er sich zuwendet. Wetteifern sollt ihr um die guten Werke.“

Noch deutlicher wird dies zum Ausdruck gebracht in der Passage in Sure 5,44–48 über die Juden und ihre Thora, die Christen und das Evangelium Jesu sowie über die Muslime und den Koran. Deren aus Gottes Sicht legitimes Nebeneinander führt zu den berühmten Sätzen eines *ethischen Pluralismus der Religionen*, welche das Urbild der Ringparabel in Lessings Stück „Nathan der Weise“ mehr als 1000 Jahre später wurden (Sure 5,48):

Wir haben jedem Volke sein Gesetz gegeben
Und eine Laufbahn für sein Streben.
Hätt' es gewollet Gottes Macht,
Er hätt' Ein Volk aus euch gemacht.
Allein, daß er euch prüf' im Leben,
Hat er Besondres euch gegeben.
So eilet nun im ganzen Chor
Einander euch im Guten vor.
Zu Gott ist euer aller Fahrt.
Da wird euch werden offenbart,
Worüber ihr uneinig wart.[84]

C. Ausblick: Abraham im Islam

Der koranische Abraham ist, ähnlich wie das Jesusbild des Korans, ein Torso. Was die Heilige Schrift der Muslime über Abraham mitteilt, beschränkt sich auf einige wenige Geschichten, die teils mehrfach, zum Teil aber auch nur ein einziges Mal erzählt werden. Daneben taucht manches von dem, was die Hebräische Bibel und später dann das außer- und nachbiblische Judentum von Abraham und seiner Familie zu erzählen wissen – ihrerseits den biblischen Abraham vervollständigend und aktualisierend –, ebenfalls im Koran auf, etwa der Verweis auf Abraham, den Betrachter der Gestirne und Zerstörer der Götzen. Viele biblische Abraham-Geschichten kommen jedoch überhaupt nicht im Koran vor, beispielsweise die von der Beschneidung seiner Söhne, die Hagar-Ismael-Erzählungen oder die Episoden von Abraham und Sara in der Begegnung mit mächtigen Fürsten, die mit Sara in intime Beziehungen treten – Genesis 12 (Pharao in Ägypten) und Genesis 20 (Abimelech in der Wüste Negev) –, in denen Abraham bekanntermaßen alles andere als eine gute Figur, geschweige denn ein vollkommenes Vorbild abgibt.

Für entsprechende Ergänzungen der im Koran unerwähnt gebliebenen Abraham-Geschichten sowie für Ausschmückungen der dort erzählten Geschichten ist natürlicherweise die Tradition da. Das bedeutet also: Abraham im Koran – das ist nur ein Ausschnitt, oder besser noch: das ist der Kern dessen, was Abraham im Islam insgesamt bedeutet. Aufbauend auf dem Zeugnis des Korans haben später Korankommentatoren, die Sammler volkstümlicher Legenden über die Propheten wie auch muslimische Gelehrte in ihren universalgeschichtlichen Abhandlungen weitere Episoden über Abraham tradiert sowie die im Koran bezeugten Erzählungen mit zahllosen Details und Erläuterungen versehen oder auch nur andere Erzählvarianten hinzugefügt. Diese Autoren und Tradenten haben das Judentum und die Hebräische Bibel im Allgemeinen sowie deren Zeugnisse über Abraham im Besonderen erheblich besser gekannt als Muhammad und seine Gefährten. Das liegt zum Einen daran, daß frühestens 200 Jahre nach dem Tod Muhammads erste Teile der Bibel in arabischer Übersetzung vorlagen, und zum Anderen auch daran, daß einige der späteren muslimischen Gelehrten und Tradenten von Abraham-Stoffen christliche bzw. jüdische Konvertiten waren, die ihr Wissen gleichsam „aus erster Hand", also aus ihrer Herkunftsreligion in ihre nunmehr islamischen Werke einbrachten. Alle diese nunmehr durch die Tradition eingebrachten Züge Abrahams setzen den seit dem Übergang von der mekkanischen zur medinischen Zeit der Wirksamkeit Muhammads deutlich zu beobachtenden Trend fort, Abraham und seine Familie, besonders Hagar und Ismael, immer stärker an Mekka und die *Ka'ba* anzubinden und so immer tiefer im Islam zu verorten und zu verwurzeln.

Abraham, dem bereits vom Koran eine ganze Reihe von Ehrennamen zugesprochen werden, hat von der späteren Tradition noch zahlreiche weitere Auszeichnungen verliehen bekommen, die allesamt seinen hohen Rang und die außerordentliche Wertschätzung, die er innerhalb der islamischen Welt bis auf den heutigen Tag genießt, zum Ausdruck bringen. Viele Seiten umfassende Listen von Hoheitstiteln und wertvollen Eigen- und Errungenschaften haben die islamischen Gelehrten zusammengetragen und ihm zugeschrieben. Ath-Thalabi[85] nennt ihn u. a. den „Vater der Gäste": „Seine Gastfreundschaft bleibt bestehen bis zum Tag der Auferstehung." Abraham ist „das Oberhaupt der Einheitsbekenner". Er gilt als Kulturbringer und als Erfinder einer guten Küche, denn er war „der erste, der Brühe mit Fleisch und eingeweichtem Brot machte, der erste, der Sandalen trug". Auch war Abraham „der erste, der Beinkleider trug", seinen Bart stutzte und Körperpflege betrieb – einschließlich der Rasur der Schamhaare. Noch lange könnte man diese *laudatio* auf Abraham fortsetzen und es problemlos auf die neunundneunzig schönsten Namen Abrahams bringen.

Damit wird bereits deutlich: im Unterschied zu den überschaubaren Aussagen des Korans über Abraham ist der Abraham der islamischen Tradition ein weites Feld. In der folgenden Skizze des traditionell islamischen Abrahambildes konzentriere ich mich auf exemplarische *Erzählungen in Verbindung mit Orten der Abrahamverehrung,* welche das koranische Bild von Abraham und seiner Familie ergänzen oder auch kontrastieren. Aus der Fülle an populären Abraham-Geschichten[86] greife ich vier Themenbereiche heraus. Zunächst wende ich mich den im Koran nicht berührten Fragen zu, wo denn Abraham geboren und wie er gestorben ist. Sodann führe ich die Berichte über Abrahams verstoßene Familienhälfte an (Hagar und Ismael). Des weiteren gehe ich auf zwei jenseitige Begegnungen Abrahams ein, die unterschiedlicher nicht sein könnten: nämlich mit Azar und mit Muhammad. Abschließend thematisiere ich ganz knapp die Vorbildrolle Abrahams in Bezug auf Kinder und Jugendliche, und zwar in zweierlei Hinsicht: bezogen auf die im Koran nicht erwähnte Beschneidung sowie auf den zentralen Wert der Gastfreundschaft, den es gerade in der Erziehung zu vermitteln gilt. Damit wird sich der Kreis schließen und wir sind wieder bei Abraham, dem paradigmatischen Gastgeber, angelangt, mit dem wir die Darstellung im ersten Kapitel begonnen haben.

9. Abrahams Geburt und Tod – oder: Von Urfa nach Hebron

Die Topographie des Korans in erzählenden Passagen bleibt generell sehr vage. Vielfach werden Orte einfach als aus der jüdisch-christlichen Tradition bekannt vorausgesetzt; andererseits bildet die Offenheit des Raumes – das „Nirgendwo" – nur die Kehrseite des „Überall". Wie beispielsweise in koranischen Jesus-Geschichten nirgendwo Bethlehem, Nazareth oder der See Genezareth erwähnt werden, so werden auch bei den Abraham-Erzählungen keine konkreten Orte benannt – bis auf den einen zentralen Ort: das Heiligtum in Mekka. Es gehört daher zur Aufgabe der islamischen Tradition, im Zuge der weiteren Ausarbeitung des Abrahambildes relevante Traditionen über Abraham auch konkret zu verorten, mithin überkommene Stätten der Erinnerung an und der Verehrung für den Gottesfreund zu kultivieren und für die Bedürfnisse der Volksmassen zu adaptieren. Manche dieser Abraham-Stätten haben stärker regionale Bedeutung, andere sind relevant für die gesamte islamische Welt. Präsentiert die Abraham-Topographie des Korans nur einen einzigen konkreten Ort – das Heiligtum in Mekka –, so hat die Abraham-Topographie der islamischen Tradition etliche weitere Stätten des Gottesfreundes aufzubieten, von denen wir einige im Folgenden darstellen werden. Diese traditionellen Gedenkstätten Abrahams „erden" sozusagen das Abrahambild des Korans. Sie sind für die Spiritualität und Frömmigkeit vor allem der zahllosen einfachen Muslime unabdingbar, um den Gottesfreund (an-) fassen zu können.

Wo ist Abraham überhaupt geboren, wo stammt er her? Diese Fragen beantwortet der Koran nicht. Der biblischen Tradition zufolge stammte Abraham und seine Sippe aus „Ur in Chaldäa" in Mesopotamien; später soll er in der

Region Harran in Nordmesopotamien gelebt haben (Genesis 11,28–31). Da der Koran keine diesbezüglichen Angaben macht, heißt es auch in den späteren Prophetenlegenden: „Die Gelehrten sind unterschiedlicher Meinung über den Ort, an dem Abraham geboren wurde." Mehrheitlich einig ist man sich nur darüber: „Abraham wurde in der Zeit des Nimrod, des Sohnes Kanaans, geboren."[87] Nun gibt es seit undenklichen Zeiten in der Nähe des antiken Harran in der nordmesopotamischen Tiefebene eine Pilgerstadt, die sich rühmt als „älteste Stadt der Welt" und zugleich als „die Geburtsstadt des Propheten Abraham": *Urfa.* Der islamischen Legende zufolge soll Urfa vor annähernd 4000 Jahren von dem Tyrannen Nimrod gegründet worden sein. Nahe der türkisch-syrischen Grenze am Knotenpunkt alter Handelsrouten gelegen, hat diese nicht nur eine sehr lange, sondern auch äußerst wechselvolle Geschichte hinter sich, die sich in ihren vielen Namen widerspiegelt. Rund 2000 Jahre lang lautete ihr Name *Edessa.* Als solche war die Stadt eine Hochburg der syrisch-christlichen Theologie gewesen. Edessa wurde in Urfa umbenannt, als es 1637 dem Osmanischen Reich einverleibt wurde. 1983 bekam Urfa dann den türkischen Beinamen *sanlı* („ruhmreich") vorangestellt, um an entsprechende Taten der Jungtürken der 1920er Jahre vor Ort zu erinnern.

Wer heute in die wunderbare historische Altstadt von *Sanlıurfa* mit seinem Sprachen- und Gassengewirr im arabisch-orientalischen Stil eintaucht, bekommt so manchen legendären Abraham-Gedenkort zu sehen. Im grünen, gepflegten Moscheenviertel, direkt bei der neuen Abraham-Moschee *Mevlid-i Halil Camii,* die erst 1987 fertiggestellt wurde, findet sich die Grotte, in welcher der Erzvater geboren sein soll. Zwei Eingänge, getrennt nach Geschlechtern, führen in die Höhle hinein. Den islamischen Legenden zufolge wurde Nimrod geweissagt, daß einer geboren werde, der mit einer neuen Religion sein Reich stürzen würde. Daraufhin befahl Nimrod, alle schwangeren Frauen gefangen zu nehmen und die Neugeborenen zu töten. Nuna – so hieß der Legende zufolge die Mutter Abrahams und Ehefrau Azars – flüchtete sich in diese Höhle und brachte dort Abraham heimlich zur Welt.[88] Später, angesichts der göttlichen Verehrung, die Nimrod von seinen Untertanen forderte, kam es zum Konflikt mit Abraham. Damit kommen wir nochmals auf Sure 2,258 zurück, wo es um Abrahams verbale Auseinandersetzung mit einem anonymen Tyrannen geht, der von der islamischen Tradition mit Nimrod identifiziert wurde:

> Hast du nicht von demjenigen [Herrscher] gehört, der wegen der ihm von Gott gewährten Macht so überheblich wurde, daß er mit Abraham über Gott debattierte. Abraham sagte: „Mein Herr läßt leben und sterben." Darauf sagte er: „Ich lasse leben und sterben." Da sagte Abraham: „Gott läßt die Sonne im Osten aufgehen, so lasse du sie im Westen aufgehen!" Der Ungläubige war sprachlos. Gott leitet die, die unrecht tun, nicht zum rechten Weg.

Bereits das nachbiblische Judentum hatte einen Bezug zwischen *Abraham und Nimrod* hergestellt. So berichtet etwa der im 6. Jahrhundert kodifizierte Babylonische Talmud: „Als nämlich der ruchlose Nimrod unseren Vater Abraham in den Schmelzofen warf, sprach Gabriél [sic] vor dem Heiligen [= Gott], gepriesen sei er: Herr der Welt, ich will hinabsteigen, [den Schmelzofen] kühlen und diesen Frommen aus dem Schmelzofen retten."[89] Auf diese jüdische Tradition greifen offensichtlich die islamischen Prophetenlegenden zurück. Immerhin notiert auch der Koran beim Konflikt Abrahams mit der Religion seiner Väter dessen Todesstrafe (Sure 37,97): „Errichtet für ihn einen Bau und werft ihn in das lodernde Feuer!" Im Süden Urfas, auf der Zitadelle wird noch heute der sog. „Thron Nimrods" gezeigt und der Felsen, von dem herab Abraham in das riesige

Feuer katapultiert worden sein soll. Die Legenden haben diese Szenen genüßlich ausgemalt, bis hin zu Abrahams siebentägigem Aufenthalt im Feuer des Scheiterhaufens. Im Folgenden sei aus den Legenden über Abraham und Nimrod die Passage von Abrahams Aufenthalt im Feuer zitiert, wie sie ath-Thalabi aufgezeichnet hat:

Gott schickte den Engel des Schattens in der Gestalt Abrahams; dieser setzte sich ins Feuer neben Abraham und leistete ihm Gesellschaft. Und Gabriel reichte ihm ein Hemd aus Seide und sagte zu ihm: „Abraham! Dein Herr sagt: ‚Hast du nicht gewußt, daß das Feuer meinen Freunden nicht schadet?'" und zog ihm das Hemd an. Nimrod aber schaute von einer seiner hohen Burgen hinunter, erblickte Abraham und zweifelte nicht daran, daß er tot war. Er sah ihn aber in einem Garten sitzen, den Engel zu seiner Seite, und um ihn herum das Feuer, das das Brennholz verbrannte, das sie gesammelt hatten. Nimrod rief ihm zu: „Abraham! Groß ist dein Gott, dessen Allmacht es vermocht hat, daß er zwischen dich und das Feuer getreten ist, so daß es dir nicht schadet. Abraham! Kannst du aus dem Feuer herauskommen?" Er sagte: „Ja." Nimrod sagte: „Hast du Angst, daß das Feuer, wenn du dich darin aufhältst, dir schadet?" Er sagte: „Nein." Nimrod sagte: „Dann steh auf und komm aus dem Feuer heraus!" Da stand Abraham auf und ging durch das Feuer, bis er draußen war. Als er zu Nimrod kam, sagte dieser: „Abraham! Wer war der Mann, den ich mit dir zusammen in einer Gestalt, die der deinen ähnlich war, neben dir sitzen gesehen habe?" Er sagte: „Der Engel des Schattens. Mein Herr hat ihn zu mir geschickt, um mir im Feuer Gesellschaft zu leisten." Da sagte Nimrod: „Abraham! Ich werde deinem Gott ein Opfer darbringen, da ich seine Allmacht und Stärke in dem, was er an dir getan hat, gesehen habe, als du dich weigertest, einen anderen als ihn zu verehren und ihn als den einzigen bekannt hast. Ich werde viertausend Rinder für ihn schlachten." Da sagte Abraham: „Gott nimmt von dir nichts an, solange du bei deiner Religion verharrst und dich nicht von ihr zugunsten meiner Religion abwendest." Da sagte er: „Abraham! Ich kann mein Königtum nicht aufgeben, doch werde ich ihm die Opfer darbringen." Er brachte das Opfer dar und beschützte Abraham vor der (angedrohten) Strafe. Dann sagte er zu ihm: „Welch vortrefflicher Herr ist dein Herr, Abraham!"[90]

Am bekanntesten ist Urfa als Pilgerstadt und Gedenkort Abrahams für den *Balikli Göl* geworden – den „segensreichen (Fisch-) Teich", der auch der „Teich Abrahams" (türk. *birket Ibrahim*) oder der „Teich des Freundes des Barmherzigen" (türk. *Halılürrahman Gölu*) genannt wird und sich gleich neben der Geburtsgrotte befindet. Einer weit verbreiteten Anschlußlegende zufolge soll Gott bei der wundersamen Kühlung des Feuers zur Rettung Abrahams die Flammen in Wasser, die noch nicht verbrannten Holzscheite in Fische (Karpfen) und die darunterliegende Erde in einen See verwandelt haben.[91] Heutzutage ist der „Teich Abrahams" die Hauptattraktion der Stadt, die alljährlich eine Million Pilger und Touristen verzeichnet, die zu Abrahams Haus kommen. Zu dem Komplex mit dem langgestreckten Wasserbecken mit den heiligen Fischen – die man nicht fangen und derzeit auch nicht füttern darf – gehören auch zwei flankierende Moscheen, die wahrscheinlich auf dem Fundament ehemaliger Kirchen und Synagogen errichtet wurden. Eine von ihnen ist die nach Abraham benannte „Moschee des Freundes des Barmherzigen" (türk. *Halılürrahman Camii*) aus dem Jahre 1211. In der Umgebung von Urfa gibt es einen weiteren Gedenkort: eine natürliche Thermalquelle, die sog. „Heiratsquelle" (türk. *Aynel Arus*), die in Akçakale entspringt. Der Legende zufolge sollen Abraham und Sara hier geheiratet haben, während sie auf der Reise nach Aleppo waren. Nicht Hebron, sondern Urfa gilt – nach Mekka, Medina, Jerusalem und Kairouan (Tunesien) – als die fünftheiligste Stadt des Islams. Hier sollen außer Abraham auch etliche andere biblisch-koranische Gestalten gelebt haben, von Adam und Eva über Hiob bis hin zu Elia. Daß Urfa und überhaupt die gesamte Harran-Region für alle drei monotheistischen Religionen bis heute bedeutsam sind, zeigt sich nicht allein an den diversen Abraham-Orten in und um Urfa, sondern kommt auch darin zum Ausdruck, daß in neuerer Zeit immer wieder interreligiöse Konferenzen über Abraham bewußt in dieser Region abgehalten werden.[92]

Gehen wir weiter vom Anfang zum Ende des Lebens Abrahams, so stellen wir fest: auch über das Sterben und den Tod Abrahams und seiner Familie schweigt der Koran, wohingegen die Hebräische Bibel ausführlich darüber berichtet. Ein ganzes Kapitel ist dem Tod Saras gewidmet und der Schilderung, wie Abraham, der zugereiste Fremdling und Ausländer, der über keinen Landbesitz verfügt, anläßlich des Todes seiner Frau ein Stückchen Land erwirbt, um dort Sara zu begraben. Diese Schilderung in Genesis 23 endet mit den Worten (V. 19–20): „Dann begrub Abraham seine Frau Sara in der Höhle des Grundstücks von Machpela bei Mamre, das jetzt Hebron heißt, in Kanaan. Das Grundstück samt der Höhle darauf war also von den Hetitern als Grabstätte in den Besitz Abrahams übergegangen." Zwei Kapitel später wird der Tod Abrahams folgendermaßen geschildert (Genesis 25,7–10): „Das ist die Zahl der Lebensjahre Abrahams: Hundertfünfundsiebzig Jahre wurde er alt, dann verschied er. Er starb in hohem Alter, betagt und lebenssatt, und wurde mit seinen Vorfahren vereint. Seine Söhne Isaak und Ismael begruben ihn in der Höhle von Machpela bei Mamre, auf dem Grundstück des Hetiters Efron, des Sohnes Zohars, auf dem Grundstück, das Abraham von den Hetitern gekauft hatte. Dort sind Abraham und seine Frau Sara begraben."

Auch wenn es im Koran keine Angaben über Abrahams Tod und seine Bestattung in Hebron gibt, haben die Muslime selbstverständlich den Ort *Hebron* (hebr. *Khewron*) als einen heiligen Ort der Verehrung Abrahams vom Judentum übernommen. Vielleicht auch deshalb, weil der Bericht der Hebräischen Bibel den Tod Abrahams in einer Weise geschildert hat, die exakt in das koranische Bild von Abraham paßte. Denn zum Einen eroberte Abraham das Stück Land für sein Familiengrab nicht mit Gewalt (was seiner

Vorbildfunktion sicher abträglich gewesen wäre), sondern erwarb es regulär; zum Anderen haben seine Söhne gemeinsam den Vater begraben – von einer Rivalität der Brüder ist in dieser Szene nicht das Geringste zu spüren. Neben Mekka, auf das wir im folgenden Kapitel nochmals ausführlich zurückkommen, bilden Urfa und Hebron zwei weitere zentrale Markierungen für die Abraham-Topographie der islamischen Tradition. Die beiden Städte sind den Überlieferungen zufolge durch Abraham miteinander verbunden. Zwischen ihnen spannt sich der Bogen vom Anfang zum Ende des Lebens Abrahams, ähnlich wie sich zwischen Mekka und Medina der Bogen vom Anfang zum Ende des Lebens Muhammads spannt. *In Urfa wird die Höhle von Abrahams Geburt, in Hebron die Höhle seines Grabes verehrt.*

Hebron im Westjordanland – 30 km südlich von Jerusalem in über 900 m Höhe gelegen – ist womöglich noch einmal tausend Jahre älter als Urfa. Ihr arabischer Name lautet, vergleichbar dem Beinamen Urfas, die sich als „Stadt Abrahams" rühmt, *al-madinat al-khalil* oder auch schlicht *al-khalil*: „die Stadt des Freundes (Gottes)". Im vierten Kapitel kamen wir zu sprechen auf diesen wichtigsten Ehrentitel des Korans für Abraham (Sure 4,125): „Gott hat Abraham zum Freund auserkoren." Aus diesem Ehrentitel des Korans ist in der späteren islamischen Tradition der Beiname Abrahams geworden, der in unterschiedlichen Varianten gebräuchlich ist: „Gottesfreund" (arab. *khalilullah*) oder „Abraham, der Freund" (*Ibrahim al-khalil*) oder einfach nur „der Freund" (*al-khalil*). Dieser Beiname ist in der islamischen Welt derart bekannt – vergleichbar dem koranischen Titel „Sohn Marias" für Jesus –, daß jeder Muslim und jede Muslimin bei seiner Erwähnung sogleich weiß, wer damit gemeint ist. *Die islamische Tradition hat den koranischen Ehrentitel für Abraham direkt auf Hebron übertragen.* Bis auf den heutigen Tag pilgern auch Christen, vor allem jedoch Juden und Muslime nach Hebron alias Al-Khalil zum Grab Abrahams, das Juden die „Höhle von Machpela“ (hebr. *ma'arat ha-Machpela*), Muslime das „Heiligtum des Gottesfreundes“ (arab. *haram al-khalil* oder *haram al-Ibrahimi*) nennen. Hier sollen sich der Überlieferung zufolge außer Saras Grab auch die Gräber ihrer Nachkommen befinden: von Isaak, Rebekka, Lea und von Joseph.

Im Gegensatz zu Urfa und der Harran-Region, die zunehmend geprägt wird von friedlichen Begegnungen zwischen den monotheistischen Religionen, ist Hebron in neuerer Zeit jedoch – bedingt durch den Israel-Palästina-Konflikt – nicht allein ein heiliger Ort der Erinnerung an Abraham, sondern auch ein unheiliger Ort blutiger Auseinandersetzungen zwischen militanten Fundamentalisten geworden. Wiederholt flammte dort der Streit der rivalisierenden Erben Abrahams auf, der in den vergangenen achtzig Jahren immer häufiger und brutaler eskalierte. So etwa 1929, als auf Betreiben des Großmuftis von Jerusalem, Muhammad Amin al-Husseini (gest. 1974) – eines Kollaborateurs der Nationalsozialisten und Mitglieds der SS –, bei einem Massaker siebenundsechzig Juden von Arabern umgebracht wurden. Oder 1974, als acht Juden bei einem Bombenattentat ums Leben kamen. Oder am 25. Februar 1994, als der zionistische Siedler Baruch Goldstein mit Berufung auf die Thora und den Willen Gottes mit einem Sturmgewehr neunundzwanzig Muslime innerhalb des *haram al-khalil* während des Gebets ermordete und hunderte verletzte, bis er selber niedergemacht wurde.

Heutzutage bietet Hebron bzw. Al-Khalil ein Bild der Trostlosigkeit, wie sie Geisterstädten anhaftet. Wie das ganze Land, wie die Stadt, die durch eine Mauer offiziell in „H1“ (palästinensische Zone) und „H2“ (israelische Zone) zweigeteilt ist, so ist auch das Erzvätergrab in der arabischen Altstadt, die sich allerdings in H2 befindet und von israelischem Militär kontrolliert wird, regelrecht zerschnitten. Juden und Muslime können nur – durch getrennte Eingänge kommend – in jeweils eigenen Bereichen, die als Synagoge bzw. Moschee eingerichtet sind, an den Kenotaphen Abrahams und Saras beten. Sicherheitsschleusen, Kontrollposten, Gitter trennen die Betenden voneinander – ein grotesker *modus orandi.* Das exakte Gegenstück dazu – nämlich das gemeinsame Totengebet ihrer Ahnen Ismael und Isaak am Grab ihres Vaters Abraham, von dem die Hebräische Bibel berichtet – scheint ihren fernen Nachfahren heute ganz und gar unmöglich geworden zu sein, obwohl sich doch beide Völker auf Abraham berufen.

Willkommen und sehr nachdenkenswert sind die Worte aus einem Gedicht des polnisch-israelischen Dichters Shalom Joseph Shapira (gest. 1990). Unter dem Namen *Shin Shalom* hat er zahlreiche auch pazifistische Gedichte geschrieben und gilt als ein wichtiger Vertreter der zeitgenössischen hebräischen Literatur. Das folgende Gedicht von ihm appelliert an die Bereitschaft zur Versöhnung und hofft auf eine Rückkehr der beiden Brudervölker zur Eintracht. Es ist dank der Vermittlung progressiver Rabbiner zum Bestandteil des Jüdischen Gebetbuchs für die hohen Festtage der Reformsynagogen von Großbritannien geworden:

„Ismael, mein Bruder,
wie lange sollen wir einander bekämpfen?
Mein Bruder aus vergangenen Zeiten,
mein Bruder – Hagars Sohn,
mein Bruder, der Wanderer.
Ein Engel war uns beiden gesandt.
Ein Engel wachte über unserem Heranwachsen.
Da ist die Wüste, toddrohend durch Durst,
ich, ein Opfer auf dem Altar, Sarahs Erster.
Ismael, mein Bruder, höre mein Bitten:
es war ein Engel, der dich an mich band.
Die Zeit wird knapp, leg den Haß schlafen.
Schulter an Schulter, laß uns unsere Schafe tränken.“[93]

So selbstverständlich die islamische Welt die jüdische Hebron-Tradition übernommen hat, so unbefriedigend blieb es für die Muslime der Frühzeit natürlich, im Koran keine eigenständigen Angaben zum Tod Abrahams vorliegen zu haben. So bildeten sich entsprechende Geschichten aus, die in volkstümlichen Legendensammlungen über die Propheten festgehalten wurden. Zum Beispiel die folgende Legende, die ath-Thalabi aufgezeichnet hat: Abraham, der „Vater der Gäste", bewirtet in sehr hohem Alter (die Angaben schwanken) seinen allerletzten Gast – den Tod. In dieser Legende wird in drastisch-humorvoller Weise geschildert, daß und wie Gott seinen Freund Abraham vor den häßlichen Seiten des Alters gerade noch bewahrt:

Die Chronisten und Biographen sagen: Als Gott die Seele Abrahams zu sich nehmen wollte, schickte er den Todesengel in der Gestalt eines sehr alten Mannes zu ihm. (...) Abraham war freigebig im Bewirten. Er speiste und bewirtete Leute, und als er dies tat, war da plötzlich ein alter Mann, der auf der Straße vorbeiging. Abraham schickte ihm einen Esel, der Mann stieg auf, und als er zu Abraham kam, brachte dieser ihm Speise. Der Mann schickte sich an, einen Bissen zu nehmen und wollte ihn in den Mund stecken, steckte ihn aber einmal ins Auge, dann ins Ohr. Als er ihn dann in den Mund gesteckt hatte, wanderte er zum Magen und kam hinten wieder heraus. Abraham aber hatte seinen Herrn [Gott] gebeten, seine Seele nicht eher zu sich zu nehmen, als bis er ihn darum bäte. Er fragte den Greis, als er dessen Zustand sah: „Wie kommt es, Alter, daß du das machst?" Er sagte: „Weil ich alt bin, Abraham!" Abraham fragte ihn: „Wie alt bist du?" Er nannte ihm sein Alter. Da rechnete Abraham nach und fand, daß der Mann zwei Jahre älter war als er. Er sagte zu ihm: „Zwischen mir und dir sind nur zwei Jahre. Wenn ich so alt bin wie du, werde ich wie du." Der alte Mann sagte: „So ist es." Abraham aber sagte: „Gott! Nimm mich vorher zu dir!" Da stand der alte Mann auf und ergriff Abrahams Seele. Er war der Todesengel. Abraham war zweihundert Jahre alt. Andere sagen hundertfünfzig Jahre. Er wurde neben Sara auf dem Acker von Hebron begraben.[94]

10. Abrahams andere Familie – oder: Hagar und Ismael in Mekka

Hagar, die Sklavin aus Ägypten (Genesis 16,1), steht in der Bibel und dann sowohl im Judentum als auch im Christentum völlig im Schatten Saras. Nicht anders ist es im Koran, der sie im Unterschied zu Sara nirgendwo direkt erwähnt. Erst die islamische Tradition hat Hagar (arab. *Hadschar*), die andere Frau Abrahahms und Konkurrentin Saras, aus ihrem Schattendasein hervorgeholt und ins helle Licht gerückt, ja zur Urmutter der (arabischen) Muslime gemacht. Wer ist Hagar überhaupt gewesen und was für ein Leben mag sie gelebt haben? Im historischen Sinne sind diese Fragen ebenso spekulativ wie die nach Abraham und Sara. Es gibt keine wirklich faßbare Gestalt, sondern auch hier nur diverse Hagar-Bilder. Da der Koran wie auch die islamische Tradition Hagar als *Mutter Ismaels*, des ältesten Sohnes Abrahams, gemäß den Schilderungen der Hebräischen Bibel voraussetzen, seien diese hier zunächst zitiert. Denn wer sie nicht kennt, versteht auch das islamische Hagar-Bild nicht, dessen selbstverständlicher Ausgangspunkt sie sind. Das Buch Genesis berichtet über Hagar und ihren Sohn Ismael in zwei ausführlichen, einander ähnelnden Geschichten, die von unterschiedlichen Autoren stammen. Die erste findet sich in Kapitel 16,1–16:

„Sarai, Abrams Frau, hatte ihm keine Kinder geboren. Sie hatte aber eine ägyptische Magd namens Hagar. Sarai sagte zu Abram: Der Herr hat mir Kinder versagt. Geh zu meiner Magd! Vielleicht komme ich durch sie zu einem Sohn. Abram hörte auf sie. Sarai, Abrams Frau, nahm also die Ägypterin Hagar, ihre Magd – zehn Jahre, nachdem sich Abram in Kanaan niedergelassen hatte, – und gab sie ihrem Mann Abram zur Frau. Er ging zu Hagar und sie wurde schwanger. Als sie merkte, daß sie schwanger war, verlor die Herrin bei ihr an Achtung. Da sagte Sarai zu Abram: Das Unrecht, das ich erfahre, komme auf dich. Ich habe dir meine Magd überlassen. Kaum merkt sie, daß sie schwanger ist, so verliere ich schon an Achtung bei ihr. Der Herr entscheide zwischen mir und dir. Abram entgegnete Sarai: Hier ist deine Magd; sie ist in deiner Hand. Tu mit ihr, was du willst. Da behandelte Sarai sie so hart, daß ihr Hagar davonlief. Der Engel des Herrn fand Hagar an einer Quelle in der Wüste, an der Quelle auf dem Weg nach Schur. Er sprach: Hagar, Magd Sarais, woher kommst du und wohin gehst du? Sie antwortete: Ich bin meiner Herrin Sarai davongelaufen. Da sprach der Engel des Herrn zu ihr: Geh zurück zu deiner Herrin und ertrag ihre harte Behandlung! Der Engel des Herrn sprach zu ihr: Deine Nachkommen will ich so zahlreich machen, daß man sie nicht zählen kann. Weiter sprach der Engel des Herrn zu ihr: Du bist schwanger, du wirst einen Sohn gebären und ihn Ismael [Gott hört] nennen; denn der Herr hat auf dich gehört in deinem Leid. Er wird ein Mensch sein wie ein Wildesel. Seine Hand gegen alle, die Hände aller gegen ihn! Allen seinen Brüdern setzt er sich vors Gesicht. Da nannte sie den Herrn, der zu ihr gesprochen hatte: El-Roï [Gott, der nach mir schaut]. Sie sagte nämlich: Habe ich hier nicht nach dem geschaut, der nach mir schaut? Darum nannte sie den Brunnen Beer-Lahai-Roï [Brunnen des Lebendigen, der nach mir schaut]. Er liegt zwischen Kadesch und Bered. Hagar gebar dem Abram einen Sohn und Abram nannte den Sohn, den ihm Hagar gebar, Ismael. Abram war sechsundachtzig Jahre alt, als Hagar ihm Ismael gebar."

Wenig später wird in der Bibel die Beschneidung Abrahams und Ismaels erwähnt (Genesis 17,23–26). Darauf werden wir unten im zwölften Kapitel zurückkommen. Die zweite biblische Hagar-Ismael-Geschichte findet sich in Genesis 21,9–21:

„Eines Tages beobachtete Sara, wie der Sohn, den die Ägypterin Hagar Abraham geboren hatte, umhertollte. Da sagte sie zu Abraham: Verstoß diese Magd und ihren Sohn! Denn der Sohn dieser Magd soll nicht zusammen mit meinem Sohn Isaak Erbe sein. Dieses Wort verdroß Abraham sehr, denn es ging doch um seinen Sohn. Gott sprach aber zu Abraham: Sei wegen des Knaben und deiner Magd nicht verdrossen! Hör auf alles, was dir Sara sagt! Denn nach Isaak sollen deine Nachkommen benannt werden. Aber auch den Sohn der Magd will ich zu einem großen Volk machen, weil auch er dein Nachkomme ist. Am Morgen stand Abraham auf, nahm Brot und einen Schlauch mit Wasser, übergab beides

Hagar, legte es ihr auf die Schulter, übergab ihr das Kind und entließ sie. Sie zog fort und irrte in der Wüste von Beerscheba umher. Als das Wasser im Schlauch zu Ende war, warf sie das Kind unter einen Strauch, ging weg und setzte sich in der Nähe hin, etwa einen Bogenschuß weit entfernt; denn sie sagte: Ich kann nicht mit ansehen, wie das Kind stirbt. Sie saß in der Nähe und weinte laut. Gott hörte den Knaben schreien; da rief der Engel Gottes vom Himmel her Hagar zu und sprach: Was hast du, Hagar? Fürchte dich nicht, Gott hat den Knaben dort schreien gehört, wo er liegt. Steh auf, nimm den Knaben und halt ihn fest an deiner Hand; denn zu einem großen Volk will ich ihn machen. Gott öffnete ihr die Augen und sie erblickte einen Brunnen. Sie ging hin, füllte den Schlauch mit Wasser und gab dem Knaben zu trinken. Gott war mit dem Knaben. Er wuchs heran, ließ sich in der Wüste nieder und wurde ein Bogenschütze. Er ließ sich in der Wüste Paran [südlich von Beerscheba in Richtung des heutigen Negev] nieder und seine Mutter nahm ihm eine Frau aus Ägypten."

In diesen beiden Genesis-Episoden wird eine *Familientragödie* erkennbar, deren Wirkungsgeschichte kollektive, völkerumspannende Ausmaße angenommen hat, die fortdauern bis auf den heutigen Tag. Wie konnte es nur zu einer solchen Tragödie kommen? Nun muß man wissen, daß es in der Tat gemäß altorientalischem (Gewohnheits-) Recht möglich war, daß eine Frau, die kinderlos blieb, dem Ehemann ihre Sklavin überließ. Sollte diese dem Mann Kinder schenken, so galten sie als legitime Kinder des Ehepaares. Die Genesis-Texte beschreiben eine klassische Dreiecks- und Eifersuchtsgeschichte, deren Verlauf sehr schnell erkennen läßt: es geht hier um eine *Rivalität primär der beiden Frauen* Sara und Hagar und weniger ihrer Söhne Isaak und Ismael. Hagar, die Sklavin, hat keine Rechte. Sie ist Sara, deren hebräischer Name „Fürstin" bedeutet, weit unterlegen – mehr noch: sie ist Eigentum der Ehefrau Abrahams. Darum kann Hagar von Sara und Abraham nach Belieben für deren Interessen gebraucht – oder aus heutiger Sicht: mißbraucht – werden. Hagar wird nicht gefragt. Als Sklavin bleibt ihr nichts anderes übrig als sich zu fügen. Das Blatt wendet sich jedoch, als Hagar schwanger wird und Abraham einen Sohn schenkt. Dem Mann des Hauses, dem Oberhaupt einer Großfamilie ein Kind, mehr noch: einen männlichen Erben zu schenken, erhöht ihr Sozialprestige in der Sippe enorm. Die Versuchung, sich zu revanchieren, ist übermächtig. Hagar wird arrogant und überheblich. Sie läßt die kinderlose Rivalin ihre Überlegenheit fühlen. Kein Wunder, daß sich die „Fürstin“, deren Ansehen nun doppelt bedroht ist, das nicht gefallen läßt. Der Neid und die Eifersucht der nun ihrerseits gedemütigten Sara werden so groß, daß sie vor keinem Mittel zurückschreckt. Und Abraham? Es braucht kein eigenes Nacherleben in einem Bibliodrama, um seine offenkundige Schwäche wahrzunehmen. Er erscheint als ein willenloser Spielball im Streit der beiden Frauen. Davon zu berichten, wäre dem Vorbildcharakter Abrahams freilich abträglich gewesen. Vielleicht ist das ein Grund dafür, daß der Koran den Sara-Hagar-Konflikt in den Mantel des Schweigens hüllt.

Wieder unter Saras harter Hand als deren Sklavin, läuft Hagar davon, weil sie die Demütigungen nicht länger erträgt. Nach der Geburt Ismaels wird sie nach dem Willen Saras zwar formell in die Freiheit entlassen, faktisch jedoch verstoßen und buchstäblich „in die Wüste geschickt“ – ein gnadenloses Todesurteil für eine Mutter mit ihrem Säugling, für welches Abraham mit verantwortlich ist. Hagar und Ismael, die Unbequemen, werden ausgegrenzt, verdrängt ins Abseits, ins Nichts. *Doch dort in der Wüste wartet und wacht der gnädige Gott.* Zweimal ist es Gott, der die Tränen Hagars sieht, Gott, der das Schreien des Kindes hört, Gott, der die Verzweifelte findet, tröstet und mit Wasser aus einem Brunnen versorgt. Gott hat ein Auge auf Hagar und Ismael, auch wenn oder gerade weil sie im Hause Abrahams, der sich gegen „die Fürstin“ Sara nicht zu behaupten vermag, nicht bleiben dürfen. Die *Ismael-Isaak-Parallele* ist offenkundig: der Hebräischen Bibel zufolge errettet Gott beide

Söhne, beide Erben Abrahams vor dem Tod. Gott errettet Isaak, ehe er (gegen den Willen Saras) durch Abraham als Opfer dargebracht wird. Ebenso errettet Gott Ismael, ehe er (gegen den Willen Abrahams) durch Saras Beschluß in der Wüste verdurstet. Das Beziehungsgeviert, in dem Abraham mit zwei Frauen und zwei Söhnen lebt, ist voller Gewalt und Gefahr, Eifersucht und Liebe, und Gott rettet, was zu retten ist. Kein Wunder, daß die aus dieser Konstellation hervorgegangenen Völker und Religionen um Land und Rechte, um Wahrheit und Anerkennung streiten.

Wie gesagt, wird dieser Sara-Hagar-Konflikt als Kern der Familientragödie Abrahams im Koran selber nicht erwähnt. Hier findet sich, was Hagar betrifft, überhaupt nur ein einziger indirekter Hinweis: in Sure 14, dem Gebet Abrahams. Darin wird anonym auf Hagar und Ismael angespielt (V. 37):

> Ich habe einen Teil meiner Nachkommenschaft in einem Tal, das ohne Pflanzen ist, bei Deinem Heiligen Haus angesiedelt. Unser Herr! Damit sie das Gebet hier verrichten, mache, daß Menschen sie liebevoll aufsuchen, und gib ihnen Früchte, auf daß sie dankbar sein mögen!

Erst in der islamischen Tradition wird das im Koran unbekannte bzw. unerwähnt gebliebene Leben Hagars und ihres Sohnes Ismael ausführlich erzählt. Ich gebe im Folgenden die Hagar-Ismael-Geschichten zusammenhängend, aber leicht gekürzt wieder gemäß der Überlieferung von ath-Thalabi.[95]

> „Sara wurde mit Isaak schwanger. Hagar aber war mit Ismael schwanger geworden und beide gebaren zusammen. Die beiden Jungen wuchsen auf, und als beide eines Tages miteinander um die Wette liefen, wobei Abraham mitmachte, holte er Ismael ein, ergriff ihn und setzte ihn sich auf den Schoß, Isaak daneben. Als Sara das sah, wurde sie zornig und sagte: ‚Du hast den Sohn der Sklavin eingeholt und dir auf den Schoß gesetzt,

und meinen Sohn hast du eingeholt und ihn daneben gesetzt, wo du doch versprochen hast, keine zweite Frau zu nehmen und mir keinen Schmerz anzutun!‘ Sie wurde eifersüchtig, wie das bei den Frauen so üblich ist, und schwor: ‚Wahrlich, ein Stück Fleisch soll von ihr [Hagar] abgeschnitten werden, ihre Kinder sollen verderben!‘ Dann kam sie wieder zur Vernunft, blieb in dieser Sache aber schwankend. Und Abraham sagte zu ihr: ‚Sei freundlich zu ihr und durchbohre ihr die Ohrläppchen!‘ Das tat sie, und das wurde eine Sitte bei den Frauen.

Eines Tages aber balgten Ismael und Isaak sich, wie Kinder das tun. Da wurde Sara zornig gegen Hagar und sagte: ‚Du sollst nicht in einer Stadt mit mir zusammenwohnen!‘ und befahl Abraham, sie wegzuschicken. Da offenbarte Gott Abraham: ‚Bring Hagar und ihren Sohn nach Mekka!‘ Er ging mit ihnen los, bis er nach Mekka kam. Dort wuchsen damals Dornsträucher, Akazien und Samur-Bäume. In der Umgebung, außerhalb von Mekka, wohnten Leute, die Amalekiter hießen. Der Platz des Hauses war damals ein roter Hügel. Da fragte Abraham Gabriel: ‚Ist mir befohlen worden, sie hier abzusetzen?‘ Er sagte: ‚Ja.‘ Da brachte er sie zum Platz des Hidschr [am Rande der *Ka'ba*] und bereitete ihnen dort ein Quartier. Hagar, Ismaels Mutter, befahl er, eine Hütte zu bauen. (...) Dann ging er [Abraham] weg. Hagar folgte ihm und sagte: ‚Wem vertraust du uns an?‘ Er antwortete darauf nicht. Da sagte sie: ‚Hat Gott dir das befohlen?‘ Er sagte: ‚Ja.‘ Sie sagte: ‚Dann wird er uns nicht im Stich lassen.‘ Und Abraham reiste ab und kehrte nach Syrien zurück.

Hagar hatte einen Schlauch mit Wasser bei sich. Als das Wasser verbraucht war, hatte sie Durst, und auch das Kind war durstig. Da schaute sie nach einem Berg aus, der dem Platz am nächsten war, und stieg auf den Felsen Safā hinauf. Sie lauschte, ob eine Stimme zu hören wäre und schaute aus, ob sie ein menschliches Wesen sähe, aber sie hörte nichts und sah niemanden. Dann hörte sie den Laut von wilden Tieren des Tales in der Nähe Ismaels und ging eilends zu ihm, um bei ihm zu sein. Dann hörte sie eine Stimme aus der Richtung von Marwa. Da lief sie hin, wollte aber nicht den Lauf machen wie ein Mensch, der dies mit aller Kraft tut. Sie war die erste, die den Lauf zwischen Safā und Marwa machte. Dann stieg sie auf den Felsen Marwa und hörte eine Stimme wie jemand, der vermeint, etwas zu hören, bis sie sicher war, und begann zu beten: ‚Höre, El!‘ Sie meinte Gott. ‚Du hast mich deine Stimme hören lassen, hilf mir! Ich gehe zugrunde, und auch der, den ich bei mir habe.‘ Da stand plötzlich

Gabriel vor ihr. Er sagte zu ihr: ‚Wer bist du?' Sie sagte: ‚Abrahams Konkubine. Er hat mich und meinen Sohn hier zurückgelassen.' Gabriel sagte: ‚Und wem hat er euch anvertraut?' Sie sagte: ‚Er hat uns Gott anvertraut.' Er sagte: ‚Wahrlich er hat euch einem Großmütigen und reichlich Gebendem anvertraut!' Dann ging Gabriel mit ihnen los – sie hatten nichts mehr zu essen und zu trinken – bis er zum Platz des Zemzembrunnens kam. Dort stampfte er mit dem Fuß auf den Boden und es sprudelte eine Quelle. Deshalb heißt der Zemzembrunnen ‚Stoß Gabriels'. Als das Wasser hervorquoll, nahm Hagar einen Schlauch, den sie bei sich hatte, füllte ihn und bewahrte das Wasser auf. Und Gabriel sagte zu ihr: ‚(...) Fürchte nicht, daß über die Bewohner dieser Stadt Durst kommt, denn es ist eine Quelle, aus der die Gäste Gottes trinken.' Und weiter sagte er zu ihr: ‚Wahrlich, der Vater dieses Kindes wird kommen, und beide werden Gott ein Haus an dieser Stelle bauen.' (...) Beide [Ismael und Hagar] blieben dort, bis Ismael herangewachsen und Hagar gestorben war. Ismael heiratete eine Frau von den Dschurhum, nahm deren Sprache an und wurde durch sie zum Araber; seine Kinder sind Araber, die das Arabertum angenommen haben.

Dann bat Abraham Sara um die Erlaubnis, Hagar und ihren Sohn zu besuchen. Sie erlaubte es und machte zur Bedingung, daß er sich nicht dort niederließ. Da reiste Abraham nach Mekka. Hagar war aber schon tot. Es wird gesagt, Abraham sei auf dem Hengst Burāq nach dort geritten. Als er dort ankam, begab er sich zu Ismaels Haus und sagte zu dessen Frau: ‚Wo ist dein Herr?' Sie sagte: ‚Er ist nicht hier, er ist auf die Jagd gegangen.' Ismael pflegte den Heiligen Bezirk zu verlassen, wenn er auf die Jagd ging, und dann zurückzukehren. Er war ganz versessen auf das Jagen und widmete sich der Beute, dem Reiten, Pfeilschießen und Ringkampf. Abraham sagte zu ihr: ‚Hast du etwas, um Gäste zu bewirten, Speise oder Trank?' Sie sagte: ‚Ich habe nichts, und niemand ist bei mir.' Da sagte Abraham zu ihr: ‚Grüße deinen Mann von mir, wenn er kommt und sag ihm, er solle die Schwelle seiner Tür auswechseln!' Dann ging er weg, und als Ismael nach Hause kam, roch er den Duft seines Vaters. Er fragte seine Frau: ‚Ist jemand bei dir gewesen?' Sie sagte: ‚Ein alter Mann ist gekommen, er sah so und so aus', als ob sie ihn für gering achtete. Er sagte: ‚Und was hat er gesagt?' Sie sagte: ‚Grüß deinen Gemahl und sag ihm, er solle die Schwelle seiner Tür auswechseln!' Da entließ er sie und heiratete eine andere. Abraham ließ eine gewisse Zeit verstreichen, dann bat er Sara wieder um die Erlaubnis, Ismael zu besuchen. Sie erlaubte es ihm unter der Bedingung, daß er sich dort nicht niederließ. Abraham ging los, bis er an Ismaels Tür ankam. Er sagte zu dessen Frau: ‚Wo ist dein Herr?' Sie sagte: ‚Er ist auf die Jagd gegangen, wird aber gleich kommen, wenn Gott will. Setz dich, Gott erbarmt sich deiner!' Er sagte zu ihr: ‚Hast du etwas, um Gäste zu bewirten?' Sie sagte: ‚Ja', und brachte Milch und Fleisch. Da flehte Abraham Segen auf sie herab. Wenn sie damals Brot, Weizen, Gerste oder Datteln gebracht hätte, wäre Mekka das reichste Land Gottes an Weizen, Gerste oder Datteln. Dann sagte sie zu ihm: ‚Setz dich, damit ich dir den Kopf und die verfilzten Haare wasche!' Kaum hatte er sich gesetzt, da brachte sie ihm den Maqām und stellte ihn zu seiner Rechten hin. Er setzte seinen Fuß darauf, und der Abdruck des Fußes blieb darauf zurück. Dann wusch sie ihm die rechte Seite seines Kopfes, stellte den Maqām auf die linke Seite und wusch die linke Seite. Da sagte er zu ihr: ‚Wenn dein Gemahl kommt, grüß ihn von mir und sage ihm, die Schwelle seiner Tür sei in Ordnung!' Als Ismael kam, spürte er den Duft seines Vaters und fragte seine Frau: ‚Ist jemand bei dir gewesen?' Sie sagte: ‚Ja, ein alter Mann mit dem schönsten Antlitz und angenehmstem Duft. Er hat das und das zu mir gesagt, ich habe das und das zu ihm gesagt und ihm die Haare gewaschen. Das ist der Platz, wo seine Füße auf dem Maqām gestanden haben.' Da sagte Ismael: ‚Das war Abraham.' Anas b. Mālik sagt: Ich habe auf dem Maqām den Abdruck von Abrahams Fingern gesehen, sowie den seiner Fersen und der Höhlung seiner Fußsohlen, sie sind noch vorhanden, obwohl die Menschen mit den Händen darüber streichen."

Der Kontrast zwischen den jüdischen und den muslimischen Varianten der anderen Familie Abrahams ist deutlich. Während die Genesis-Texte die Rivalität der beiden Mütter bzw. Brüder zugunsten Saras und Isaaks schildern, wird in der islamischen Tradition diese Rivalität zugunsten Hagars und Ismaels gewendet. Doch bleiben diese beiden die von Abraham auf Saras Befehl hin Verdrängten und Verstoßenen. Sowohl in der biblischen als auch in der islamischen Fassung wird die Verstoßung durch Sara abgemildert durch eine entsprechende Aufforderung Gottes an Abraham, der mit den Absichten Saras nicht einverstanden ist. Schließlich jedoch entsteht aus der Demütigung und Verstoßung Hagars etwas Neues. Gott bedient sich in seiner Weisheit und Voraussicht der Eifersucht Saras, um es Abraham zu ermöglichen, Hagar und Ismael in Mekka anzusiedeln, was wiederum die Voraussetzung dafür bildet, daß später dann, wie der Koran berichtet, Abraham mit Ismael die *Ka'ba* erbauen kann. Mehr noch als in den Episoden der Genesis wird in den islamischen Abrahamlegenden die Zerrissenheit der beiden Familienzweige deutlich. Abraham reist – mit Saras Erlaubnis – hin und her zwischen den beiden Teilen seiner Familie. Wahrhaftig, *Abraham ist ein Hin- und Herreisender, Abraham ist ein Hin- und Hergerissener, dessen Herz an der Trennung seiner Familien zu zerreißen droht.*

Hagar hat – wie auch ihr Sohn Ismael, der wilde, tierische Mann aus der Wüste (Genesis 16,12) – einen mehr als schlechten Ruf in der jüdischen Tradition (z. B. im Jubiläenbuch) wie auch in der christlichen. Bereits der Apostel Paulus bedient sich in seinem Brief an die Galater Hagars und Ismaels als negatives Sinnbild für das Gesetz, für die Sklaverei, für den „alten Bund", um ihnen den christlichen, den „neuen Bund" mit Gott entgegenzusetzen, verkörpert in Sara und Isaak, dem „Kind der Verheißung".[96] Später dann galt Hagar sowohl im Judentum als auch im Christentum bis ins Mittelalter hinein als häßliche, lasterhafte und sexuell freizügige Frau. Die islamische Tradition hingegen betont, daß die Sklavin Hagar eine Ägypterin von dunkler Hautfarbe und schöner Gestalt war und noch jungfräulich gewesen sei, als Sara sie Abraham schenkte. *Der jüdischen und mehr noch der christlichen Abwertung Hagas und Ismaels begegnet die islamische Tradition entschieden, indem sie die beiden positiv darstellt, programmatisch in die Religion des Islams integriert und sie damit auch theologisch rehabilitiert.* Aus der instrumentalisierten Sklavin, aus der verstoßenen Mutter, aus dem zum Tod in der Wüste verurteilten Knaben werden von Gott Errettete und Versorgte, werden von Gott Erwählte und zu Großem Berufene. Hagar wird zur Stamm-Mutter der (arabischen) Muslime – syrische Kirchenväter haben die Muslime darum zunächst „Hagariten" genannt. Nun kann auch das weitere Leben von Hagar, Ismael und dessen Frau neu erzählt werden – „jenseits von Sara und Isaak", doch an der Seite Abrahams, der sie gelegentlich besucht. Nun kann Hagars und Ismaels Schicksal sogar paradigmatisch verstanden werden als *Vorbild der späteren Riten der Muslime bei der Pilgerfahrt.* Auf Schritt und Tritt sind sich die Pilger in Mekka dessen bewußt, daß sie hier bei allem, was sie tun, buchstäblich in den Fußstapfen prophetischer Vorbilder gehen und deren Spuren folgen.[97]

Zum Ritual der Pilger gehört beispielsweise bis heute die *Laufzeremonie* (arab. *sa'y*). Am siebten Tag des Pilgermonats laufen sie – streckenweise möglichst schnell – siebenmal zwischen den beiden rund vierhundert Meter auseinanderliegenden Felshügeln *as-Safa* und *al-Marwa* unweit der *Ka'ba* hin und her. Heutzutage ist die Strecke ein überdachter Säulengang. Wenn es in der zitierten Überlieferung von Hagar heißt, sie sei die erste gewesen, die diesen Lauf gemacht habe, so wird Hagar damit neben Abraham und Ismael zu einem weiteren direkten Vorbild – also zu einer Imamin – der pilgernden Muslime aller Zeiten. Auch das Quellwasser des berühmten *Zamzam–Brunnens* hat der Überlieferung zufolge direkt mit Hagar zu tun. Seine Existenz verdankt sich dem Erbarmen Gottes, der auf die Not Hagars und Ismaels antwortete. Durch Gabriel ließ er der verdurstenden Frau und dem Kind köstliches Wasser zukommen. Diese Szene aus der islamischen Überlieferung erinnert stark an eine Passage des Korans, wo ebenfalls eine Frau mit Kind in höchster Not von Gott erhört wird und Quellwasser erhält. Ich meine einen Aspekt in der Erzählung über die Geburt Jesu (Sure 19,23–26):

Die Wehen ließen sie [Maria] zum Stamm der Palme gehen. Sie sagte: „O wäre ich doch vorher gestorben und ganz und gar in Vergessenheit geraten!" Da rief er [der Jesusknabe] ihr sogleich nach ihrer Niederkunft zu: „Sei nicht betrübt. Dein Herr hat unter dir Wasser fließen lassen. Und schüttle den Stamm der Palme gegen dich, so läßt sie frische, reife Datteln auf dich herunterfallen. Dann iß und trink und sei frohen Mutes."[98]

Das Wasser aus dem etwa dreißig Meter tiefen Zamzam-Brunnen gilt als besonders heilsam für Leib und Seele, soll es doch dem Volksglauben gemäß gespeist werden vom Nebenfluß der Wasserquelle, die im Paradies entspringt. Dieses kostbare Zamzam-Wasser aus Hagars Brunnen in Flaschen oder besonderen Geschenkbehältnissen den Daheimgebliebenen zum Rückkehrfest mitzubringen, ist eines der kostbarsten Geschenke der Pilger.

Zu Beginn des zehnten Tages des Pilgermonats, nach dem Morgengebet, gibt es eine weitere Zeremonie, die freilich erst allmählich in der Geschichte des Islams in Verbindung mit Ismael gebracht wurde: das Ritual der *Steinigung der Säulen*, welches an den beiden Folgetagen wiederholt wird. Im Pilgerhandbuch lautet die offizielle Bezeichnung dieses Ritus schlicht „Steinigung der Aqaba-Säule" (arab. *dschamrat al-aqaba*). Die Pilger bewerfen zunächst diese größte der drei Säulen mit Steinchen, die sie tags zuvor im Tal von Muzdalifa gesammelt haben. Allgemein wird diese Säule heutzutage mit dem Satan identifiziert und der Ritus ihrer Steinigung verstanden als ein symbolischer Akt der Absage an das Böse, der Verwünschung Satans. Schon im Koran gilt Iblis – so lautet dort sein Name – als „Gesteinigter" (arab. *radschim*), das heißt als Verfluchter, vor dem Muslime regelmäßig mit entsprechenden Worten und Formeln aus dem Koran Zuflucht suchen.

Sehr populär ist heute die Auffassung, daß *Ismael das Vorbild für diese Steinigungszeremonie* sei. Wie wir im fünften Kapitel bei der Behandlung der Opfergeschichte gesehen haben, hat die islamische Tradition in manche ihrer Neuerzählungen von Sure 37,102ff den Satan als Versucher einbezogen. Er wollte die Prüfung Abrahams durch Gott vereiteln, indem er der Frau Abrahams und dann auch seinem Sohn verriet, was Abraham geträumt hatte. Nun soll der heute mit Ismael identifizierte Sohn nicht nur den Satan zurückgewiesen, sondern auch vertrieben haben, indem er ihn mit Steinen bewarf. So ist für viele Pilger der standhafte Ismael ein unmittelbares Vorbild, wenn sie selber am Morgen des ersten Tages des Opferfestes dieses Ritual erstmals vollziehen, indem sie ihre Steinchen auf die Satanssäule werfen. Es gibt freilich einen doppelten Unterschied zwischen Ismael und den Millionen Pilgern. Erstens sah Ismael dieser Tradition zufolge *dem Satan* ins Auge und steinigte ihn, während die Steinigung heute lediglich einer Säule gilt, die Satan symbolisiert – freilich in einer so lebhaft vergegenwärtigenden Weise, daß viele Pilger sich tatsächlich in diesem Augenblick wie Ismael fühlen und die Säule für den leibhaftigen Satan halten. Und der zweite Unterschied: Ismael war auf dem Weg zu seiner eigenen Opferung. Er wußte noch nichts von seiner Auslösung. Er sah nicht nur dem Satan, sondern auch *seinem eigenen Tod* in die Augen, wohingegen die Millionen Pilger wissen: die im direkten Anschluß an diese erste Steinigungszeremonie beginnende Opferung wird nicht ihr eigenes Leben kosten, sondern das der Tiere, die sie für die Schlachtung erworben haben. Es sind zwei Symbolhandlungen, die zusammengehören: die Steinigung und die Opferung, die immer neue Absage an das Böse, die nicht ohne Preisgabe von etwas sehr Kostbarem möglich ist.

Abdellah Hammoudi beschreibt in dem bereits zitierten Bericht über seine Pilgerfahrt dieses *kollektive metaphorische Handeln* der steinigenden Muslime in Nachahmung Ismaels: „Unser Handeln wies zweifellos Gemeinsamkeiten mit dem auf, was Ibrahim und Ismail getan hatten, wobei unser Tun nie an ihrem gemessen werden sollte. Ismail hatte schließlich Satan persönlich gesteinigt. Wir hingegen steinigten nur eine Säule. Er war mit seinem Vater allein. Wir waren

Millionen, die auf dasselbe Ziel zugingen und es mit dem Ruf ‚Gott ist der Größte!' mit Steinen bewarfen. Es war der Ruf des höchsten Opfers und es war so, als würden wir uns einem unsichtbaren Feind entgegenwerfen. Der Ruf galt ihm, und zwar als Herausforderung: der Schrei des Märtyrers, der den Tod in Kauf nimmt, um den Feind in Schach zu halten. Wie Ismail verjagten wir Satan, um den Tod anzunehmen, den Gott gegeben und befohlen hatte. Satan wurde nicht vernichtet; er wurde besiegt und verjagt. Diesem Sieg folgte ein Jubel, der häufig in Freudentränen Ausdruck fand. Wir teilten dieses nach erfolgreicher Tat empfundene Gefühl tiefer Befriedigung. Keiner wollte sich diese Gelegenheit entgehen lassen. Alte Frauen, die am Ende ihrer Kräfte waren, bezahlten junge Leute dafür, dass sie Satan in ihrem Namen steinigten. Sie priesen Gott, der ihnen erlaubte, auf diese Weise ihre Pflicht zu erfüllen. Entsetzen, Anfälle von Raserei, Jubel, Frohlocken, ein Gefühl der Befreiung: Wir näherten uns dem Ende der Riten und waren wirklich erleichtert."[99]

Der islamischen Tradition zufolge sollen Hagar und Ismael in Mekka gestorben sein. Neben dem Zamzam-Brunnen befinden sich ihre Gräber in einer halbkreisförmigen Einfriedung (arab. *hidschr*) vor der nordwestlichen Seite der *Ka'ba*. Dieses Privileg, das Hagar und Ismael genießen, in direkter Nähe zum zentralen Heiligtum des Islams bestattet zu sein, bringt noch einmal die programmatische Aufwertung dieser beiden Stiefgestalten der jüdisch-christlichen Tradition und ihre Einbindung in das Selbstverständnis des Islams als einer eigenständigen und legitimen weil ursprünglichen Ausformung des Monotheismus sinnfällig zum Ausdruck. Die beiden Ahnfrauen Sara und Hagar, ihre Söhne Isaak und Ismael wie auch ihre Gräber in Hebron und in Mekka markieren die Parallelität und zugleich die Rivalität zweier eigenständiger und zugleich verwandter Völker und Religionen: der Juden und der Araber, des Judentums und des Islams. Ulrike Bechmann hat mit Recht beobachtet: „Wie bei den Texten, so erweisen sich die Frauen Abrahams auch an den heiligen Orten als diejenigen, die für die Differenz stehen. Saras Grab wird in Hebron, Hagars Grab wird in Mekka, an der *Ka'ba* verehrt. Abraham/Ibrāhīm aber verbindet die Orte und die Frauen."[100] Gott hat Hagar und Ismael, die ausgestoßen wurden und beinahe in der Wüste umgekommen wären, errettet. Er hat ihr Ansehen und ihre Würde wiederhergestellt und ihr Andenken für alle nachkommenden Generationen erhalten. Damit hat sich in Mekka eine Verheißung Gottes an Abraham erfüllt, die im Judentum und Christentum fast durchweg ignoriert wurde (Genesis 17,20): „Auch was Ismael angeht, erhöre ich dich. Ja, ich segne ihn (...)."

Der heilige Bezirk der *Ka'ba* (arab. *haram*) hat noch einen weiteren denkwürdigen Ort zu bieten, der hoch im Kurs bei den Mekka-Pilgern steht. Über Jahrhunderte bis heute haben sie den *Abrahamsplatz* (arab. *maqam Ibrahim*) verehrt: den Ort, an dem Abraham stand, betete und baute. Die Verehrung und der Name dieses Ortes beziehen sich auf eine Bemerkung in Sure 3,96–97:

> Das erste Gotteshaus, das für die Menschen gebaut worden ist, ist das zu Mekka. Gesegnet und eine Rechtleitung für die ganze Welt ist es. Darin sind klare Zeichen, so die Gebetsstätte Abrahams. Wer dort eintritt, ist in Sicherheit.

Ursprünglich meinte der *maqam Ibrahim* den gesamten heiligen Bezirk um die *Ka'ba.* Heutzutage ist damit speziell ein kleiner Kuppelbau neben dem Zamzam-Brunnen gemeint, gegenüber dem Eingang zur *Ka'ba.* Hier ist ein schwarzer Stein zu sehen, der – laut der zitierten Überlieferung von ath-Thalabi – Abraham zu Besuch bei seiner Schwiegertochter als Fußschemel gedient haben soll. Anderen Überlieferungen zufolge hat Abraham den Felsen bei der Errichtung der *Ka'ba* benutzt. Die Pilger streichen mit der Hand über den Stein mit den beiden Fußabdrücken Abrahams, um des daran haftenden Segens teilhaftig zu werden. Seit der Neugestaltung der Gedenkstätte durch den deutsch-muslimischen Architekten Mahmud Bodo Rasch (Jr.) im Jahre 1992 ist der Stein durch einen Glaskasten sowie ein vergoldetes Gitter vor der direkten Berührung geschützt.

Dieser Stein mit den mutmaßlichen Fußabdrücken Abrahams darf nicht verwechselt werden mit dem noch berühmteren schwarzen Stein (arab. *hadschar al-aswad*) direkt am würfelförmigen Bau der *Ka'ba*, der nach muslimischer Auffassung als Zeichen der Verbundenheit zwischen Gott und Adam sowie seinen Nachkommen als Meteorit vom Himmel gefallen ist – ein Symbol des Bundes also, vergleichbar dem Regenbogen nach der Sintflut (Noah) oder später der Bundeslade (Mose) in der Hebräischen Bibel. Dieser Schwarze Stein steht für den kosmischen, göttlichen Ursprung des Islams. Der weltweit angesehene Theologe, Religionsphilosoph und Mystiker Seyyed Hossein Nasr schreibt über ihn: „Abraham und Ismael sollen ihn von dem unweit Mekka gelegenen Hügel Abu Quhays herbeigebracht haben, wo er seit seiner Ankunft auf der Erde sicher verwahrt gewesen war. Nach Aussagen des Propheten [Muhammad] war der Stein, als er vom Himmel fiel, weißer als Milch, hatte sich dann aber aufgrund der Sünden der Kinder Adams schwarz gefärbt: ein Teil seines ursprünglichen Glanzes ist jedoch erhalten geblieben. (…) Indem er [Muhammad] die Kaaba von allen Götzenbildern reinigte, weihte der Prophet nicht nur den Uranfänglichen Tempel neu als Haus des einen Gottes, sondern lehrte auch alle Muslime, daß man, um wahrhaft Muslim zu sein, sein Herz – das mikrokosmische Gegenstück zur Kaaba – von allen ‚Götzen', allen Dingen, die nicht Gott sind, reinigen müsse, so daß es würdig wird, die Gegenwart Gottes zu empfangen."[101] In einem Ausspruch (arab. *hadith*) erwähnt Muhammad beide Steine und sagt von ihnen:

„Der Schwarze Stein und der Maqām sind Hyazinthen des Paradieses, deren Licht Gott ausgelöscht hat. Wenn Gott ihr Licht nicht ausgelöscht hätte, würden sie die ganze Erde vom Osten bis zum Westen erleuchten."[102]

Neben Urfa und Hebron ist Mekka die dritte, aber wichtigste heilige Stätte, die im Islam ganz besonders in Verbindung mit Abraham und seiner Familie gebracht wird. Auf einen vierten und letzten Abraham-Ort werde ich in meiner Schlußbetrachtung (Teil D) zu sprechen kommen.

11. Abraham, Azar und Muhammad – oder: Hölle und Himmel

In vorislamischer Zeit wird sowohl in der außerbiblischen jüdischen Tradition – z. B. im Jubiläenbuch oder bei Josephus – als später dann auch in christlichen Quellen mehrfach die Abstammung der Araber über Ismael von Abraham bezeugt. Enthält doch die Hebräische Bibel selbst die sog. „*Ismael-Verheißung*“ Gottes an Abraham, die hier nochmals und nun vollständig zitiert sei (Genesis 17,20): „Auch was Ismael angeht, erhöre ich dich. Ja, ich segne ihn, ich lasse ihn fruchtbar und sehr zahlreich werden. Zwölf Fürsten wird er zeugen und ich mache ihn zu einem großen Volk.“ In den arabischen Quellen aus vorislamischer Zeit findet sich darüber vergleichsweise wenig. Immerhin kann man so viel sagen: Muhammad gehörte zum Stamm der Quraisch, der in Mekka tonangebend war und seine Genealogie bereits in der Zeit vor Muhammad auf Ismael zurückführte. Ibn Ishaq (gest. 768) führt denn auch im ersten Kapitel seiner Biographie über Muhammad dessen Stammbaum ausdrücklich über Ismael auf Abraham, Noah und bis zu Adam zurück – ähnlich wie im Neuen Testament Jesus in zwei unterschiedlichen Stammbäumen ebenfalls als Sohn Abrahams (Matthäus-Evangelium), ja sogar als Sohn Adams (Lukas-Evangelium) ausgewiesen wird. Daß Jesus und Muhammad von Abraham abstammen, ist ein Legitimationsgrund für die Anhänger beider Propheten, welcher freilich im Christentum immer unwichtiger und im Islam im Gegenteil sogar zentral geworden ist. Ich werde im Nachwort (Teil E) darauf zurückkommen.

Der islamischen Tradition zufolge hat Abraham nach seinem Tod im Jenseits zwei denkwürdige Begegnungen: die eine mit seinem götzendienerischen Vater, die andere mit seinem getreuen Nachfahren Muhammad. Diese beiden

Begegnungen stehen in einem auffälligen Kontrast zueinander, der schärfer nicht sein könnte. Zunächst zur Begegnung Abrahams mit Azar. Wie wir im zweiten Kapitel gesehen haben, hatte sich Abraham zunehmend von seinem Vater, den er nicht von seinem Glauben überzeugen konnte, distanziert, bis es schließlich zum Bruch kam, wie der späteste Abraham-Text des Korans dokumentiert (Sure 9,114): „Abraham bat nur um Vergebung für seinen Vater, weil er es ihm versprochen hatte. Als er aber klar erkannte, daß er ein Feind Gottes war, sagte er sich von ihm los." Was wird das Los dieses besonderen Feindes Gottes im Jenseits sein? Die Frage beantwortet nicht der Koran, sondern die islamische Tradition. Ihr zufolge kann Abraham sich nach seinem Tod selber ein Bild vom weiteren Geschick seines Vaters machen. Die anerkannte und zuverlässige (arab. *sahih*) Sammlung von Aussprüchen und Taten Muhammads durch den persischen Gelehrten al-Bukhari (gest. 870) enthält die folgende Geschichte, die Muhammad – vom Prophetengefährten Abu Huraira überliefert – erzählt haben soll:

> „Am Tag der Auferstehung wird Abraham seinen Vater Âzar treffen, dessen Gesicht düster und mit Staub bedeckt sein wird. (Der Prophet) Abraham wird (zu ihm) sagen: ‚Hatte ich dir nicht gesagt, mir nicht ungehorsam zu sein?' Sein Vater wird antworten: ‚Heute werde ich dir nicht ungehorsam sein.' Abraham wird antworten: ‚O Herr, du hast mir versprochen, keine Schande über mich zu bringen am Tage der Auferstehung, und was wird schändlicher für mich sein als meinen Vater zu verfluchen und zu entehren?' Dann wird Gott (zu Âzar) sagen: ‚Ich habe den Ungläubigen das Paradies verboten.' Dann wird er sich an ihn wenden: ‚O Abraham! Schau! Was befindet sich unter deinen Füßen?' Er wird hinsehen und dort wird er einen *Dhīkh* (oder eine Hyäne) erblicken, blutbefleckt, die bei den Beinen gepackt und in das (Höllen-) Feuer geworfen werden wird."[103]

Diese populäre islamische Abraham-Überlieferung, die von vielen Kommentatoren (vor allem zu Sure 6,74) und von Legendensammlern zitiert wird, ist aus meiner Sicht kaum mit der Botschaft des Korans von der Barmherzigkeit Gottes in Übereinstimmung zu bringen. Azar, der in den Augen Abrahams ein uneinsichtiger Vater ist, dessen Reue zu spät kommt, dieser „Feind Gottes“ hat eine Zukunft fern von Gott – mithin: überhaupt keine Zukunft mehr – zu erwarten. Die Strafe für seinen Unglauben Gott gegenüber und für seinen Ungehorsam dem Sohn gegenüber ist zudem die Verwandlung in ein stinkendes, unreines Tier, das sich von Aas ernährt. Der Kontrast könnte kaum schärfer sein. Abraham, der Sure 21,68–69 zufolge selber vor dem (diesseitigen) Feuertod durch Gott bewahrt wurde, soll nun mitansehen, wie sein Vater von demselben Gott ins (jenseitige, ewige) Feuer geworfen wird? Und da ist diesmal keiner, der ruft: „O Feuer, sei kühl und füge ihm keinen Schaden zu!“ Der Freund Gottes und der Feind Gottes, der Sohn und der Vater – ihre Wege, die schon im Diesseits auseinandergingen, trennen sich der Tradition zufolge im Jenseits definitiv und auf immer. Der Gottesfreund steigt ins Paradies auf, in die Schar der Gläubigen, zu den anderen Propheten und Gesandten; unter dem Gottesfeind aber tut sich ein Abgrund auf – er fährt zur Hölle. Furchtbarer kann es nicht mehr kommen für den leidgeprüften Abraham! Ich bin der Meinung: der Anblick seines Vaters, verwandelt in ein unreines Tier, das die Hölle verschlingt, ist für Abraham noch schlimmer, eine noch peinigendere Zumutung als es der Anblick seines geschlachteten Sohnes gewesen wäre, wenn er ihn doch hätte opfern müssen.

Kritische Anfragen an das Abraham- und an das Gottesbild der islamischen Tradition müssen gestellt werden, etwa diese: wie kann Gott so etwas seinem Freund Abraham, der in einer besonderen Beziehung zu ihm steht, zumuten? Und wie kann sich ein Mensch generell und Abraham speziell noch an einem Paradies, an der „Nähe Gottes“ freuen, wenn er allezeit dieses schreckliche Bild der Verwandlung und Verdammnis des eigenen Vaters vor

Augen haben muß? Man fragt sich auch: wo bleibt hier der mit Gott um jede Menschenseele ringende Abraham, wie ihn die Hebräische Bibel im Zusammenhang des Gerichts über die sündigen Städte Sodom und Gomorrha geschildert hat? Soweit ich erkennen kann, hat sich dieses Motiv vom *feilschenden Abraham*, der mit Gott um der Gerechtigkeit willen verhandelt oder einfach um Gnade für andere bittet, nicht wirklich über das Judentum hinaus fortgesetzt. Im Christentum erscheint Abraham in dieser Hinsicht lediglich als der passive Tröster im Jenseits („in Abrahams Schoß").[104] Solche Passivität setzt sich im Abrahambild des Korans fort. Bereits bei den Lot-Geschichten hat sich gezeigt, daß Abraham nicht mitzureden hat, weil Gott nicht mit sich verhandeln läßt. Das koranische Bild vom zwar fürsprechenden, aber dann doch sich fügenden Abraham verblaßt in der islamischen Tradition weiter und führt in der hier zitierten Überlieferung dazu, daß Abraham seinen Vater Azar ohne nennenswerte Intervention zur Hölle fahren läßt. Es bleibt bei einem Appell an Gott, aus welcher ich schon Enttäuschung und Resignation heraushöre: „O Herr, du hast mir versprochen, keine Schande über mich zu bringen am Tage der Auferstehung, und was wird schändlicher für mich sein als meinen Vater zu verfluchen und zu entehren?" Abraham appelliert nur noch zaghaft und das Gottesbild verdunkelt sich. Dem Koran zufolge hatte Abraham mehrfach für seinen Vater gebetet. Einmal sogar implizit für seine Mutter (Sure 14,41): „Unser Herr! Vergib mir und meinen Eltern an dem Tag, an dem die Abrechnung erfolgen wird!" Im selben Gebet hatte Abraham an Gottes Güte appelliert (Sure 14,36):

> „Mein Herr! Die Götzen haben viele Menschen [sogar meinen Vater] irregeleitet (...). Nimm Dich dessen an, der sich mir widersetzt, bist Du doch unendlich vergebend und barmherzig!"

Diese Hoffnung im Koran auf Gottes Barmherzigkeit für Azar – Seinem Freund Abraham zuliebe – wird der islamischen Tradition zufolge zunichte. Abraham sieht widerstandslos zu, wie Gott – dem Koran zufolge „unendlich vergebend und barmherzig" – seinen Vater verflucht, verwandelt und verdammt. Abraham ist vollends passiv geworden und verstummt. Vielleicht ist ihm die Gnadenlosigkeit seines göttlichen Freundes unbegreiflich? Oder ist es einfach so: zum Abrahambild der islamischen Tradition gehört die nicht weiter hinterfragbare, völlige Ergebung in den Willen Gottes, gleichgültig, ob es um die Opferung des Sohnes oder die Verfluchung des Vaters geht? Was aber ist dann noch der Titel „Freund Gottes" wert?

Kontrastierend zu dieser letzten Begegnung Abrahams mit seinem Vater, berichtet die islamische Tradition von einer weiteren Begegnung Abrahams im Jenseits, nämlich mit Muhammad. In Sure 17 – genannt „Die Nachtreise" (arab. *al-isra'*) – wird am Anfang berichtet:

> Erhaben ist Gott, der Seinen Diener nachts von der Heiligen Moschee [in Mekka] zur Aqsa-Moschee [in Jerusalem] führte, deren Umgebung Wir gesegnet haben, um ihm einige Unserer Zeichen zu zeigen. Gott hört und sieht alles.

In der muslimischen Koranauslegung besteht weitgehend Konsens darüber, daß in diesem mehrdeutigen Vers Bezug genommen wird auf die *Nachtreise* Muhammads, die er entweder körperlich vollzogen hat auf dem Reittier Buraq oder als nächtliche Vision erlebte. Der Ausgangspunkt der Reise – wörtlich: die „heilige Gebetsstätte" (arab. *al-masdschid al-haram*) – wird mit der *Ka'ba* in Mekka identifiziert, wie die vorliegende Übersetzung interpretierend hinzufügt. Der Zielpunkt der Reise – wörtlich: die „fernste Gebetsstätte" (arab. *al-masdschid al-aqsa*) – wurde anfänglich mit einem Ort im Himmel (dem himmlischen Jerusalem) identifiziert, seit der Omayyadenzeit (661–750) jedoch sehr irdisch mit dem Tempelberg in Jerusalem (arab. *al-haram al-scharif*), und zwar entweder mit dem dortigen Felsendom (arab. *qubbat as-sachra*), der eine goldene Kuppel trägt, oder mit der benachbarten und noch heute sog. Al-Aqsa-Moschee am Südrand des Tempelplatzes, welche eine kleinere silberne Kuppel ziert.

Von der im Koran lediglich an dieser einen Stelle angedeuteten Nachtreise zu unterscheiden ist die sog. „*Himmelsreise*" (arab. *mi'radsch*) Muhammads, von welcher erst die islamische Tradition berichtet. Muhammad soll vom heiligen Felsen (arab. *as-sachra*) aus, der heute unter der Kuppel des Felsendoms mit den darin eingegrabenen Fingerabdrücken Gabriels, der den Felsen beim Aufstieg Muhammads festgehalten hat, zu sehen ist, eine Reise durch die sieben Himmel bis zu Gott unternommen haben. In der Nachtreise – die Horizontale, den Raum symbolisierend –, an die sich die Himmelsreise – die Vertikale, die Zeit(losigkeit) symbolisierend – anschließt, liegt eine weitere wichtige *Entsprechung zwischen Muhammad und Abraham.* Es sind zwei Parallelen. Zum Einen bedienen sich beide desselben Reittieres, um weite Entfernungen zurückzulegen.[105] Zum Anderen hatte schon Abraham Einblick nehmen dürfen in höhere Sphären, um das universale Herrschen Gottes erahnen und begreifen zu können, wie Sure 6,75 andeutet: „So ließen Wir Abraham das Reich der Himmel und der Erde betrachten und verstehen, auf daß er zu den fest überzeugten Gläubigen gehöre." In den Folgeversen von Sure 6 wird deutlich, daß sich diese (visionäre) Reise Abrahams in der Nacht vollzog wie später auch bei Muhammad. *So ist denn Muhammad wie sein Vorbild und Spiegelbild Abraham ausgezeichnet worden mit einer kosmischen Reise oder Vision, die Gott denen gewährt, die ihm ganz besonders nahe stehen.*

Ibn Ishaq berichtet in zwei aufeinanderfolgenden Kapiteln seiner Muhammad-Biographie von der Nacht- und dann der Himmelsreise Muhammads.[106] Nach der Ankunft in Jerusalem und dem Gebet dort führt sein Begleiter, der Engel Gabriel, Muhammad zunächst durch den untersten Himmel, wo er u. a. Adam begegnet. Der Bericht Ibn Ishaqs, abgefaßt als Darstellung aus dem Munde des Propheten selbst, fährt fort:

„Sodann brachte er [Gabriel] mich hinauf in den zweiten Himmel, und siehe, da waren die beiden Vettern Jesus, der Sohn der Maria, und Johannes, der Sohn des Zacharias. Und er brachte mich hinauf in den dritten Himmel, und dort war ein Mann mit einem Gesicht so schön wie der Vollmond. Ich fragte Gabriel, wer dies sei, und er sprach: ‚Dies ist dein Bruder Joseph, der Sohn Jakobs!‘ Und er brachte mich hinauf in den vierten Himmel, wo ein Mann war, von dem Gabriel mir sagte, es sei Idrīs [= Henoch]. Und er brachte mich in den fünften Himmel; dort war ein Mann in reifem Alter mit weißem Haar und einem mächtigen weißen Bart. Nie habe ich einen schöneren Mann gesehen. ‚Wer ist dies?‘ fragte ich wieder Gabriel, und er gab mir zur Antwort: ‚Dies ist der Vielgeliebte in seinem Volk, Aaron, der Sohn des ᶜImrān.‘ Und er brachte mich in den sechsten Himmel; dort war ein Mann von dunkler Farbe, großem Wuchs und mit einer gekrümmten Nase, als gehöre er zum Stamm der Shanu'a. Als ich Gabriel nach ihm fragte, erklärte er mir, daß dies Moses, der Sohn ᶜImrāns, war. Und er brachte mich in den siebenten Himmel; dort sah ich einen Mann in reifem Alter auf einem Stuhl am Tore zum Paradiese sitzen, durch das an jedem Tag siebzigtausend Engel eintraten, die erst am Tage der Auferstehung wieder zurückkehren. Nie habe ich einen Mann gesehen, der mir ähnlicher war, und Gabriel sprach: ‚Dies ist dein Vater Abraham!‘ Schließlich betrat er mit mir das Paradies.“

Es gibt eine wunderschöne Miniatur aus dem 16. Jahrhundert – sie ziert die Titelseite dieses Buches –, welche die Begegnung von Abraham und Muhammad festhält. Muhammad sitzt auf dem roten (in Ibn Ishaqs Schilderung ist es weiß) Reittier Buraq und ist in Begleitung des geflügelten Gabriel. Der weißbärtige Abraham erwartet sie oben am Ende einer Treppe, die der Stufenkanzel (arab. *minbar*) in Moscheen gleicht, am Eingang zum Paradies. Mit dieser

Szene zwischen Muhammad und Abraham, die in so lebhaftem Kontrast steht zur Begegnung Abrahams mit seinem Vater, wird das spiegelbildliche Verhältnis zwischen Abraham und Muhammad, das der Koran erkennen läßt, auf den Punkt gebracht – oder, besser gesagt, ins Bild gesetzt. Es ist Gott selbst – repräsentiert durch Gabriel –, der Muhammads Abstammung von Abraham, die Ibn Ishaq zu Beginn seiner Biographie notiert, bestätigt. Abraham ist genealogisch der Vater, der Urahn Muhammads. Abraham ist theologisch der Vater des Monotheismus und als solcher das Vorbild Muhammads. Abraham, der Urahn, und Muhammad, sein prominenter Nachfahre, ähneln sich. In einem Hadith, das Bukhari überliefert, heißt es, daß Muhammad gesagt haben soll: „Wenn ihr Abraham sehen wollt, dann blickt auf euren Gefährten", womit Muhammad sich selber gemeint habe.[107] Natürlich gleichen sich Abraham und Muhammad keineswegs nur im äußeren Aussehen, in ihrer physischen Gestalt, sondern auch, was den inneren Gehalt, das Wesen ihrer Sendung ausmacht. *Muhammad ist gleichsam der wiedergekehrte Abraham.* Abraham ist der Spiegel des Propheten Muhammad: seines Äußeren, seines Anspruches, seines Selbstverständnisses. Muhammad aber ist das „Siegel der Propheten", wie der Koran sagt (Sure 33,40), der also auch die Sendung Abrahams – sei es authentisch, sei es abschließend – bestätigt. Mit diesem Anspruch ist Muhammad nun wahrhaftig „im siebten Himmel", bei Gott – und im Kreise der großen Religionsstifter – angekommen.

12. Abrahams Axt und Kochtopf – oder: Der lernende Erzvater

In Eric-Emmanuel Schmitts Erzählung „Monsieur Ibrahim und die Blumen des Koran" entdeckt ein jüdischer Junge namens Moses, daß auch sein Freund, der alte muslimische Händler mit dem arabischen Namen Abrahams, beschnitten ist. Darauf erwidert dieser: „Die Moslems, Momo, genau wie die Juden. Das ist das Opfer von Abraham: Er streckt sein Kind Gott entgegen und sagt ihm, daß er es haben kann. Dies Stückchen Haut, das uns fehlt, ist das Mal Abrahams. Bei der Beschneidung muß der Vater seinen Sohn halten, der Vater bringt seinen eigenen Schmerz dar zur Erinnerung an das Opfer Abrahams."[108] Abraham, der am selben Tag sich und seinen Erstgeborenen Ismael (Genesis 17,25f) sowie später dann auch Isaak (Genesis 21,4) beschnitten hat – das sind bekannte Topoi aus der Bibel, die nirgends in den Abraham-Texten des Korans auftauchen. Auch sonst wird nirgendwo im Koran die Beschneidung (arab. *khitan*) erwähnt. Das hat seinen guten Grund. In der Hebräischen Bibel gilt nämlich die Beschneidung als ein Symbol des Bundes Gottes mit seinem auserwählten Volk, wie Genesis 17,10–12 deutlich macht, wo Gott zu Abraham sagt: „Das ist mein Bund zwischen mir und euch samt deinen Nachkommen, den ihr halten sollt: Alles, was männlich ist unter euch, muß beschnitten werden. Am Fleisch eurer Vorhaut müßt ihr euch beschneiden lassen. Das soll geschehen zum Zeichen des Bundes zwischen mir und euch. Alle männlichen Kinder bei euch müssen, sobald sie acht Tage alt sind, beschnitten werden in jeder eurer Generationen (...)."

Daß der Koran die Beschneidung Abrahams und seiner Söhne nicht erwähnt, ist verständlich und konsequent, bestreitet doch der Koran – wie bereits Paulus und das

Johannesevangelium im Neuen Testament – die exklusive Erwählung Israels zum Bundesvolk Gottes, wofür gerade das Ritual der Beschneidung symbolisch gilt. Erst in der islamischen Tradition wird die Beschneidung Abrahams thematisiert, doch anders als in der Hebräischen Bibel ohne den Bezug zur Erwählung. In den Hadith-Sammlungen wie auch in den Prophetenerzählungen wird ein Wort Muhammads von Abu Huraira, dem bereits erwähnten Gefährten des Propheten, überliefert:

„Abraham war der erste, der beschnitten wurde. (...) Abraham beschnitt sich selbst mit der Axt, als er hundertzwanzig Jahre alt war. Danach lebte er noch achtzig Jahre."[109]

Heutzutage gilt die Beschneidung, neben dem Verbot von Alkohol und Schweinefleisch, als ein typisches und wesentliches Merkmal islamischer Lebenspraxis. Den Überlieferungen zufolge soll die Beschneidung schon in frühislamischer Zeit allgemein unter Männern praktiziert worden sein. Von den Rechtsschulen wird sie teilweise als gebotene religiöse Pflicht, die Voraussetzung sei für das gültige Umschreiten der *Ka'ba* bei der Pilgerfahrt, teilweise auch als empfehlenswerte Nachahmung Muhammads betrachtet, die zudem viele medizinisch-hygienische Vorteile mit sich bringe. In jedem Fall ist die Beschneidung ein zentraler Ritus und ein Höhepunkt in der Erziehung und Sozialisation von heranwachsenden Jungen. Während im Judentum die Entfernung der Vorhaut nach dem *Vorbild Isaaks* (Genesis 21,4) geburtsnah – bereits am achten Tag – vollzogen wird, ist die Beschneidung in der islamischen Welt überwiegend am *Vorbild Ismaels* ausgerichtet, welcher der Hebräischen Bibel zufolge als 13jähriger beschnitten wurde (Genesis 17,25). Hier wird die Beschneidung als Fest nicht nur der Aufnahme in den Islam als vollgültiger Muslim, sondern auch als Übergangsritual gefeiert, d.h. als Fest des

Eintritts der Jugendlichen – in der Regel sind sie zwischen neun und dreizehn Jahre alt – in den Kreis der Männer. Die rituellen Zeremonien sind in beiden Varianten verbunden mit großen Familienfeiern. Von Männern, die als Erwachsene zum Islam konvertieren, wird allgemein erwartet, daß sie die Beschneidung nachholen. Gerade sie als Erwachsene ahmen damit das Vorbild Abrahams am deutlichsten nach: nun sind auch sie Träger des „Mals Abrahams". Ausdruck eher volksislamischer Vorstellungen ist die Auffassung, daß viele Propheten (unter ihnen sind auch Mose, Jesus und Muhammad) bereits beschnitten – also ohne Vorhaut – geboren wurden. Hier gilt die Beschneidung als ein natürliches Zeichen des Prophetentums überhaupt.[110]

Wir kehren an den Anfang zurück, zum – neben der Opferbereitschaft – bekanntesten und wichtigsten Charakteristikum Abrahams: seiner Gastfreundschaft. Davon handelte die erste große Abraham-Geschichte des Korans in diversen Varianten. Bis heute spielt dieser *gastfreundliche Abraham* eine wichtige Vorbildrolle: generell in der Begegnung der monotheistischen Religionen und speziell in der muslimischen Erziehung zuhause und in der Schule. Schon im Kindergarten ist Abraham eine wichtige Figur, ein Wegweiser für das Suchen und Entdecken Gottes von Kindesbeinen an, neuerdings auch im Austausch zwischen Juden, Christen und Muslimen.[111] Ein schönes Beispiel für das Fortwirken dieses Topos von Abraham, dem „Vater der Gäste", in der gegenwärtigen muslimischen Erziehung, das zugleich die Lebendigkeit Abrahams in der islamischen Tradition bis heute dokumentiert, möchte ich im Folgenden zitieren. Die Geschichte mit dem Titel „Abrahams Gast" stammt aus einer deutschsprachigen Kinder- und Jugendzeitschrift, herausgegeben vom Islamischen Zentrum Hamburg.[112]

„Abraham, der Gottesfreund, war für seine sprichwörtliche Gastfreundschaft bekannt. Diese ging so weit, daß er nur wenig aß, wenn er allein war, aber wenn er Gäste hatte, bemühte er sich immer, ihnen ein reichhaltiges Mahl anzubieten. Oft lud er auch einfach Vorbeireisende zum Essen ein. So geschah es eines Tages, daß er einen unbekannten Reisenden als Gast bei sich hatte. Als das Essen aufgetragen war, sagte er zu ihm: ‚Nun sprich: Im Namen Allahs!, und lang zu.' Der Fremde erwiderte: ‚Ich glaube aber gar nicht an Allah', und wollte anfangen zu essen, ohne einen Segenswunsch gesprochen zu haben. Also hielt Abraham seine Hand zurück und sagte: ‚Wer nicht an Allah denkt, den Geber aller Gaben, der soll auch nicht mit mir essen.' Da stand der Gast auf und ging ohne Gruß fort. Darauf sprach Allah zu Abraham: ‚Mein Freund, warum hast du deinen Gast gehen lassen?' Abraham antwortete: ‚Er wollte nicht an Dich denken, den Geber aller Gaben.' Allah erwiderte: ‚Wie kommt es, daß du, Mein Freund, deine Gabe mit einer solchen Bedingung verbindest? Ich lasse doch auch die Sonne scheinen über Gute und Böse und den Regen fallen für Gläubige und Ungläubige. Geh und hole deinen Gast zurück und gib ihm zu essen.' Da schämte sich Abraham und ging hinaus, um den Fremden einzuholen. Als dieser Abraham hinter sich herkommen sah, dachte er: ‚O weh! Und ich dachte, er wäre nur unhöflich. Aber er scheint wohl auch fanatisch zu sein, so daß er mich jetzt verfolgt.' Und er fing an zu laufen. Abraham lief hinter ihm her, und endlich holte er ihn ein. ‚Ich möchte mich bei dir entschuldigen', keuchte er, ‚Allah hat mir für mein Verhalten Vorwürfe gemacht und mir aufgetragen, dich zurückzubitten und zu bewirten, denn auch Er gibt Seine Gaben ohne Bedingungen.' Da nahm der Reisende die Einladung an und dachte: ‚Einen solchen Gott, der Seinem eigenen Propheten meinetwegen Vorwürfe macht, möchte ich auch gern näher kennenlernen.'"

Diese Geschichte ist eine gelungene, pädagogisch wie missionarisch motivierte *relecture*, also Neuinterpretation der Gastfreundschaft Abrahams. Weil dieser hier als Vorbild für Kinder und Jugendliche begegnet, wird er keineswegs als schlechthin vollkommenes Vorbild geschildert, wie das sonst im Koran und in der islamischen Tradition meistens üblich ist. Vielmehr begegnet Abraham hier als ein Prophet, der selber noch lernen und von Gott erzogen werden muß.

Dieser *lernfähige und eben darum auch vorbildfähige Abraham* ist für Heranwachsende interessanter und überzeugender als ein vollkommener Abraham ohne jeden Fehl und Tadel. Darum ist dieser lernende Erzvater auch ein wichtiges pädagogisches Mittel in der muslimischen Erziehung heute. Auch das traditionell-islamische Abrahambild hat in dieser Hinsicht immerhin zugestanden, daß Abraham ein Prophet war, der ab und zu Fehler machte. So wies Muhammad – Abu Hurairas Überlieferung zufolge – darauf hin, Abraham habe immer die Wahrheit gesagt, außer bei drei Gelegenheiten: erstens als er in seines Vaters Hause zum Götzendienst eingeladen wurde und vorgab, krank zu sein; zweitens bei der Zerstörung der Götzen, als Abraham so tat, als hätte ihr Oberster das getan; und schließlich drittens bei ihrer Begegnung mit einem Tyrannen, als Abraham vorgab, Sara sei seine Schwester.[113] Solche Schwächen und Täuschungsmanöver Abrahams, von denen nicht nur die Hebräische Bibel, sondern vereinzelt auch die islamische Tradition berichtet, bilden ein wichtiges Korrektiv zum Idealbild des stets vollkommenen Propheten Abraham. Schwächen tun seiner Prophetie keinen Abbruch – im Gegenteil! Sie machen Abraham sympathischer und seine Lernbereitschaft realistischer, was ihn als geeignetes Vorbild für Jung und Alt erscheinen läßt. Wie sollten denn fehlerhafte, schwache Menschen völlig fehlerfreien, vollkommenen Vorbildern nacheifern können?

Wie sehr gerade Abraham, der Gastfreundliche, heute im allgemeinen islamischen Empfinden noch lebendig ist, zeigt neben dieser *relecture* für Kinder und Jugendliche auch eine besondere Reliquie. Noch heute kann man nämlich Abrahams (angeblichen) *Kochtopf* in einem Museum bewundern! Im Museum des Topkapi-Palastes in Istanbul gibt es eine interessante Sammlung volksislamischer Reliquien zu besichtigen – den sog. „Pavillon der Heiligen Reliquien". Neben Briefen Muhammads und z. B. dem Turban Josephs, des Urenkels Abrahams (dem im Koran eine eigene Sure gewidmet ist), wird in diesem Pavillon auch ein steinerner Kochtopf gezeigt, der dem Erzvater zugeschrieben wird: „The Cooking Vessel of the Prophet Abraham".[114] Diese Reliquie, die gar keine Gebrauchsspuren zeigt, könnte man ja zu neuem Leben erwecken. Juden, Christen und Muslime könnten gemeinsam im Kochtopf des Patriarchen kochen und daraus essen. Ob sich nicht Abraham darüber freuen würde?

D. Schlußbetrachtung: Die 99 Gesichter Abrahams – oder: Unterwegs zur Heilung der zerrissenen Familie Abrahams[115]

Die zuletzt zitierte Kindergeschichte hat einmal mehr gezeigt: *was Abraham bedeutet oder wer Abraham für uns heute ist, steht nicht von vornherein fest. Und es steht nicht ein für alle Mal fest.* Vielmehr ist Abraham das, was wir aus ihm machen, wozu wir ihn gebrauchen oder womöglich auch mißbrauchen. So gesehen gibt es viele Gesichter Abrahams – sowie Saras und Hagars[116] –, und zwar sowohl innerhalb der drei Religionen als auch im Vergleich zwischen ihnen. Die verschiedenen Gesichter Abrahams sind letztlich die Gesichter derjenigen, die sich in ihm wiederfinden, die sich in seine Umrisse eingeblendet und hineinprojiziert haben. Und da es sich dabei um höchst ambivalente Gruppen und Kreise handelt, nimmt Abraham ein dementsprechend ambivalentes, vielseitiges und auch widersprüchliches Erscheinungsbild an, wie in der hier vorgelegten Darstellung der Rezeptionen des Korans und des Islams immer wieder zu sehen war. In dem höchst komplexen weil differenzierten Gesamtbild von „Vater Abraham" spiegeln sich seine verschiedenen Kinder und Enkel wider: sie verstehen ihn so, wie sie sich selber verstehen.

Über Religionsgrenzen hinweg lassen sich bestimmte *Typen von Abrahambildern* unterscheiden, in denen unterschiedliche Religionstheologien zum Ausdruck kommen, also Bewertungen des Verhältnisses zwischen der je eigenen Religion und „den Anderen". Die Strukturen der Aneignung Abrahams ähneln sich teilweise so sehr, daß es nahezu zweitrangig wird, aus welchen Religionen sie stammen. Es gibt fundamentalistische und exklusivistische, andererseits auch inklusivische, dialogisch-vermittelnde sowie mystische und spirituelle Bilder von Abraham. Wohlgemerkt: diese Vielfalt von Abrahamtypen begegnet nicht nur im Vergleich der drei Religionen, sondern auch innerhalb ein und derselben Religion: die Juden haben verschiedene Auffassungen von Vater Abraham, ebenso die Christen und auch die Muslime.[117] Und dennoch bleibt der Erzvater Abraham als die Gestalt, auf die man sich in allen Lagern beruft, ein und derselbe! Es gibt nicht „viele Väter Abraham", wie gerne gesagt wird, sondern es gibt *den einen Abraham gleichsam mit 99 Gesichtern* – also in unterschiedlichen Wahrnehmungen, Deutungen und Aktualisierungen für die jeweilige Gegenwart.[118] Er kann als Identifikationsfigur gelten sowohl für partikulare Interessen einer einzelnen Religion oder gar nur einer bestimmten Gruppe innerhalb dieser Religion als auch weiter gespannten Interessen dienlich sein – etwa dem Dialog der monotheistischen Religionen, der sich dann unter Berufung auf ihn vielfach „abrahamischer Dialog (oder Trialog)" nennt. Der Streit um Abraham ist darum schon vorprogrammiert. Dieser Streit wird sowohl zwischen den Religionen als auch innerhalb der Religionen ausgefochten, wie im Folgenden exemplarisch skizziert werden soll. Dabei wird deutlich, daß das jeweilige Bild von Abraham ein Reflex der unterschiedlichen und miteinander rivalisierenden Theologien der Religionen darstellt.

Die Vielfalt der Aneignungen „unseres Vaters Abrahams" (hebr. *Avraham avinu*) innerhalb des *Judentums* hat der Alttestamentler Reinhard G. Kratz in seiner Beschreibung des Jubiläenbuchs so zusammengefaßt: „Man darf sich nichts vormachen. Auch der Abraham des Jubiläenbuchs ist ein Fundamentalist und gibt fanatischen Fundamentalisten jedweder Konfession Nahrung, sich zu Recht oder zu

Unrecht auf ihn zu berufen. Aber es gibt auch den anderen Abraham, der seine Sünden bekennt und dem einen und einzigen Gott überläßt, über die zu richten, die an ihn glauben und die nicht an ihn glauben. Und: Es gibt – gerade in der apokryphen Tradition, in der sich nicht selten alle drei Religionen, das Judentum, das Christentum und der Islam, treffen – den Abraham, der für seinen Glauben, das Bekenntnis zum einen Gott, selbst verfolgt und den allergrößten Gefahren ausgesetzt ist."[119] Neben den ultraorthodoxen Juden (hebr. *charedim*), für die sowohl alle Juden, welche nicht strikt gemäß dem religiösen Recht – der *Halacha* – leben, als auch alle Nichtjuden Ungläubige sind, gibt es im Judentum freilich auch andere Stimmen. Sie räumen ein, man könne Erbe Abrahams sein – also Angehöriger des Gottesvolkes – nicht allein aufgrund der Abstammung, sondern auch durch Konversion oder durch eine entsprechende ethische Praxis. Mit Verweis auf die biblische Verheißung von Abraham, dem „Vater vieler Völker" (Genesis 17,5), hat man in der jüdischen Rechtssprechung seit dem Mittelalter auch die männlichen Konvertiten als „Söhne Abrahams" bezeichnet. Es ist eine Theologie der Religionen, die „den Anderen" durch einen Akt der Adoption in die eigene Religion einbezieht, wie Chana Safrai beschrieben hat: „Die Konvertiten sind Söhne Abrahams und er ist Vater von allen, von Konvertiten wie von Israel. (...) Abraham, unser Vater, weist den Konvertiten ihren Platz in der Gemeinde zu."[120] Seit dem 15. Jahrhundert, so Safrai, wurden dann auch die Konvertitinnen „Töchter Abrahams" genannt und nahmen gerne den Namen Saras an.

Neben der genealogisch definierten und der durch Konversion und Quasi-Adoption ermöglichten Zugehörigkeit zum Gottesvolk gibt es im Judentum drittens auch Vorstellungen einer ethisch begründeten Zugehörigkeit. Das klassische Beispiel dafür ist der Mischna-Traktat *Avot*, der unter dem Namen „Sprüche der Väter" (hebr. *Pirqe Avot*) berühmt wurde. Es handelt sich dabei um Sentenzen, die berühmten Rabbinen zugesprochen oder auch anonym überliefert wurden. Im Mittelalter wurden sie in den *Siddur* – das Jüdische Gebetbuch – aufgenommen. Die „Sprüche der Väter", die als Inbegriff rabbinischer Weisheit und Ethik gelten, sind im Judentum so populär, daß sie vielfach auch beim Unterricht zur Vorbereitung auf die Feier der religiösen Mündigkeit *Bar* bzw. *Bat Mizva* („Sohn/Tochter der Weisung") verwendet werden. In den *Pirqe Avot* findet sich folgender Ausspruch: „Jeder, der (diese) drei Dinge hat, ist der Schüler Abrahams, unseres Vaters, und (der diese) drei (anderen) Dinge (hat,) ein Schüler Bileams: Ein gutes Auge, ein demütiges Leben, ein demütiger Geist – der Schüler Abrahams; (ein) böses Auge, weitschweifiges Leben, hochfahrender Geist – der Schüler Bileams. Was ist der Unterschied zwischen den Schülern Abrahams, unseres Vaters, und den Schülern Bileams? Die Schüler Bileams steigen herab in die Hölle (...). Aber die Schüler Abrahams, unseres Vaters, nehmen den Garten Eden in Besitz (...)."[121]

Demzufolge verläuft die Grenze zwischen Abraham und Bileam, der in der Bibel als Repräsentant des Heidentums gilt, entlang der ethischen Praxis. Jenseits einer solchen Perspektive, welche zwar die Grenzen durchlässiger macht, doch die Menschen noch immer in zwei Lager teilt (hier die Erlösten – dort die Verdammten), steht viertens eine globale Vision, die immer wieder in der Hebräischen Bibel anklingt, beispielsweise in Psalm 47,10. Dieser schöne Vers spricht von Gottes Königtum über die ganze Erde, unter welchem alle Völker als „Volk des Gottes Abrahams" zusammengeführt werden. Schon hier kann man das Projekt einer „abrahamischen Ökumene" antizipiert sehen, das allen Absolutheitsansprüchen im Namen Abrahams ein Stachel im Fleisch und ein Dorn im Auge ist: „Die Fürsten der Völker sind versammelt / als Volk des Gottes Abrahams. / Denn Gott gehören die Mächte der Erde; / er ist hoch erhaben.“ In der Gegenwart ist es vor allen Dingen das progressive Judentum, das sich programmatisch um Offenheit gegenüber anderen Religionen bemüht.

Dessen prominentester deutscher Vertreter, Rabbiner *Leo Baeck* (gest. 1956), hat in seinem Todesjahr in einer zukunftsweisenden Rede, die von Vielen zu Recht als visionär gelobt wird, vom gemeinsamen Weg der drei monotheistischen Religionen gesprochen: „Menschen und Gemeinschaften, Völker und Religionen sollen einander verstehen. Sie sollen nicht gleich werden, und sie können nicht gleich werden. Sie sollen aber einander verstehen. Verstehen bedeutet zugleich, voreinander Respekt zu haben, und vor dem anderen kann nur der Respekt haben, der vor sich selber Respekt hat. Auf jüdischer Seite hängt viel, vielleicht alles davon ab, dass wir es lernen, in dem Besten, das wir suchen, vor uns selber Respekt zu hegen. Dann werden wir lernen, vor den anderen echten Respekt zu haben, vor dem, was im anderen groß ist. (…) Dann werden gute Tage kommen. Menschen und Völker und Bekenntnisse werden geschieden bleiben, werden in ihrer Besonderheit weiter leben, aber sie werden wissen, dass sie zusammen gehören, Teil der einen Menschheit sind, zusammenleben sollen auf dieser unserer Erde, einander sehen und einander verstehend, und, wenn es Not tut, einander helfend.“[122] Dem Vorbild Baecks folgend, hat sich das zeitgenössische progressive Judentum in seinen Grundsätzen ausdrücklich dazu bekannt, „dass die tiefste Wahrheit geheimnisvoll und komplex ist, und dass andere Traditionen sie aufrichtig auf andere Weisen suchen und für sich auch finden. Daher treten wir für die *Achtung anderer Religionen* und den Respekt vor ihnen ein. Deshalb bieten wir in Deutschland das offene Gespräch besonders den mit uns historisch verwandten monotheistischen Religionen Christentum und Islam an“.[123] Durch die Nationalsozialisten wurde das Wirken Baecks 1942 abgebrochen mit der Schließung der Berliner Hochschule für die Wissenschaft des Judentums, deren Rektor er bis zuletzt gewesen ist. Andernorts lebt sein liberales Erbe im progressiven Judentum von heute fort, etwa am Leo Baeck College in London oder am Abraham Geiger Kolleg in Potsdam, dem ersten Rabbinerseminar in Deutschland nach der Shoa, das 2000 eröffnet wurde.

Neben dem liberalen Judentum gibt es auch etliche Theologen aus dem orthodoxen Judentum, die darauf hinweisen, daß der Bund Gottes mit Abraham offen für Andere sei. Deshalb sei es notwendig, andere Wege zur Erlösung neben dem eigenen jüdischen Weg gelten zu lassen. Einer von ihnen ist der britische Oberrabbiner *Jonathan Sacks*, der zu den gegenwärtig wichtigsten Repräsentanten des orthodoxen Judentums zählt. Sacks macht deutlich: das Judentum ist – im Unterschied zu Christentum und Islam – strukturell überhaupt keine Religion mit einem universalen Wahrheitsanspruch: „Es ist ein partikularistischer Monotheismus. Es glaubt an einen Gott, aber nicht an einen exklusiven Weg zur Erlösung. Der Gott der Israeliten ist der Gott der ganzen Menschheit, aber was er den Israeliten abverlangt, das verlangt er nicht von der ganzen Menschheit. Es gibt im Judentum keine Entsprechung zur Lehre *extra ecclesiam non est salus*, ‚außerhalb der Kirche sei kein Heil.' Im Gegenteil: Die alten Weisen des Judentums vertraten, dass ‚die Frommen der Völker Anteil an der kommenden Welt haben'."[124] Mit seinem Buch, das eine wunderbare Antwort aus der Sicht des Judentums auf das Damokles-Schwert des angeblichen „Kampfes der Kulturen" darstellt, ruft Sacks „so energisch wie nur möglich zur Toleranz" auf – und das bedeutet für den Oberrabbiner: an einer Theologie des Fremden, des Anderen zu arbeiten, die alle Aufspaltungen der Menschen in zwei Lager überwindet, weil es ihr um einen Gott geht, „der sowohl auf deiner als auch auf meiner Seite steht".

Auch bei der Rezeption Abrahams innerhalb der *christlichen* Tradition, die insgesamt auf eine Relativierung und Marginalisierung Abrahams hinausläuft, gibt es eine erhebliche Bandbreite. Schon im Neuen Testament beginnt der Streit um Abraham, so daß von „dem“ neutestamentlichen Abraham keine Rede sein kann, geschweige denn von „dem“ kirchlichen oder christlichen Abraham.[125] Die Rezeption Abrahams im Christentum kann sehr exklusivistisch ausfallen, wie das schon im Neuen Testament etwa im Johannesevangelium und mehr noch in dessen Wirkungsgeschichte der Fall ist. Dies hält sich bis heute etwa in evangelikalen und fundamentalistischen Gruppen durch. Die Folge: die Juden werden enterbt als erwähltes Volk Gottes und die Muslime haben gar kein Anrecht darauf, dieses Erbe überhaupt anzutreten, da ihre Religion ohnehin nicht auf authentischer Gottesoffenbarung beruhe. Beispielsweise erklärt Eberhard Troeger als Sprachrohr der *Deutschen Evangelischen Allianz*: „Der islamische Rückgriff auf Abraham ist keine gemeinsame Plattform für den Gottesglauben von Juden, Christen und Muslimen. (...) Der Koran meint zwar den einen Gott, aber letztlich verkündigt er einen anderen Gott als die Bibel.“[126]

Dieser christliche Exklusivismus hat dazu geführt, daß die Kirche die längste Zeit ihrer Geschichte über sowohl das Judentum als auch den Islam vom Erbe Abrahams – im Sinne einer legitimen Kindschaft allein des Glaubens statt der Abstammung – ausschloß. Seit dem Hochmittelalter ist besonders die abendländische Kirche als dementsprechend unduldsame und diskriminierende „Verfolgungsgesellschaft“ in Erscheinung getreten, die vor allen Dingen in Bezug auf die Juden nur noch drei Optionen kannte: Zwangstaufen, Pogrome und Vertreibungen.[127] Gegenüber dem Islam war das Verhältnis seltsam ambivalent. Theologisch wurde der Islam gewissermaßen depotenziert und von Anfang an als „christliche Häresie“ nicht ernst genommen. Politisch hingegen wurde er im Mittelalter als eine militärische Supermacht potenziert wahrgenommen, die in der Neuzeit jedoch allmählich überflügelt und im Zeitalter des Kolonialismus technisch, militärisch und wirtschaftlich niedergerungen wurde.[128] Neben der traditionellen Intoleranz ist innerchristlich neuerdings eine theologische Wiederentdeckung und Aufwertung Abrahams zu beobachten, so daß der Erzvater zum – durchaus überraschenden – christlichen Anknüpfungspunkt für den Trialog geworden ist. Schon Paulus hatte immerhin auch von Abraham, dem Vater aller Glaubenden – sowohl der Beschnittenen (Juden) als auch der Unbeschnittenen (Heiden) – gesprochen (Römer 4,11–12). Auf dieser Linie hat sich bekanntermaßen das *Zweite Vatikanische Konzil* (1962–1965) der Römisch-Katholischen Kirche gleich mehrfach zu Abraham und sowohl zum Judentum als auch zu den Muslimen so positiv geäußert, daß dies – bei aller notwendigen Kritik am Fehlen eines direkten Schuldbekenntnisses zum kirchlichen Antijudaismus oder am Schweigen des Konzils zu Muhammad und dem Koran – geradezu als „kopernikanische Wende" vor allem hinsichtlich der Beziehungen zum Islam gefeiert worden ist.[129]

Diese konziliare Linie einer abrahamischen Theologie der Religionen hat besonders Papst Johannes Paul II. (gest. 2005) konsequent fortgesetzt und auch – nicht zuletzt in Form großartiger Gesten – symbolhaft umgesetzt. Immerhin war er der erste Papst in der Geschichte des Christentums, der sowohl eine Synagoge (in Rom im April 1986) als auch eine Moschee (in Damaskus im Mai 2001) betreten hat. Für Johannes Paul II. waren die Juden gleichsam die „älteren Brüder" und die Muslime die „jüngeren Brüder" der Christen. Das Urteil über einen Papst, der sich nicht scheute, in aller Öffentlichkeit den Koran zu küssen, ist berechtigt: „Der Rekurs auf Abraham als den geistlichen Stammvater des Glaubens von Juden, Christen und Muslimen wurde zu einem zentralen Topos in den Stellungnahmen Johannes Pauls II. über das Verhältnis dieser drei Glaubensgemeinschaften."[130] In ähnlicher Weise haben hierzulande in den vergangenen Jahren immer mehr christliche Theologen mit Verweis auf Abraham für einen Trialog oder sogar für eine Ökumene der drei monotheistischen Religionen optiert und sich dabei kritisch von allen exklusiven jüdischen, christlichen und islamischen Abraham-Rezeptionen distanziert. So erklärt etwa Bertold Klappert: „Die Segensverheißung an Abraham kann nur in ihrer Dreidimensionalität erkannt werden, oder sie wird überhaupt nicht erkannt. Die exklusive Begrenzung auf nur eine Dimension verstümmelt uns religiös und schließt uns am Ende von der Abrahams-Verheißung aus. Der Abraham-Segen kann in dieser Mehrdimensionalität nur gemeinsam von Juden, Muslimen und Christen ergriffen und heute nur gemeinsam an die Menschheit weitergegeben werden."[131]

Auch bei der Rezeption Abrahams innerhalb der *islamischen* Tradition ist eine große Bandbreite zu beobachten, denn mit dem Hinweis auf die *millat Ibrahim* kann sowohl die Überlegenheit des Islams über alle anderen Religionen als auch eine Gleichberechtigung jedenfalls der monotheistischen Religionen behauptet werden.[132] Mit Berufung auf Sure 3,19 – „Die Religion bei Gott ist der Islam" – und andere Koranverse (vor allem Sure 3,85; 5,3; 9,33; 48,28; 61,9) erheben viele klassische muslimische Theologen für den Islam einen exklusiven, universalen Wahrheitsanspruch. Ihre Argumente ähneln dabei sehr denen der christlichen Theologen in Bezug auf das Judentum. Ältere Religionen gelten als von Gott durch den Koran aufgehobene Glaubensweisen. Diese abrogative Theologie der Religionen wurde aus der entsprechenden Hermeneutik der Koran- und Hadithauslegung abgeleitet, derzufolge eine frühere Offenbarung an Muhammad durch die spätere automatisch aufgehoben („abrogiert") wird. Diese innerislamisch mittlerweile heiß umstrittene und von bestimmten Gruppen abgelehnte Lehre von der Aufhebung (arab. *ilm al-naskh*) wurde beispielsweise von *Ibn Taymiyya* (gest. 1328) auf die geschichtliche Abfolge der Religionen angewandt. Seiner Auffassung nach lösen Judentum, Christentum und Islam einander historisch und darum auch theologisch ab. Die Thora Moses und das Evangelium Jesu – ohnehin verfälscht durch ihre Anhänger – besitzen allenfalls eine zeitlich beschränkte Legitimität und werden durch die auf sie folgende göttliche Offenbarung überflüssig. So bedeutete Jesus das Ende des legitimen Judentums; die Herabsendung des unverfälschten Korans hingegen war der Schlußstrich unter die Ära des Christentums wie überhaupt aller vorislamischen Religionen.

Ibn Taymiyyas Theologie von den abgeschafften Vorgängerreligionen zugunsten des Islams als der wiederhergestellten *millat Ibrahim* wirkt bis in die Gegenwart hinein, besonders in islamistischen Kreisen, etwa bei den Muslimbrüdern und den Wahhabiten. Unbeschadet solcher theologischen Absolutheitsansprüche gibt es freilich im Koran praktische Bestimmungen, die der Intoleranz der faktischen Religionspolitik einzelner islamischer Staaten in Geschichte und Gegenwart gewisse Grenzen steckte. Juden, Christen und auch andere Angehörige von Gottesoffenbarungen sollten in ihrer religiösen Autonomie geduldet werden. Zwar galten sie als Bürger zweiter Klasse und waren diversen Formen von Diskriminierung ausgesetzt, doch hatten sie – anders als Juden und Muslime in christlichen Staaten – einen rechtlich gesicherten Status als „Schutzbefohlene“ (arab. *dhimmi*), der ihnen Religionsfreiheit garantierte und sie in der Regel vor gewaltsamen Übergriffen schützte. Eben dies war der Grund, weshalb von Christen vertriebene Juden – etwa die 500.000 spanischen Juden 1492 – ganz überwiegend Zuflucht in den vom Islam beherrschten Gebieten suchten.

Gemäßigt konservative und liberale muslimische Theologen, die vielfach in Indien, Indonesien und im sog. „Westen" leben, wenden sich – ebenfalls mit Verweis auf Abraham – gegen solche Absolutheitsansprüche einer abrogativen Theologie der Religionen. Sie fragen danach, wie der Satz „Die Religion bei Gott ist der Islam" (Sure 3,19) auch anders verstanden werden kann. Da sei gerade der Hinweis auf Abraham wichtig, wie der algerisch-französische Gelehrte *Mohammed Arkoun* zu bedenken gibt: „Es gibt mehrere Verse im Koran, in denen Abraham als *muslim* bezeichnet wird. Als *muslim* gilt im Koran derjenige, der in liebendem Gehorsam zu Gott handelt, wovon Abraham mit seiner Einwilligung in Gottes Forderung, seinen Sohn zu opfern, ein Beispiel gibt. Wenn es im Koran heißt, Abraham sei weder ein Jude noch ein Christ, sondern ein *muslim* gewesen, bezieht sich das natürlich nicht auf den Islam, so wie er von Theologen oder Juristen in ihrer Auslegung des Koran und der Lehren Muhammads definiert wird, sondern das Wort *muslim* bezeichnet in diesem Kontext eine ideale religiöse Einstellung, die durch Abrahams Verhalten symbolisiert wird, mit dem er dem Pakt oder Bund (*mithaq*), von dem sowohl das Alte Testament als auch der Koran sprechen, Gehorsam erweist. Dieses Verhalten ist der Grund, weshalb Abraham der Vater der Gläubigen genannt wird. Er ist die Inkarnation der grundlegenden religiösen Haltung des Monotheismus *vor* der Etablierung der Rituale und der Gesetzgebung, die schließlich die drei monotheistischen Religionen definieren und voneinander absondern sollten."[133]

Diese für die islamische Religionstoleranz zentrale Unterscheidung zwischen der natürlichen Gottergebenheit, die allen Menschen angeboren ist (arab. *din al-fitra*) und exemplarisch von Abraham verkörpert wird (arab. *hanifiyya* oder *islam* klein geschrieben), und dem historischen Islam als der von Muhammad gestifteten Religion (*Islam* groß geschrieben) mit gewachsenen Traditionen nach dem Vorbild Muhammads (*sunna*) und einem eigenen Rechtssystem (*sharia*) – diese Unterscheidung fordern ähnlich wie Arkoun viele andere muslimische Theologen gerade bei der Interpretation von Sure 3,19 ein. Die deutsche Übersetzung der Al-Azhar-Universität deutet dies durch Klammern im Text immerhin an: „Wahrlich, die (einzige) Religion vor Gott ist der Islam (die Hingabe an Gott)!“[134] So widerspricht der ägyptische Reformtheologe *Muhammad Abduh* (gest. 1905) einer abrogativen Theologie der Religionen und plädiert für eine Kontinuität von Offenbarung im Laufe der Geschichte: „Die Thora, das Evangelium und der Koran sind drei zusammenhängende Bücher. Die religiös eingestellten Menschen lesen aufmerksam alle drei und verehren sie gleichermaßen. So vervollständigt sich die göttliche Belehrung, und die wahre Religion zeigt ihren Glanz durch die Jahrhunderte.“[135]

Der türkische Theologe *Mahmut Aydin* erklärt mit Verweis auf – den oben am Schluß des achten Kapitels zitierten Vers – Sure 5,48 im Gegensatz zu Ibn Taymiyya: „der Grund dafür, daß Gott verschiedene Bücher (Botschaften) gesandt hat, liegt nicht darin, ihre Bestimmungen gegenseitig aufzuheben, sondern darin, ihre Botschaften gegenseitig zu bestätigen.“[136] Aydin zufolge sind die exklusiven Interpretationen jener klassischen Belegstellen für eine Überlegenheit des Islams nicht mit der Gesamtbotschaft des Korans in Übereinstimmung zu bringen: „Ein erneutes Lesen der obigen Verse (3,19; 3,85; 5,3) im Licht der allgemeinen Lehren des Korans und des multireligiösen Kontextes unterstützen nicht die exklusivistischen und inklusivistischen muslimischen Sichtweisen, gemäß denen nur diejenigen, die der institutionalisierten Religion des Propheten Muhammad folgen, bei Gott annehmbar sind und somit ins Paradies gelangen. Es [das erneute Lesen] schlägt vor: muslimische Theologen sollten eine Kopernikanische

Revolution in ihrem eigenen Verständnis ihres Glaubens entwickeln, wie das für den christlichen Glauben John Hick in den 1970ern vorschlug. Dies bedeutet: Muslime müßten die Bedeutung des Ausdrucks *islām* – nämlich Unterwerfung und Gehorsam gegenüber Allah – ins Zentrum rükken anstelle der institutionalisierten Lehre des Propheten Muhammad, um sich selber davor zu retten, ihren eigenen Glauben zu verabsolutieren dadurch, daß sie andere [vom Heil] ausschließen." Abgesehen von Sure 5,48 verweist Aydin auch auf Sure 2,62; 5,69 und zieht daraus den Schluß: „es gibt drei Minimalbedingungen dafür, bei Gott angenommen zu sein: (1) an den einen Gott zu glauben; (2) an das Jenseits zu glauben; und (3) gute Taten zu tun. Wenn also jemand diese drei Bedingungen in seinem/ihrem Leben vollständig erfüllt, können wir sagen – ohne darauf zu achten, welcher religiösen Tradition er/sie angehört –, daß er/sie ins Paradies gelangt."

Mit derselben Auffassung von einer legitimen Pluralität der abrahamischen Religionen hat sich – um eine letzte prominente Stimme zu hören – *Prinz El Hassan Bin Talal* aus Jordanien seit Jahrzehnten im interreligiösen Dialog engagiert. Für seine Verdienste wurde er 2001 als erster Muslim überhaupt mit der Ehrendoktorwürde einer christlichen Fakultät – nämlich der Katholisch-Theologischen Fakultät in Tübingen – ausgezeichnet. El Hassan Bin Talal hat in seinem Grußwort bei der Vollversammlung des Ökumenischen Rates der Kirchen im brasilianischen Porto Alegre 2006 einmal mehr erklärt, daß der Gott des Islams mitnichten ein Parteigänger der Muslime sei: „Muslime, Christen und Juden glauben an den einen Gott. Die ethischen und moralischen Regelwerke unserer Glaubensrichtungen sind auf Gerechtigkeit, Gleichheit, Freiheit, Nächstenliebe und Gottvertrauen hin zentriert. (...) Der Gott des Islams ist *rabb al-'alamin*, der ‚Herr der Welten' [Sure 1,2], und nicht allein der Gott der Muslime."[137]

Diese ganz knappe Skizze der unterschiedlichen, doch in allen drei Religionen vergleichbaren Typen der Rezeption Abrahams zeigt: der jüdisch-christlich-muslimische Streit um die Bedeutung Abrahams – mithin um die Frage, wie sich diese drei Religionen theologisch zueinander verhalten – resultiert gerade daraus, daß es „den Abraham" nie gegeben hat. Abraham wurde vielmehr immer neu gleichsam in die unterschiedlichsten religiösen, sprachlichen und kulturellen Gewänder eingekleidet. Abraham wurde judaisiert, christianisiert und islamisiert. Er wurde hebraisiert, hellenisiert und arabisiert. Abraham wurde von den Einen fundamentalisiert und von den Anderen kosmopolitisiert. So sind zahllose Abraham-Bilder entstanden. Sie stehen konkurrierend oder auch sich ergänzend nebeneinander; sie überlagern sich in wechselseitigen traditionsgeschichtlichen Abhängigkeiten. Und in aller ihrer Vielfalt erzählen diese „99 Gesichter Abrahams" weniger von Abraham selbst, dem Unfaßbaren, doch um so mehr von den jeweiligen Überlieferern alter und neuer Abrahamgeschichten, von ihren Zeitumständen und den Herausforderungen, vor denen sie standen. In der Skizze wurde auch deutlich, daß man mit Verweis auf den Erzvater sowohl Verbindendes als auch Trennendes betonen kann. Es ist stets eine Frage des jeweiligen theologischen Standpunkts, ob stärker das Gemeinsame oder stärker das Unterscheidende oder das Trennende gewichtet wird. Abraham ist – wie wir das am Beispiel des Korans und der islamischen Tradition ausführlich behandelt haben – eine Gestalt mit vielen Gesichtern, Nuancen und auch Widersprüchen, und das ist er bis heute geblieben.

Angesichts dieser Mehrdeutigkeit Abrahams – die ein ganzes Spektrum von Intoleranz über Duldung (lat. *tolerare*) bis hin zur Akzeptanz des religiös Anderen in seinem Namen umgreift – ist das Ringen um eine zeitgemäße Interpretation Abrahams immer häufiger zum Thema des Trialogs geworden. Besonders seit den 90er Jahren des 20. Jahrhunderts sind weltweit eine Fülle von trilateralen Aktivitäten zu beobachten, die ausdrücklich im Namen Abrahams die verschiedensten Projekte durchführen: von „Abrahamischen Foren“, „Abrahamischen Festen“ und „Abrahamischen Häusern“ über Tagungen und gemeinsame Fortbildungen für Rabbiner, Pfarrer und Imame bis hin zur Arbeit für Frieden und Versöhnung in Vereinen, die teilweise programmatisch den Namen Abrahams tragen (z. B. in Sarajevo seit 1998) oder dem gemeinsamen Beten in Schulen, bei Friedensfeiern und vielen anderen Gelegenheiten.[138]

Es ist zu hoffen und zu wünschen, daß Juden, Christen und Muslime lernen, einander als Angehörige einer authentischen Offenbarungsreligion, eines von Gott selbst eröffneten Heilsweges nicht nur zu dulden, sondern positiv zu akzeptieren. Das können sie nicht theoretisch erreichen, am Schreibtisch, oder isoliert voneinander, sondern nur in der *direkten Begegnung als Dialogpartner auf gleicher Augenhöhe.* Auge in Auge mit „den Anderen“ können Juden dabei lernen, daß Gottes Heilswille auch alle Nichtjuden umfaßt – ganz im Sinne der Vision vom weltweiten Volk des Gottes Abrahams (Psalm 47,10). Auge in Auge mit „den Anderen“ können Christen dabei lernen, daß Gottes Treue zu seinem Volk Israel (Isaak-Verheißung) wie auch zu den Muslimen (Ismael-Verheißung) unverbrüchlich gilt – ganz im Sinne der Rede des Apostels Paulus von dem einen Gott der Juden und der Nichtjuden (Römer 3,29–30). Auge in Auge mit „den Anderen“ können Muslime dabei lernen, daß Gottes Offenbarungen an Juden und Christen nach wie vor für diese beiden Religionen in Geltung sind – ganz im Sinne des Koranwortes über Gott, der als „Herr der Welten“ (Sure 1,2) nicht nur ein Gott der Muslime ist. Denn ein Gott, der *nur* der Gott der Juden oder *nur* der Gott der Christen oder *nur* der Gott der Muslime wäre, ist in Wirklichkeit ein Götze, ein von Menschen und ihren Interessen vereinnahmtes und instrumentalisiertes Zerrbild des Einen – und zwar ganz unabhängig davon, ob für solchen Exklusivismus Abraham mit aufgeboten wird oder nicht.

Heute, im Zeitalter des „globalen Dorfes", in dem unsere Welt zu einer Schicksalsgemeinschaft auf Leben und Tod zusammenwächst, sollte unsere Perspektive nicht länger partikular und ausgrenzend, sondern global und ökumenisch sein. Nach meinem Verständnis beginnt eine monotheistische Ökumene, die aus christlicher Sicht übrigens nicht notwendig mit Abraham begründet werden muß (Teil E), mit der Einsicht: Juden, Christen und Muslime gehen als die, die sie sind, historisch auseinander hervor; sie sind voneinander abhängig und aufeinander verwiesen. Sie sind miteinander verwandt und einander nicht nur ähnlich. Denn sie gehören zur selben Ursprungsfamilie, wie alle drei Heiligen Schriften übereinstimmend beschreiben.[139] Juden, Christen und Muslime sind alle und sie sind gleichermaßen Kinder Abrahams und seiner beiden Frauen Sara und Hagar – aber eben in verschiedener und von Anfang an auch in spannungsvoller Weise. Eben darum bedürfen sie einander, um sich wechselseitig zu ergänzen, zu bestätigen, zu bereichern, zu unterstützen und auch zu kritisieren. Noch einmal möchte ich betonen: Abraham ist das, was wir heute aus ihm machen. Nicht „Abraham eint" oder „Abraham trennt", wie es häufig heißt, sondern wir Juden, Christen und Muslime sind es, die in seinem Namen einen oder trennen. Wir sind es, die mit Berufung auf ihn zerstören oder heilen. Im Namen Abrahams können wir einander in die Wüste schicken, können wir uns gegenseitig dämonisieren und als „Feinde Gottes", als „Kinder des Satans" bekämpfen. Im Namen Abrahams können wir aber ebenso beieinander zu Gast sein und uns sicher fühlen in den Häusern, der Theologie und der Spiritualität der Andersglaubenden, weil diese uns einen legitimen und würdigen Platz bei sich eingeräumt haben. *„Abraham" taugt als Paradigma eines Dialogs* *der Religionen ebenso wie als Chiffre für einen Kampf der Kulturen. Es hängt von uns ab, was wir aus Abraham machen und mit Berufung auf ihn erreichen wollen.* Ohne Vollständigkeit zu beanspruchen, möchte ich abschließend fünf Gesichtspunkte skizzieren, die mir für die Heilung der zerrissenen Familie Abrahams heute erforderlich erscheinen.

Das Wichtigste ist die unmittelbare und kontinuierliche Begegnung von möglichst vielen Juden, Christen und Muslimen. So kann Vertrauen unter ihnen entstehen und wachsen, ein Vertrauen, das zur Vertrautheit führt, welche allererst den Raum bietet für gegenseitige Bestätigung, Entschuldigung und Verzeihung – nicht kollektiv und anonym, sondern direkt von Mensch zu Mensch: „Ich anerkenne, daß du dazu gehörst! Daß du Teil unserer großen Familie bist, und zwar ein erwünschter, ein legitimer Teil. Und es tut mir leid, daß ich dich entehrt, gedemütigt und verdrängt habe. Ich bitte dich um Vergebung." Die Traumata wechselseitiger Enterbung und Vernichtung, Dämonisierung und Vertreibung, Kolonialisierung und Missionierung kann durch Rituale der Vergebung, durch *symbolische Gesten der Anerkennung* aufgearbeitet und langsam geheilt werden. Das gilt sowohl in bi- als auch trilateralen Beziehungen. Wie erwähnt, war Papst Johannes Paul II. hierin ein Vorbild für alle Christen. Nur und erst wenn Hagar und Sara sich wieder in die Augen sehen können, wenn Isaak und Ismael als Brüder einander in die Arme nehmen, nur und erst wenn Abraham seine Zerrissenheit zwischen der Familie „daheim" und der Familie „in der Ferne" überwindet, indem er die Verbannten heimholt und ihnen einen Platz bei sich einräumt, wird Frieden möglich sein: zwischen Juden, Christen und Muslimen generell und zwischen Israelis und Palästinensern speziell.

Zweitens müssen wir dieses uralte Familiendrama aus Bibel und Koran heute im Interesse der Verständigung und Versöhnung weiterschreiben. Wir brauchen *neu und anders erzählte Abraham-Geschichten.* Einigen sind wir in diesem Buch begegnet. Es kommt darauf an, daß wir Juden, Christen und Muslime neue Abraham-Geschichten „er-finden" – von Gott her finden –, die Ausdruck unserer Visionen und Hoffnungen sind. Saloper ausgedrückt: „es ist höchste Zeit, daß wir uns bessere Projektionen machen"![140] Daß wir neue Vorstellungen und Versionen der alten Geschichten entwickeln, sie einander erzählen und so die Chronik der Großfamilie Abrahams fortsetzen. Es gilt, so kreativ und lebendig mit den Abraham-Überlieferungen umzugehen, wie das der Koran und vor ihm schon die biblischen und nachbiblischen Traditionen getan haben. Deren immer neue und höchst vielfältige Rezeption Abrahams hat gezeigt, daß die Geschichten Abrahams in unseren Religionen keineswegs ein für alle mal zuende erzählt worden sind und heute lediglich nachbuchstabiert werden müssen. Andere Versionen, wie die Geschichten auch hätte verlaufen können – also: wie sie heute anders weitergehen könnten – sind denkbar. Sie *werden* denkbar, sie werden *möglich*, sobald und indem wir sie anders erzählen.

Was wäre denn gewesen, wenn Abraham der Stimme seines Herzens gefolgt wäre und sich gegen Saras Willen, Hagar zu vertreiben, gewehrt hätte? Soll heißen: was wird geschehen, wenn immer mehr jüdische Söhne Abrahams und Töchter Saras heute aufstehen – z.B. in Gestalt israelischer Friedensinitiativen oder Soldaten, die den Dienst in den Besatzungszonen verweigern – und sich gegen die Enteignung und Vertreibung ihrer muslimischen Verwandten wehren? Oder was wäre gewesen, wenn Hagar selber den Mut aufgebracht hätte, Sara vorzuschlagen: „Laß Ismael und Isaak aufwachsen als Brüder. Jeder soll zwei Mütter und einen Vater haben. Ihr allein seid meine Familie. Gemeinsam werden wir unseren Kindern etwas über den Gott, den wir gefunden haben, beibringen."[141] Soll heißen: wir müssen die alten Abraham-Geschichten neu schreiben, so daß sie die Heilung seiner zerrissenen Familie unterstützen und legitimieren. Zu derlei Neu- und Fortschreibungen der Abraham-Chronik kommt es nur durch miteinander geteilte Erfahrungen von Leid und Schuld – also durch unsere eigenen Geschichten, die wir einander erzählen. Das wird möglich beispielsweise bei Planspielen zur Gewalttransformation und zur Streitkultur oder in Gruppen, welche die Abraham-Geschichten als Psycho- oder Bibliodrama neu inszenieren und so die Tragödien der alten Texte selber nacherleben und verarbeiten. Auch und erst recht gilt das, wenn an solchen Gruppen unmittelbar von Konflikten Betroffene teilnehmen. Ich denke an systemisch-therapeutische Aufstellungen mit Palästinensern und Israelis oder etwa an die 1995 gegründete Initiative „Parents Circle – Families Forum", die gezielt israelische und palästinensische Familien zusammenbringt, damit sie einander ihre persönlichen Schicksale erzählen und die Trauer über den Verlust von Angehörigen der jeweils „anderen Seite" zeigen lernen.

Mit einem Wort: indem wir einander unsere eigenen Geschichten von Leid, Trauer und Angst erzählen, werden wir dazu befreit und befähigt, die Tragödie der Familiengeschichte Abrahams nicht zwanghaft und endlos zu wiederholen, sondern sie neu und anders zu erzählen. *Lydia Thalmayer* etwa bietet in ihrem Buch über „Abraham und das Vermächtnis seiner Frauen" ein anschauliches Beispiel für eine visionäre *relecture* im Horizont der Versöhnung. Ich zitiere auszugsweise aus dem Abschnitt „Hagars Heimholung":

„Langsam nähern sich Hagar und Ismael mit ihrem Gefolge Abrahams Zeltdorf bei Hebron. Dort hat man schon Ausschau gehalten. Ein junger Mann kommt ihnen entgegen. Es ist Isaak. Hagar bringt ihr Kamel zum Stehen, lässt Ismael weiterreiten und erlebt in großer Rührung das erste Aufeinandertreffen der Brüder nach so vielen Jahren. Als Ismael sieht, wer ihm entgegenkommt, springt er von seinem Reittier und geht schnellen Fußes auf Isaak zu. Mit ausgebreiteten Armen stehen sie sich gegenüber. In jedem der beiden Gesichter drückt sich erst großes Erstaunen aus, da sie voneinander noch die Vorstellung der Kinderzeit in sich tragen, und so sind es ihre offenen Kindergesichter, in denen sie sich zuerst begegnen. ‚Ismael!' – ‚Isaak!' rufen beide gleichzeitig aus. Lange umarmen sie sich, und jeder spürt den Herzschlag des anderen. Liegen nur Jahre oder liegt eine Ewigkeit zwischen ihnen? In diesem Augenblick ist die Zeit aufgehoben. ‚Ismael, sei gegrüßt und sei willkommen zu Hause', spricht Isaak mit feierlicher Stimme zu seinem Bruder. ‚Schlage deine Zelte auf neben den meinen, und lass uns wahrhaft Brüder sein.' Tränen laufen über ihre Gesichter. Abraham tritt aus seinem Zelt. Alles Geschehene ist auch für ihn Vergangenheit. Die Gegenwart lebt, und die Zukunft wartet auf ihre Gestaltung. In großer Rührung schreitet Abraham auf Hagar und Ismael zu. Er umschließt beide mit seinen Armen. Als er Ismael an sich drückt, spricht er leise: ‚Mein Wildesel – ich liebe dich.' Und Ismael versteht seinen alten Vater und weiß, welchen Platz er in seinem Herzen einnimmt.

Eilige Mägde haben den Ankömmlingen Wasser zur Reinigung und zur Erfrischung bereitgestellt, und Hagar wird von Elieser in ihr altes Zelt geführt. Dort ist alles noch so, wie sie es verlassen hat. Niemand hat etwas weggenommen, nichts wurde verändert. Die kleine Sykomore ist groß geworden. Für ein paar Augenblicke setzt Hagar sich in alter Erinnerung an frühere Zeiten unter ihre Zweige, ehe sie zu Sara gehen wird. Sonderbare Gefühle wecken ihr diese Rückblicke. Wie vieles musste sich wandeln um sie, in ihr, bis schaffende Kräfte ihre eigentliche Gestalt formen konnten. Bis nach außen sichtbar wurde, was in ihrem Innern angelegt war. Isaak ist glücklich über die Ankunft seines Bruders und geht daran, ein großes Wiedersehensfest vorzubereiten. Vieles haben sie sich zu erzählen, alles wollen sie voneinander wissen. Mit klopfendem Herzen begibt sich Hagar dann zu Sara. Vorsichtig hebt sie den Vorhang am Eingang und setzt zaghaft ihren Fuß in das Zelt. Dort liegt Sara, schlafend. (...) Sara öffnet die Augen, und ihr ganzes Gesicht wird zu einem warmen, gütigen Lächeln. Mit ausgestreckten Händen holt sie Hagar zu sich. ‚Schalom, Hagar – sei mir gegrüßt', spricht sie mit fester Stimme. ‚Es ist gut, dass du gekommen bist. Glaube mir, längst habe ich dir Abbitte getan. In meinem eigenen großen Schmerz habe ich deinen erkannt und alles durchlitten wie du, und es musste wohl so sein.' – ,Sara, alles ist längst vergeben, und ich bitte auch dich um Lossprechung.' Sanft legt Sara ihre Hand auf Hagars Haupt, und es geschieht in diesem Augenblick der Berührung ein Austausch von Geben und Empfangen. Die Erlassung der Schuld schenken sie einander wie eine kostbare Gabe."[142]

Neben den Gesten der Anerkennung und den neu erzählten Abraham-Geschichten benötigen wir drittens zur Heilung der zerrissenen Familie Abrahams *symbolträchtige Orte*. Neben Mekka, Urfa und Hebron ist der *Felsendom in Jerusalem* der vierte Ort, der in einem besonderen Zusammenhang mit Abraham steht. Dabei handelt es sich um einen Schrein (keine Moschee!), den der Omayyadenkalif Abd al-Malik (685–705) gegen Ende des 7. Jahrhunderts errichten ließ. Der Felsendom liegt auf dem Tempelberg, der bereits in der Bibel (2. Chronik 3,1) und später dann in der jüdischen und christlichen Tradition mit dem Berg Morija identifiziert wurde, wo Isaak beinahe geopfert worden wäre. Auch viele klassische muslimische Ausleger haben sich dieser Lokalisierung angeschlossen – ganz unabhängig von der Frage, ob der Sohn Isaak oder Ismael war. Der im elften Kapitel bereits erwähnte Felsen unter der goldenen Kuppel des Felsendoms ist für die Anhänger aller drei abrahamischen Religionen heilig. Auch in islamischen Traditionen wird dieser Felsen immer wieder erwähnt, von Adam über Noah und Abraham bis hin zu Muhammads Himmelsreise und dem Jüngsten Tag, an dem der Erzengel Israfil von hier aus die Trompete zur Auferstehung und zum Gericht blasen soll …

Es bietet sich also durchaus an, gerade den Felsendom zu einem *abrahamischen Heiligtum*, zu einem besonderen Ort der Begegnung und Versöhnung von Juden, Christen und Muslimen zu machen, wo sie sich doch alle hier zu Hause fühlen. Hans Küng deutete bereits 1991 in seinem Buch über das Judentum eine solche Zukunftsvision an: „Ist es von daher also völlig absurd zu glauben, daß nach einer religiös-politischen Regelung des Verhältnisses von Israelis und Palästinensern, Juden und Arabern an dieser heiligen Stätte Muslime, Christen und Juden zu dem einen Gott Abrahams, dem Gott der Lebendigen und nicht der Toten, beten könnten – in Stille oder in Zukunft vielleicht bei bestimmten Gelegenheiten auch gemeinsam? (…) Auf diese Weise würde der Felsendom – gegenwärtig ein Zeitzeichen tragischer religiöser Spannungen – zu einem Einheitszeichen der abrahamischen Ökumene, zu einem Dom der Versöhnung für die drei auf Abraham zurückgehenden Religionen".[143]

Auch wenn solche abrahamischen Orte als symbolische Fixpunkte für Begegnungen wichtig werden können, kommt es viertens noch mehr darauf an, daß Muslime, Christen und Juden *theologisch unterwegs bleiben* je auf ihren eigenen Wegen zu Gott. Abraham ist für sie gleichermaßen derjenige, der den Aufbruch wagt und zum Wanderer wird zwischen den Welten, Religionen und Kulturen auf dem Weg einer wahrhaftigen Gottessuche und konsequenten Gotteshingabe. Doch wer ist dieser Gott? Und wer vermag ihm zu begegnen? Der jüdische Religionsphilosoph Martin Buber (gest. 1965) antwortete darauf: „Ein Gott, dessen Licht nicht erlischt. Ein Gott, dem man vertraut, weil man von ihm angeredet worden ist. Es ist ein Gott, der einem *sagt*, daß er einen führt. Aber wohin führt er einen? Nicht, wohin man kommen wollte. Er schützt, wie er schützen will, und er führt, wohin er führen will. Er führt einen, wohin er einen schickt. Er bringt einen sicher nach Haran, man läßt sich hier nieder, man will hier bleiben, aber er will es anders, er schickt einen hinweg, führt einen hinweg – vom Vaterhaus hinweg in die Fremde: in die Fremde, die er verheißt. Er macht einen zum Nomaden des Glaubens."[144]

Genau das haben viele von uns verlernt: *Nomaden des Glaubens* zu bleiben und immer wieder aufzubrechen. Stattdessen sind wir seßhaft geworden, haben Grenzen gezogen, Mauern gebaut und uns in unserer traditionellen Theologie auf Kosten „der Anderen" bequem eingerichtet. Ist es wirklich das, was Gott will? Die Seßhaftigkeit, Saturiertheit und Selbstgenügsamkeit der an ihn Glaubenden?

An einer einzigen Stelle im Koran wird Abraham erwähnt zusammen mit dem mit negativen Assoziationen behafteten Ausdruck *dschihad* (von arab. *dschahada*: sich Mühe geben, sich einsetzen, sich anstrengen, kämpfen). In Sure 22,78 heißt es:

> Setzt euch für Gottes Sache mit aller Kraft ein (arab. *wa-dschahidu fi-Llahi haqqa dschihadihi*)! Er hat euch erwählt und legt euch nichts Beschwerliches in der Religion auf. Das ist die Religion eures Vaters Abraham.

Auch wenn der Erzvater in vielerlei Hinsicht für uns Heutige „unfaßbar" ist und mitunter zu verschwinden droht hinter der Fülle und Vielfalt der ihm verliehenen Gesichter und Projektionen – in jedem Fall bleibt Abraham für uns unverwechselbar für seine immer wache Bereitschaft, zu neuen Horizonten aufzubrechen und das Altvertraute hinter sich zu lassen. *Mit Abraham und wie Abraham zu glauben, sollte heute für Juden, Christen und Muslime heißen: von neuem den Exodus, den Auszug, die hidschra zu wagen und die Häuser der Rechthaberei und Besserwisserei, die vertraute Heimat exklusiver Wahrheits- und Heilsansprüche zu verlassen.* Könnte das nicht die „Sache Gottes" heute sein: daß Abrahams Erben heute neuen Berufungen entgegen gehen und je aus ihrer eigenen theologischen Mitte heraus akzeptative Religionstheologien entwickeln mit Hilfe neuer Abraham-Geschichten, in denen sie selber die Akteure sind? „Es könnte ja sein, daß der Ruf Gottes heute die Glaubenden wieder aus den sicheren

Festungen ihrer religiösen Institutionen und Dogmen herausruft in ein neues Land, das er ihnen noch zeigen wird, und in dem sie alle, Juden, Christen und Muslime, miteinander leben können."[145]

Zu diesem gemeinsamen Leben gehört auch unbedingt, *miteinander Feste zu feiern und zu beten.* Damit bin ich beim fünften und letzten Punkt angelangt, der mir für die Heilung der zerrissenen Familie Abrahams heute wichtig erscheint. *Abrahamsfeste* zu feiern ist eine der wunderbarsten Formen der Begegnung zwischen den Erben Abrahams. Es gibt Städte – wie z.B. in vorbildlicher Weise Marl in Nordrhein-Westfalen –, wo solche Abrahamsfeste seit Jahren schon zu einem festen Brauch geworden sind, an dem sich weit über die eigentlichen Religionsgemeinschaften hinaus zahlreiche Akteure der ganzen Stadt beteiligen. Ein anderes Beispiel ist die Einladung an Juden und Christen, gemeinsam mit den Muslimen das alljährliche Opferfest zu feiern. Ein erstes *gemeinsames Opferfest* in Deutschland wurde 2006 in Rüsselsheim gefeiert. Seither ruft das 2001 gegründete Abrahamische Forum in Deutschland zu solchen gemeinsamen Feiern des Opferfestes auf. In einem eigens dazu verfaßten Faltblatt ist zu lesen: „Gemeinsame Feiern sind möglich. Sie stärken Freundschaften und die Verbundenheit von Menschen unterschiedlicher Herkunft und Tradition. Sie tragen dazu bei, Ängste und Vorurteile, antisemitische, antichristliche und islamophobische Einstellungen abzubauen."[146]

Ein anderer Aspekt des miteinander Feierns hat weniger kulinarischen und kulturellen, sondern primär einen spirituellen Charakter: das – in unterschiedlichen Formen gestaltbare – *gemeinsame Beten*, welches ein zentraler Ausdruck abrahamischer Spiritualität ist. Das seit langem geforderte erste Gebetbuch in deutscher Sprache, das für gemeinsame Gebetsfeiern von Juden, Christen und Muslimen konzipiert wurde, ist 2004 unter dem Titel „Gemeinsam vor

Gott" erschienen, herausgegeben von Rabbiner Walter Homolka, von mir als evangelischem Theologen sowie von der muslimischen Religionspädagogin Rabeya Müller.[147] Wir Herausgeber dieses Gebetbuches plädieren nicht nur für eine Gastfreundschaft, die den Magen erfreut und den Körper stärkt, sondern auch für eine *spirituelle Gastfreundschaft*, bei der wir einander Anteil geben an unseren Gebeten und so einander in unserer Spiritualität stärken. Wir sind der Überzeugung: „je mehr Juden, Christen und Muslime miteinander beten, desto gesegneter werden sie selber sein; desto mehr auch werden diese drei Religionen ein Segen für die Welt und womöglich eine Quelle für die Versöhnung der Völker sein. (...) Wie können wir wahrhaft Glaubende, Liebende und auch Betende sein, solange wir nicht den abrahamischen Bruder und die abrahamische Schwester mit einschließen in das eigene Glauben, Lieben und auch Beten? Unser Friede mit Gott ist unvollständig ohne den Frieden mit den abrahamischen Brüdern und Schwestern an unserer Seite. Wenn schon ihrer aller Leitfigur ‚Freund Gottes' heißt, sollten sich Juden, Christen und Muslime bemühen, für- und untereinander Freunde auch in diesem Sinne spiritueller Gastfreundschaft zu werden."[148]

E. Statt eines Nachworts: (Gast-) Freundschaft im Namen Abrahams?

Judentum, Christentum und Islam haben eine ganze Reihe von Gestalten gemeinsam, doch sind diese nicht in allen drei Religionen in gleicher Weise bedeutsam. Jesus etwa spielt im Judentum nur eine sehr marginale, im Christentum die zentrale und im Islam eine wichtige Rolle. Bei Abraham sind die Gewichte anders verteilt, wie schon der unterschiedliche Stellenwert von Hebron bzw. al-Khalil als Pilgerort für Juden und Muslime einerseits und für Christen andererseits gezeigt hat. Abraham ist im Judentum zwar sehr wichtig, allerdings ist er nicht zentral – das ist vielmehr Mose![149] Im Christentum begann bereits in der nachpaulinischen Zeit die Marginalisierung Abrahams, worauf gleich zurückzukommen sein wird. Im Islam hingegen stellt Abraham – gemeinsam und spiegelbildlich mit Muhammad – die zentrale Figur dar. Im elften Kapitel hatten wir gesehen: von Abraham abzustammen ist ein wichtiger Identitäts- und Legitimationsgrund für Muhammad. Deshalb führt Ibn Ishaqs Biographie seinen Stammbaum ausdrücklich über Ismael auf Abraham zurück. Auch für das Jesusbild der beiden neutestamentlichen Evangelisten Matthäus (1,1–17) und Lukas (3,23–38) war der Nachweis wichtig gewesen, daß Jesus von Abraham abstammt, wie ihre unterschiedlichen Stammbäume zeigen.

Ganz anders jedoch urteilt das wirkungsgeschichtlich viel folgenreichere Johannesevangelium! Es verkehrt das Verhältnis zwischen Abraham, dem Ahnherrn und Stammvater, und Jesus, seinem Nachkommen, ins Gegenteil, stellt es – aus jüdischer, judenchristlicher sowie muslimischer Sicht – regelrecht auf den Kopf, indem es Jesus sagen läßt (Johannes 8,58): „Ehe Abraham wurde, bin ich"! Hier gibt es keinen „Vater Abraham" mehr, sondern der präexistente Christus ist seinerseits gleichsam der „Vater Abrahams". Damit ist der Anspruch auf Überlegenheit, wenn nicht gar Unabhängigkeit des Christentums gegenüber Abraham und dem Judentum formuliert. In der weiteren Geschichte des Christentums tritt Abraham zurück in die zweite Reihe, hinter einen präexistenten Christus, der seinerseits zum Maßstab für Abraham wird, und für alle die, die sich auf ihn berufen. Vergleichbares deutet sich im Koran an: durch die betonte Vorordnung Ismaels vor Isaak in den medinischen Suren wird ebenfalls zum Ausdruck gebracht: „Ehe Isaak wurde, bin ich, Ismael"! Im Islam jedoch – anders als im Christentum – ist und bleibt Abraham der entscheidende Maßstab, so sehr, daß Muhammad in äußerster Zuspitzung als ein zweiter Abraham gelten mag.

Die *Marginalisierung der theologischen Bedeutung Abrahams im Christentum*, die nach Paulus bereits mit den Evangelien eingeleitet wird, tritt nirgendwo so sichtbar zu Tage wie in der Rezeption der Opfergeschichte (Tabelle 2 im Anhang). Diese behält im Judentum wie im Islam eine eigenständige Bedeutung, wie die späteren Identifikationen dieser Vater-Sohn-Geschichte zeigen. Für das Judentum wurde „Isaak" z. B. zum Prototyp des Holocaust. Im Islam wurde „Ismael" zum Urbild z. B. für die Leiderfahrungen der schiitischen Muslime oder für die Unterdrückung der Palästinenser durch die israelische Besatzung. Im Christentum hingegen wurde Gott mit Abraham, das Beinah-Opfer Isaak antitypisch mit dem gekreuzigten Gottessohn und Morija mit Golgatha identifiziert. Ein kosmisches Erlösungsdrama, bei welchem Christus im Unterschied zu Isaak nicht verschont wurde, hat die ursprüngliche Vater-Sohn-Geschichte theologisch überhöht und weitgehend relativiert. Abraham und Isaak dienen nur noch als vorausweisendes „alttestamentarisches“ Gleichnis für das eigentliche Drama, von dem die Passionsgeschichten im „Neuen Testament“ erzählen. Mit anderen Worten: die Beinahe-Tragödie von Abraham und seinem Sohn wird in der christlichen *relecture* neu erzählt als Drama zwischen Gott und seinem – ebenfalls „einzigen und geliebten“ – Sohn Jesus. *Keine einzige Abraham-Geschichte – auch diese nicht –, sondern das als ein kosmisches Heilsgeschehen verstandene Drama von Karfreitag und Ostern markiert die Mitte der christlichen Identität.*

Von daher ist die Bemerkung von Ulrike Bechmann vollauf berechtigt: „Die Identitätsbasis bezüglich Abraham in christlicher Theologie ist denkbar gering. Auf diesem Hintergrund berührt es seltsam, dass gerade von der christlichen Seite Abraham als interreligiöses Paradigma propagiert wird: gehört er ja gerade nicht zur christlichen Kernidentität.“[150] In der Tat: so unverzichtbar Abraham für ein Christentum bleibt, das sich seiner jüdischen Wurzeln bewußt ist, ist gleichwohl *das Eintreten für einen Dialog und das friedliche Miteinander der monotheistischen Religionen aus christlicher Perspektive nicht notwendig abrahamisch zu nennen und zu begründen.* Klarer als früher ist mir nunmehr bewußt: für Christen kann es im Prinzip auch ohne Abraham gehen. (Gast-)Freundschaft mit Juden und Muslimen ist für Christen auch möglich, ohne daß sie sich unbedingt auf Abraham berufen. Es gibt auch andere Ansatzpunkte. Man könnte von Noah her eine „Allianz unter dem Regenbogen“ zu begründen versuchen, die sogar den Vorteil des universalen Maßstabes hätte, insofern sie die ganze Menschheit und die Schöpfung einschließt und nicht allein die monotheistischen Religionen.[151] Erst recht sollte das Vorbild Jesu im Umgang mit Nichtjuden, mit Fremden, mit „dem Anderen“ für Christen schon Berufungsgrund genug sein, sich für Dialog und Frieden einzusetzen.

In diesem Sinne will ich abschließend meine persönliche Vision von der jüdisch-christlich-islamischen Freundschaft anführen. Die folgende *relecture* bezieht sich auf die Geschichte von der sog. „Verklärung Jesu" (Markus 9,2–8), hinter der wohl eine alte Osterlegende steht. Abraham spielt in meiner Neuerzählung keine zentrale Rolle, doch soll er auch nicht ausgeschlossen sein. Er, der „Vater der Gäste", wäre der erste, der sich heute an der (Gast-) Freundschaft zwischen Juden, Christen und Muslimen erfreuen und diese in Anspruch nehmen würde. Die Erzählung bleibt am Ende bewußt offen. Es liegt an uns, die heute, hier und jetzt passende Fortsetzung zu finden.

Ein Jude, ein Christ und ein Muslim – es könnten ebensogut eine Jüdin, eine Christin und eine Muslimin sein – gingen spazieren und unterhielten sich *miteinander*. Nein, sie sprachen nicht wirklich miteinander, sie stritten, sie ereiferten sich. Jeder war einzig darum bemüht, Gott, die Wahrheit, das Heil auf seiner Seite zu haben. Unmerklich führte sie ihr Weg in die Höhe, bis sie fast oben auf der Anhöhe eines Berges angekommen waren. Ganz oben, in einiger Entfernung vor sich, sahen sie drei leuchtende Gestalten, die sie sofort erkannten: es waren Mose, Jesus und Muhammad. Sie saßen im Kreis auf Kissen, im Schatten alter Bäume, und sprachen miteinander. Es war ein wirkliches Gespräch. Die drei Streithähne wagten keinen Schritt weiterzugehen, ihre Lippen schlossen sich. Sie waren zu weit entfernt, um jedes Wort von dem, was Mose, Jesus und Muhammad sagten, verstehen zu können. Doch schon bald spürten sie, daß ein Klima der Eintracht, eine Atmosphäre des Vertrauens und der gegenseitigen Hochachtung von ihnen ausging. Ein guter Geist schien sie miteinander zu verbinden. Er wirkte ansteckend auf den Juden, den Christen und den Muslim, die sich soeben noch heftig mit Worten bekämpft hatten. Einer von den dreien machte den Vorschlag: „Hier ist es angenehm zu sein. Laßt uns Hütten bauen: eine für Mose, eine für Jesus, eine für Muhammad." Die beiden anderen waren einverstanden. Da sahen sie, wie sich die drei Verehrten von ihren Kissen erhoben. Mose, Jesus und Muhammad verbeugten sich voreinander. Dann umarmte jeder den anderen. Schließlich verneigten sich alle drei gleichzeitig vor einem unsichtbaren Vierten.

Im nächsten Moment waren die drei Wanderer völlig allein. Da bauten die Jüdin, die Christin und die Muslimin – es könnten auch ein Jude, ein Christ und ein Muslim sein – drei Hütten: jede eine für sich, doch so, daß sie einander dabei halfen. Noch eine vierte, größere Hütte bauten sie, ohne daß ihnen so recht klar war, für wen sie diese Hütte bauten. Die drei wohnten von nun an beieinander in ihren Hütten. Sie beschlossen, einander nie mehr aus den Augen zu verlieren, nie wieder das Gespräch miteinander abzubrechen. Sie trafen sich entweder auf dem freien Platz in der Mitte zwischen ihren Hütten oder sie luden sich gegenseitig in ihre Hütten ein. Das Klima ihrer Gespräche wurde allmählich besser, das Vertrauen zueinander wuchs. So wurden sie vertraut miteinander. Der gute Geist, den sie hier oben auf dem Berg bei Mose, Jesus und Muhammad erstmals gespürt hatten, zog bei ihnen ein. Sie dachten: „Mose, Jesus und Muhammad sind Brüder – keine Zwillinge, doch Brüder mit Unterschieden und Gemeinsamkeiten. Darum wollen wir Juden, Christen und Muslime Geschwister werden und lernen, geschwisterlich miteinander umzugehen."

Eines Morgens hoben sie ihre Augen auf und sahen in der Ferne einen Mann zu ihnen auf den Berg emporsteigen. Ihn begleiteten zwei Frauen und zwei Kinder, ein großer und ein kleiner Junge, die er links und rechts an seinen Händen hielt. Sie schienen sich alle heftig zu streiten und gar nicht die Hütten zu bemerken, denen sie sich näherten …

F. Anhang

1. Tabelle 1: Überblick über Abraham im Koran

Erzählungen und Motive	**Koranstellen (chronologisch)**
Besuch der Boten bei Abraham und Sara, Verheißung Isaaks	Sure 51,24ff; 15,49ff; 11,69ff; 29,31–32
Abraham und der Kult seiner Väter	Sure 37,83ff; 26,69ff; 19,41ff; 43,26ff; 21,51ff; 29,16ff; 6,74ff (Azar)
Abraham sagt sich von seinem Vater los	Sure 19,48–49; 60,4; 9,114
Abrahams Auswanderung	Sure 37,99; 21,71; 29,26
Abraham und das Opfer	Sure 37,99ff
Abrahams Glaubensbekenntnis	Sure 26,77ff
Abraham als vorbildlicher Beter	Sure 26,83ff; 14,35ff
Abraham bittet um Vergebung für seinen Vater	Sure 26,86; 19,47; 14,41 (hier auch für die Mutter); 60,4; 9,114
Todesstrafe für Abraham durch den Scheiterhaufen	Sure 37,97; 21,69; 29,24 (in Sure 19,46 durch Steinigung)
Abraham und die Auferstehung	Sure 2,258–260
Abraham und das Heiligtum in Mekka	Sure 14,35–37; 2,125ff; 3,95ff; 22,26
Abraham als Vorbild bzw. Führer (*imam Ibrahim*) und Beispiel für die Menschen	Sure 21,73; 16,120; 2,124; 60,4; 60,6
Abraham, der Freund Gottes (*khalilullah*)	Sure 4,125
Abraham, der Gottsucher (*hanif*)	Sure 16,120; 16,123; 6,79; 6,161; 2,135; 3,67; 3,95; 4,125
Die Religion Abrahams (*millat Ibrahim*)	Sure 16,123; 6,161; 2,130; 2,135; 4,125; 22,77–78
Lot und seine Familie	Sure 51,32ff; 15,58ff; 11,77ff; 29,28ff

2. Tabelle 2: Die Opfergeschichte im Vergleich

Judentum (Genesis 22)	**Christentum (Evangelien)**	**Islam (Sure 37)**
Prüfung Abrahams durch Gott: von Anfang an als solche erkennbar	Kosmisches Heils- und Erlösungsdrama	Prüfung Abrahams und seines Sohnes durch Gott: wird erst im Verlauf der Erzählung deutlich
Gott *(Elohim)* ruft Abraham: direktes Gespräch	Stimme vom Himmel (Gott) beruft Jesus (durch die Taufe)	Abraham hat einen Traum (von Gott)
Das Opfer ist Isaak, der „geliebte Sohn"	Das Opfer ist Jesus, der „geliebte Sohn"	Das Opfer bleibt anonym. (Isaak oder Ismael)
Abraham schweigt gegenüber Sara und Isaak	Jesus ringt mit Gott im Gebet (Garten Gethsemane)	Abraham spricht mit seinem Sohn darüber
Abraham ist dem Befehl Gottes gehorsam	Jesus fügt sich dem Willen des Vaters im Gehorsam	Abraham und sein Sohn ergeben sich gehorsam und gemeinsam in den Willen Gottes
Zwei Knechte begleiten Abraham, danach geht Abraham mit Isaak alleine weiter	Die Jünger begleiten Jesus auf seinem Weg – dann aber verlassen und verraten sie ihn	Es werden keine Begleiter erwähnt: Abraham und sein Sohn sind alleine
Isaak trägt das Feuerholz	Jesus trägt sein Kreuz (teilweise) …	–
Die Opferstätte ist anonym („der Ort"). Tradition: Berg Morija bei Jerusalem	… bis zu „dem Ort" Golgatha bei Jerusalem	Die Opferstätte ist anonym. Tradition: Berg Thabir bei Mekka
Bindung *(aqedah)* Isaaks: er wird auf das Holz gelegt	Kreuzigung Jesu: er wird auf das Kreuz gelegt und daran festgebunden (genagelt)	Der Sohn wird mit der Stirn zu Boden gelegt

Judentum (Genesis 22)	Christentum (Evangelien)	Islam (Sure 37)
Intervention Gottes: ein Engel spricht vom Himmel her zu Abraham. Gott weiß jetzt um die Glaubensgröße Abrahams	Keine Intervention Gottes! Jesus schreit und betet zu Gott.	Intervention Gottes. Weder ein Engel wird erwähnt noch daß Gott erst jetzt um Abrahams Glaubensgröße weiß
Isaak wird verschont. Ein Widder wird stellvertretend für ihn geopfert (Brandopfer)	Jesus ist das Opfer: er stirbt am Kreuz als das Lamm Gottes stellvertretend für die Sünden der Menschen (Sühnopfer)	Ismael wird verschont. Ein (nicht explizit erwähnter) Widder wird an Ismaels statt geopfert (Schlachtopfer)
Eine Gott-Abraham-Geschichte: „Also hat Abraham Gott geliebet, daß er seinen eingeborenen Sohn hingab, auf daß alle, die ihm nachfolgen, wissen, was das höchste Gut ist, aber auch daß die Liebe zu Gott nie bis zur Opferung von Menschen gehen soll.“ (Benno Jacob)[152]	Eine Geschichte von Gott und seinem Sohn, für die Abraham und Isaak nur Metaphern sind: „Denn also hat Gott die Welt geliebt, daß er seinen eingeborenen Sohn gab, auf daß alle, die an ihn glauben, nicht verloren werden, sondern das ewige Leben haben.“ (Johannes 3,16 Luther-Übersetzung)	Eine Gott-Abraham-Geschichte: „Die Erzählung [von Abraham und seinem Sohn] ist ein weiteres Beispiel dafür, daß Gottes Prüfung des Menschen schwerwiegend und weitreichend ist, und daß wahrer Glaube mehr ist als ein bloßes Lippenbekenntnis, sondern Standhaftigkeit und völlige Unterwerfung unter Gott erfordert.“ (Muhammad al-Ghazali)[153]
–	Rituelle Vergegenwärtigungen in der Feier des Abendmahls (Eucharistie) oder popularisiert in Form von Passionspielen	Rituelle Vergegenwärtigung und kollektive Wiederholung durch das alljährliche Opferfest in Mekka und weltweit

3. Literaturverzeichnis

Koran und Bibel: Ausgaben und Übersetzungen (nach Namen oder Bezeichnungen alphabetisch geordnet)

The Holy Qur'an. Text, Translation and Commentary by Abdullah Yusuf *Ali*, Beirut 1968

The Message of THE QUR'ÂN, translated and explained by Muhammad *Asad*, Gibraltar 1993

Die Bibel: *Einheitsübersetzung* der Heiligen Schrift (Gesamtausgabe), Stuttgart 1980

Der Koran, ausgewählt, angeordnet und im Metrum des Originals übertragen von Hubert *Grimme*, Paderborn 1923

Die Bibel: Deutsche Ausgabe mit den Erläuterungen der *Jerusalemer* Bibel, Freiburg u. a. 17. Auflage 1983

Der Koran Arabisch – Deutsch. Übersetzt und kommentiert von Adel Th. *Khoury*, Gütersloh 2004

Al-Muntakhab. Auswahl aus den Interpretationen des Heiligen Koran. Arabisch – Deutsch, übersetzt von Moustafa Maher, hg. vom Religionsministerium und dem Obersten Rat für Islamische Angelegenheiten Ägypten, Kairo 1999

Der Koran, übersetzt von Rudi *Paret*, Stuttgart/Berlin/Köln 6. Auflage 1993

Der Koran in der Übersetzung von Friedrich *Rückert*, hg. von Hartmut Bobzin, Würzburg 1995

Weitere jüdische, christliche und islamische Quellen (nach Namen oder Bezeichnungen alphabetisch geordnet)

Apokalypse Abrahams, übersetzt von Belkis Philonenko-Sayar und Marc Philonenko (Jüdische Schriften aus hellenistisch-römischer Zeit Bd. V/5), Gütersloh 1982, 413–460

Der *Babylonische* Talmud. Ins Deutsche übersetzt von Lazarus Goldschmidt, Bd. I-XII, Neuausgabe (Nachdruck) Frankfurt/M. 1996

Summarized Sahih *Bukhāri* Arabic – English. Translated by Muhammad Muhsin Khan, Riyadh 1417H (1996)

Denzinger, Heinrich: Enchiridion symbolorum definitionum et declarationum de rebus fidei et morum. Kompendium der Glaubensbekenntnisse und kirchlichen Lehrentscheidungen, Lateinisch-Deutsch, hg. von Peter Hünermann, Freiburg u. a. 37. Auflage 1991

Ibn Ishāq: Das Leben des Propheten. Aus dem Arabischen übertragen und bearbeitet von Gernot Rotter, Kandern 1999

Des Flavius *Josephus* Jüdische Altertümer. Übersetzt und mit Einleitung und Anmerkungen versehen von Dr. Heinrich Clementz, Bd. I (Buch I bis X), Wiesbaden 11. Auflage 1993

Das Buch der *Jubiläen*, übersetzt von Klaus Berger (Jüdische Schriften aus hellenistisch-römischer Zeit, Bd. II/3), Gütersloh 1981, 273–576

Stories Of The Prophets [Collected by] Imam Imāduddin Abul-Fida Ismā'īl *Ibn Kathīr* Ad-Dimashqi. Rendered into English by R.A. Azami, Riyadh u.v.a. 2nd revised Edition 2003

Die *Mischna*. Textkritische Ausgabe mit deutscher Übersetzung und Kommentar, hg. von Michael Krupp, Jerusalem 2002ff

Das *Testament* Abrahams, übersetzt von Enno Jansen (Jüdische Schriften aus hellenistisch römischer Zeit, Bd. III/2), Gütersloh 1975, 193–256

Islamische Erzählungen von Propheten und Gottesmännern. Qisas al-anbiyā' (…) von (…) *aṯ-Ṯa'labi*. Übersetzt und kommentiert von Heribert Busse (Diskurse der Arabistik Bd. 9), Wiesbaden 2006

Themenhefte (Zeitschriften) zu Abraham (chronologisch)

National Geographic Deutschland: „Wer war Abraham? Auf den Spuren des Urvaters von Juden, Christen und Muslimen" (Dezember 2001)

Evangelische Theologie: „Abraham trennt! Abraham vereint?" (62. Jg., 2002: Heft 5)
Time Magazine: „Abraham" (Vol. 160, No. 14 vom 30. Sept. 2002)
Blätter Abrahams. Beiträge zum interreligiösen Dialog, München 2002ff (jährlich)
FOCUS: „Abraham: Der Stammvater von Juden, Christen und Muslimen als Friedensstifter?" (Nr. 24 vom 7. Juni 2003)
Welt und Umwelt der Bibel: „Abraham" (Nr. 30–4/2003)

Sonstige Literatur

Abrahamisches Forum in Deutschland (Hg.): Gemeinsame Feiern zum Opferfest, Darmstadt 2006
Anonymus [Eusebia gGmbH]: Gibt es eine abrahamitische Urreligion? Zur Stellung Abrahams im Koran und in der Bibel (Info-Spezial Nr. 14, hg. von der Bekenntnisbewegung „Kein anderes Evangelium"), Stuttgart 2001
Arkoun, Mohammed: Der Islam. Annäherung an eine Religion, Heidelberg 1999
Armstrong, Karen: Im Kampf für Gott. Fundamentalismus in Judentum, Christentum und Islam, München 2004
Asad, Muhammad: Der Weg nach Mekka (1955), Hamburg/Zürich 1992
Assmann, Jan: Moses der Ägypter. Entzifferung einer Gedächtnisspur, München 1998
Ders.: Die Mosaische Unterscheidung. Oder: Der Preis des Monotheismus, München 2003
Aydin, Mahmut: Islam in a World of Diverse Faiths – A Muslim View, in: L. Ridgeon/P. Schmidt-Leukel (Ed.), Islam and Inter-Faith Relations, London 2007, 33–54
Bal, Mieke u. a.: Und Sara lachte… Patriarchat und Widerstand in biblischen Geschichten, Münster 1988
Bauschke, Martin: Jesus – Stein des Anstoßes. Die Christologie des Korans und die deutschsprachige Theologie (Kölner Ver-

öffentlichungen zur Religionsgeschichte Bd. 29), Köln/Weimar/Wien 2000

Ders.: Jesus im Koran, Köln/Weimar/Wien 2001 = Neuausgabe unter dem Titel: Jesus im Koran: Ein Schlüssel zum Dialog zwischen Christen und Muslimen, Erftstadt 2007 (mit zusätzlichem neuem Vorwort)

Ders.: Internationale Recherche von Institutionen zum trilateralen Dialog von Juden, Christen und Muslimen (Trialog und Zivilgesellschaft, Bd. 1), Berlin 2001

Ders.: Grundzüge einer Theologie des Trialogs von Juden, Christen und Muslimen, in: „Was macht den Menschen ganz und heil?" Menschen als Gottesgeschöpfe in Judentum, Christentum und Islam. III. Interreligiöse Sommeruniversität, hg. von S. Fritsch-Oppermann/F.E. Anhelm, Rehburg-Loccum 2002, 261–278

Ders.: Der jüdisch-christlich-islamische Trialog, Artikel in: Handbuch der Religionen, hg. von M. Klöcker/U. Tworuschka, München 2004 (Kap.: II - 4.2.17, S. 1–31)

Ders.: „Gast im Haus – Gott im Haus. Oder: Wenn Wünsche wahr werden." Der biblische Mythos vom Besuch Gottes bei Abraham und der griechische Mythos von Philemon und Baukis, in: Ders., Abraham und Aschenputtel. Brückenschlag zwischen Bibel und Märchen, Stuttgart 2006, 126–158

Ders.: Der jüdisch-christlich-islamische Trialog. Wissenschaftliche Studie, München 2007

Ders.: A Christian View of Islam, in: L. Ridgeon/P. Schmidt-Leukel (Ed.), Islam and Inter-Faith Relations. The Gerald Weisfeld Lectures 2006, London 2007, 137–155

Ders.: Gemeinsam vor Gott? Christliche Positionen zum gemeinsamen Beten von Juden, Christen und Muslimen, in: CIBEDO. Beiträge zum Gespräch zwischen Christen und Muslimen, Nr. 3/2007, 21–26

Bauschke, M./Homolka, W./Müller, R. (Hg.): Gemeinsam vor Gott. Gebete aus Judentum, Christentum und Islam, Gütersloh (2004) 2. Aufl. 2006

Bechmann, Ulrike: Zurück zu Abraham. Chancen und Risiken der Berufung auf Abraham in den „abrahamitischen Religionen", in: Blätter Abrahams. Beiträge zum interreligiösen Dialog, Heft 4/2005, 7–25; wiederabgedruckt unter dem Titel: Abraham – Beschwörungsformel oder Präszisierungsquelle? Bibeltheologische und religionswissenschaftliche Untersuchungen zum Abrahamparadigma im interreligiösen Dialog, in: Viele Väter Abraham (Augsburger Wissenschaftspreis für Interkulturelle Studien 2006), Berlin 2006, 33–50

Ben-Chorin, Schalom: Jüdischer Glaube. Strukturen einer Theologie des Judentums anhand des Maimonidischen Credo, Tübingen 2. Auflage 1979

Bilgin, Beyza: Beyza Teyzeden Hikâyeler 1, Ankara 2001

Boase, Roger (Ed.): Islam and Global Dialogue. Religious Pluralism and the Pursuit of Peace, Aldershot 2005

Bobzin, Hartmut: Mohammed, München 2000

Bouman, Johan: Der Koran und die Juden. Die Geschichte einer Tragödie, Darmstadt 1990

Buber, Martin: Der Glaube der Propheten (1950), Heidelberg 2. Auflage 1984

Burton, Richard Francis: Persönlicher Bericht einer Pilgerreise nach Mekka und Medina 1853, Neuausgabe Lenningen 2005

Chebel, Malek: Histoire de la circoncision, Paris 2005 (Neuausgabe)

Christen und Juden III: Schritte der Erneuerung im Verhältnis zum Judentum, hg. vom Kirchenamt der EKD, Gütersloh 2000

Cohen, Mark R.: Unter Kreuz und Halbmond. Die Juden im Mittelalter, München 2005

Dehn, Ulrich (Hg.): Noah – Allianz unter dem Regenbogen? Juden, Christen und Muslime im Gespräch (EZW-Texte 163), Berlin 2002

Ders. (Hg.): Wo aber ist das Opferlamm? Opfer und Opferkritik in den drei abrahamitischen Religionen (EZW-Texte 168), Berlin 2003

Eißler, Friedmann: Abrahamische Ökumene – eine Option?, in: theologische beiträge 36, 2005, 173–187

Evangelisch aus fundamentalem Grund. Wie sich die EKD gegen den Islam profiliert, hg. von Jürgen Micksch, Frankfurt/M. 2007

Falaturi, Abdoljavad: Abraham – Stammvater dreier Religionen? (unveröffentlichtes Manuskript eines Vortrags vom Dezember 1992 auf der ersten Trialog-Tagung der Kölnischen Gesellschaft für Christlich-Jüdische Zusammenarbeit)

Faruqi, Isma'il Raji Al- (Hg.): Judentum, Christentum, Islam. Trialog der abrahamitischen Religionen, Frankfurt/M. 1986

Firestone, Reuven: Journeys in Holy Lands: The Evolution of the Abraham-Ishmael Legends in Islamic Exegesis, New York 1990

Ghazali, Shaykh Muhammad al-: A Thematic Commentary on the Qur'an, Kuala Lumpur 2001

Görg, Manfred: Abraham als Ausgangspunkt für eine „abrahamitische Ökumene"?, in: A. Renz/St. Leimgruber (Hg.), Lernprozess Christen Muslime. Gesellschaftliche Kontexte – Theologische Grundlagen – Begegnungsfelder, Münster 2002, 142–151

Gräbe, Uwe: „Abraham" – ein hilfreiches Modell jüdisch-christlich-muslimischer Verständigung?, in: Ökumenische Rundschau 49, 2000, 337–345

Greiner, Bernhard/Janowski, Bernd/Lichtenberger, Hermann (Hg.): Opfere deinen Sohn! Das „Isaak-Opfer" in Judentum, Christentum und Islam, Tübingen 2007

Haeger, Kaja S.: Die Beschneidung als Initiationsritus und ihre Bedeutung für die Herausbildung männlicher Geschlechtsidentität. Marokkanische Jungen in der Pubertät: Eine qualitative Untersuchung, Stuttgart 2005

Hammoudi, Abdellah: Saison in Mekka. Geschichte einer Pilgerfahrt, München 2007

Homolka, Walter: Leo Baeck: Jüdisches Denken – Perspektiven für heute, Freiburg/Br. 2006

Hyman, Naomi Mara: Biblical Women in the Midrash. A Sourcebook, Northvale, NJ/London 1997

Internationale Friedensschule Köln (Hg.): Erziehung zum Frieden. Beiträge zum Dialog der Kulturen und Religionen in der Schule, Berlin/Münster 2007

Jacob, Benno: Das Buch Genesis, Berlin 1934, Nachdruck Stuttgart 2000

Jamal, Helgard: Abraham. Mit Kindern Gott entdecken – Mit Natur gestalten – Mit Figuren erzählen, Hamburg-Schenefeld 2006

Kant, Immanuel: Der Streit der Fakultäten, in: Werke in sechs Bänden, hg. von Wilhelm Weischedel, Bd. VI, Darmstadt 1983, 263–393

Kaweh, Silvia: Integration oder Segregation: Religiöse Werte in muslimischen Printmedien, Nordhausen 2006

Kepel, Gilles: Die Rache Gottes. Radikale Moslems, Christen und Juden auf dem Vormarsch, München 2001

Kienzler, Klaus: Der religiöse Fundamentalismus: Christentum, Judentum, Islam, München 2002

Kierkegaard, Sören: Furcht und Zittern, in: Werkausgabe, hg. von E. Hirsch und H. Gerdes, Bd. 1, Düsseldorf/Köln 1971, 1–173

Klappert, Bertold: Abraham eint und unterscheidet. Begründungen und Perspektiven eines nötigen Trialogs zwischen Juden, Christen und Muslimen, Langfassung in: RheinReden. Texte aus der Melanchthon-Akademie Köln 1996/1, 21–64; gekürzt in: R. Weth (Hg.), Bekenntnis zu dem einen Gott?, Neukirchen/Vluyn 2000, 98–122

Klarheit und gute Nachbarschaft – Christen und Muslime in Deutschland. Eine Handreichung des Rates der EKD (EKD-Texte 86), Hannover 2006

Kratz, Reinhard G./Nagel, Tilman (Hg.): „Abraham, unser Vater". Die gemeinsamen Wurzeln von Judentum, Christentum und Islam, Göttingen 2003

Ders.: „Öffne seinen Mund und seine Ohren". Wie Abraham Hebräisch lernte, in: Ders./T. Nagel (Hg.), „Abraham, unser Vater". Die gemeinsamen Wurzeln von Judentum, Christentum und Islam, Göttingen 2003, 53–66

Krupp, Michael 1995: Den Sohn opfern? Die Isaak-Überlieferung bei Juden, Christen und Muslimen, Gütersloh

Küng, Hans: Das Judentum. Die religiöse Situation der Zeit, München 1991

Ders.: Spurensuche. Die Weltreligionen auf dem Weg, München 1999

Ders.: Der Islam. Wesen und Geschichte (Die religiöse Situation der Zeit Bd. 3), München/Zürich 2004

Küster, Volker: Verwandtschaft verpflichtet. Erwägungen zum Projekt einer „Abrahamitischen Ökumene", in: Evangelische Theologie 62, 2002, 384–398

Kuschel, Karl-Josef: Streit um Abraham. Was Juden, Christen und Muslime trennt – und was sie eint, München 1994

Ders.: Juden – Christen – Muslime: Herkunft und Zukunft, Düsseldorf 2007

Leemhuis, Fred: Ibrahim's sacrifice of his son in the early post-Koranic tradition, in: E. Noort/E. Tigchelaar (Ed.), The Sacrifice of Isaac. The Aqedah, Genesis 22 and Its Interpretations, Leiden/Köln 2002, 125–139

Luxenberg, Christoph: Die syro-aramäische Lesart des Koran. Ein Beitrag zur Entschlüsselung der Koransprache, Berlin 2000

Magonet, Jonathan: Die subversive Kraft der Bibel, Gütersloh 1998

Ders.: Abraham – Jesus – Mohammed. Interreligiöser Dialog aus jüdischer Perspektive, Gütersloh 2000

Martin-Achard, Robert: Art. Abraham I: Im Alten Testament, in: Theologische Realenzyklopädie Bd. 1, 1977, 364–372

Micksch, Jürgen: Abrahamische und Interreligiöse Teams (Interkulturelle Beiträge 21), Frankfurt/M. 2003

Mohagheghi, Hamideh: Opfer im Islam? Abraham und sein Sohn, in: Ulrich Dehn (Hg.), Wo aber ist das Opferlamm? Opfer und Opferkritik in den drei abrahamitischen Religionen, Berlin 2003, 50–55

Nagel, Tilman: „Der erste Muslim". Abraham in Mekka, in: R. Kratz/T. Nagel (Hg.), „Abraham, unser Vater". Die gemeinsamen Wurzeln von Judentum, Christentum und Islam, Göttingen 2003, 133–149

Ders.: „Abraham, der Gottesfreund“. Deutungen muslimischer Korankommentatoren, in: R. Kratz/T. Nagel (Hg.), „Abraham, unser Vater“. Die gemeinsamen Wurzeln von Judentum, Christentum und Islam, Göttingen 2003, 150–164

Naumann, Thomas: Ismael – Abrahams verlorener Sohn, in: R. Weth (Hg.), Bekenntnis zu dem einen Gott?, Neukirchen/Vluyn 2000, 70–89

Ders.: Die biblische Verheißung für Ismael als Grundlage für eine christliche Anerkennung des Islam?, in: A. Renz/St. Leimgruber (Hg.), Lernprozess Christen – Muslime: Gesellschaftliche Kontexte – Theologische Grundlagen – Begegnungsfelder, Münster u. a. 2002, 152–170

Neubrand, Maria: Paulus und Abraham. Die Nachkommenschaft Abrahams nach Röm 4, in: Blätter Abrahams, Heft 5/2006, 41–56

Nomachi, Ali Kazuyoshi: Mekka. Mit Texten von Seyyed Hossein Nasr, München 1997

Noort, Edward/Tigchelaar, Eibert (Ed.): The Sacrifice of Isaac. The Aqedah, Genesis 22 and Its Interpretations (Themes in Biblical narrative 4), Leiden/Köln 2002

Paret, Rudi: Mohammed und der Koran. Geschichte und Verkündigung des arabischen Propheten, Stuttgart/Berlin/Köln 7. Auflage 1991

Ders.: Art. Ibrāhīm, in: The Encyclopaedia of Islam. New Edition, Vol. III, Leiden/London 1986, 980–981

Ders.: Art. Ismāʿīl, in: The Encyclopaedia of Islam. New Edition, Vol. IV, Leiden/London 1990, 184–185

Pechmann, Ralph/Kamlah, Dieter (Hg.): So weit die Worte tragen. Wie tragfähig ist der Dialog zwischen Christen, Juden und Muslimen? Gießen 2005

Radscheit, Matthias: Weibliche Engel. Ein Videocover, in: B. Greiner u. a. (Hg.), Opfere deinen Sohn! Das „Isaak-Opfer“ in Judentum, Christentum und Islam, Tübingen 2007, 302–304

Renz, Andreas: Muslime als „unsere Brüder und Schwestern im Glauben Abrahams". Dokumente und Stellungnahmen der katholischen Kirche zum Islam, in: Ders./St. Leimgruber (Hg.), Lernprozess Christen Muslime: Gesellschaftliche Kontexte – Theologische Grundlagen – Begegnungsfelder, Münster u. a. 2002, 108–125

Richter-Bernburg, Lutz: Göttliche gegen menschliche Gerechtigkeit. Abrahams Opferwilligkeit in der islamischen Tradition, in: B. Greiner u. a. (Hg.), Opfere deinen Sohn! Das „Isaak-Opfer" in Judentum, Christentum und Islam, Tübingen 2007, 243–256

Rickers, Folkert: Dialog der abrahamischen Religionen. Ihre Verantwortung für den Frieden in der Welt in transkultureller Sicht, in: Dirk Chr. Siedler (Hg.), Religionen in der Pluralität. Ihre Rolle in postmodernen transkulturellen Gesellschaften, Berlin 2003, 87–108

Ridgeon, Lloyd/Schmidt-Leukel, Perry (Ed.): Islam and Inter-Faith Relations. The Gerald Weisfeld Lectures 2006 (University of Glasgow), London 2007

Sacks, Jonathan: Wie wir den Krieg der Kulturen noch vermeiden können, Gütersloh 2007

Safrai, Chana: Abraham und Sara – Spender des Lebens, in: Evangelische Theologie 62, 2002, 348–361

Schmidt, Werner H.: Einführung in das Alte Testament, Berlin/New York 4. Auflage 1989

Schmitt, Eric-Emmanuel: Monsieur Ibrahim und die Blumen des Koran, Frankfurt/M. 2004

Schreiner, Stefan: „Unser Gott und euer Gott ist ein und derselbe". Zum Verhältnis des Islam zu Judentum und Christentum, in: Die Zeichen der Zeit. Ev. Monatsschrift für Mitarbeiter der Kirche (Berlin) 37, 1983, 11–16

Ders.: Die „Bindung Isaaks" in islamischem Gewande, in: Judaica. Beiträge zum Verstehen des Judentums 59, 2003, 49–55

Schumann, Olaf: Abraham, der Vater des Glaubens, in: Ders., Hinaus aus der Festung. Beiträge zur Begegnung mit Menschen anderen Glaubens und anderer Kultur, Hamburg 1997, 13–60

Solomon, Norman: Towards a Jewish Theology of Trilateral Dialogue, in: R. Boase (Ed.), Islam and Global Dialogue. Religious Pluralism and the Pursuit of Peace, Aldershot 2005, 203–214

Stöhr, Martin (Hg.): Abrahams Kinder. Juden-Christen-Moslems, Frankfurt/M. 1983

Ders.: Das Bekenntnis zu dem einen Gott in der Vielfalt der Gottesbilder bei Juden, Christen und Muslimen, in: R. Weth (Hg.), Bekenntnis zu dem einen Gott?, Neukirchen/Vluyn 2000, 90–97

Sundermeier, Theo: Konvivenz und Differenz, in: Rudolf Weth (Hg.), Bekenntnis zu dem einen Gott?, Neukirchen/Vluyn 2000, 1–16

Szulc, Tadeusz Witold: Abraham – der Patriarch des Friedens, in: National Geographic Deutschland, Nr. 12 (Dezember) 2001, 132–171

Teschner, Klaus: … und du wirst ein Segen sein. Auf Saras und Abrahams Spuren, Neukirchen-Vluyn 1993

Thalmayer, Lydia: Abraham und das Vermächtnis seiner Frauen. Eine Vision für Frieden zwischen Juden und Arabern im Sinne der Abrahamischen Ökumene, Oberursel 2001

Thyen, Johann-Dietrich: Bibel und Koran. Eine Synopse gemeinsamer Überlieferungen, Köln/Weimar/Wien, 3. Auflage 2000

Troeger, Eberhard: Gemeinsames Zeugnis für Gott durch die abrahamitischen Religionen? (Arbeitshilfe Nr. 14, hg. von der Deutschen Evangelischen Allianz), Bad Blankenburg 2005

Tröger, Karl-Wolfgang: Abraham im Koran (Theologische Versuche Bd. XVI), Berlin 1986 (vergriffen)

Ders.: Wem gehört Morija? Der interreligiöse Dialog zwischen Tradition und Realität, in: CIBEDO. Beiträge zum Gespräch zwischen Christen und Muslimen 10. Jg., Frankfurt/M. 1996/ Nr. 2, 50–53

Ders.: Abraham und Ibrahim. Was bedeutet religiöse Identität?, in: Religionen im Gespräch (RIG), Bd. 6 (Hoffnungszeichen globaler Gemeinschaft), Balve 2000, 249–259

Union progressiver Juden in Deutschland (Hg.): Liberales Judentum – 35 Grundsätze, Berlin o.J. (2003)

Watt, W. Montgomery/Welch, Alford T. (Hg.): Der Islam, Bd. I (Mohammed und die Frühzeit – Islamisches Recht – Religiöses Leben), Stuttgart u. a. 1980

Wenzel, Catherina: Abraham – Ibrāhīm: Ähnlichkeit statt Verwandtschaft, in: Evangelische Theologie 62, 2002, 362–384

Dies.: „Und als Ibrāhīm und Ismāʿīl die Fundamente des Hauses (der *Kaʿba*) legten…" (Sure 2,127). Abrahamsrezeption und Legitimität im Koran, in: Zeitschrift für Religions- und Geistesgeschichte 54, Nr. 3/Juli 2002, 193–209

Westermann, Claus: Genesis 12–36 (Biblischer Kommentar – Altes Testament, Bd. 1/2), Neukirchen-Vluyn 1979

Wimmer, Stefan Jakob: Abrahams Kochtopf und andere Schätze. Zur Reliquiensammlung des Topkapı Saray, Istanbul, in: Blätter Abrahams. Beiträge zum interreligiösen Dialog, Heft 4/2005, 69–78

Zirker, Hans: Gott aus der Sicht der abrahamischen Religionen, in: Lexikon für Religionspädagogik, hg. von F. Rickers/N. Mette, Bd. 1, Neukirchen-Vluyn 2001, 747–752

Ders.: Anmerkungen zum „Dialog der abrahamischen Religionen", in: Moslemische Revue 22 (77), 2001, 130–142

Zusammenleben mit Muslimen. Handreichung der Evangelischen Kirche in Deutschland, Gütersloh 2000

4. Anmerkungen

1 Vgl. z. B. National Geographic Deutschland: „Wer war Abraham? Auf den Spuren des Urvaters von Juden, Christen und Muslimen" (Dez. 2001). Time Magazine: „Abraham" (Vol. 160, No. 14 vom 30. Sept. 2002). FOCUS: „Abraham: Der Stammvater von Juden, Christen und Muslimen als Friedensstifter?" (Nr. 24 vom 7. Juni 2003). Weitere Zeitschriften zu Abraham finden sich im Literaturverzeichnis unter „Themenhefte".

2 Eckart Otto im Editorial des Abraham-Themenheftes von: Welt und Umwelt der Bibel, Nr. 30–4, Stuttgart 2003, 1.

3 Internationale Friedensschule Köln (Hg.), Erziehung zum Frieden. Beiträge zum Dialog der Kulturen und Religionen in der Schule, Berlin/Münster 2007. Website der Schule: www.if-koeln.de.

4 Ibn Ishāq, Das Leben des Propheten. Aus dem Arabischen übertragen und bearbeitet von Gernot Rotter, Kandern 1999, 88. In Kapitel 11 komme ich auf dieses Zitat und dessen Kontext, die Himmelsreise Muhammads, ausführlich zurück.

5 Streit um Abraham. Was Juden, Christen und Muslime trennt – und was sie eint, München 1994, 182.

6 Alle Abraham-Verse des Korans in chronologischer Reihenfolge hier nochmals im Überblick: Mekka 1. Phase (11 Verse): Sure 87,(14-)19; 53,36–37; 51,24–31. Mekka 2. Phase (103 Verse): Sure 37,83–113; 26,69–89; 15,49–57; 19,41–50; 19,58; 38,45–47; 43,26–28; 21,51–73. Mekka 3. Phase (48 Verse): Sure 16,120–123; 11,69–76; 14,35–41; 12,6; 12,38; 29,16–27; 29,31–32; 42,13; 6,74–84; 6,161. Medina (43 Verse): Sure 2,124–140; 2,258–260; 3,33; 3,65–68; 3,84; 3,95–97; 57,26; 4,54; 4,125; 4,163; 33,7–8; 22,26; 22,43; 22,78; 60,4–6; 9,70; 9,114. Vgl. auch Tabelle 1 im Anhang.

7 Die Herkunft und Bedeutung des Namens „Abram" bzw. „Abraham" ist nicht eindeutig geklärt. Der Name kann sowohl bedeuten: „der Vater ist erhaben", wobei „Vater" eine

Schutzgottheit bzw. einen Gottesnamen meint, als auch: „er ist erhaben in Bezug auf seinen Vater", womit auf die vornehme Herkunft des Namensträgers hingewiesen sein könnte. Populär ist schließlich die rückblickende Interpretation des Namens im Sinne von „Vater einer Menge" (Genesis [= 1. Mose] 17,5), um auf Abrahams Bedeutung als Ahnherr eines ganzen Volkes hinzuweisen.

8 Sure 96,1–8, zit. nach der Übersetzung des Arabisten Hubert Grimme (gest. 1942).

9 Die Koran-Zitate folgen, wenn nicht anders angegeben, der Ausgabe: Al-Muntakhab. Auswahl aus den Interpretationen des Heiligen Koran. Arabisch – Deutsch, übersetzt von Moustafa Maher, hg. vom Religionsministerium und vom Obersten Rat für Islamische Angelegenheiten Ägypten, Kairo 1999. Erläuternde Hinzufügungen durch mich im Text sind in eckige Klammern gesetzt. Die Bibel-Zitate sind, wenn nicht anders angegeben, entnommen der Einheitsübersetzung der Heiligen Schrift (Gesamtausgabe), Stuttgart 1980.

10 Gemäß einem Prinzip der Koranauslegung, wie es etwa Ibn Kathir von Damaskus (gest. 1373) zu Beginn seines Kommentars darlegt – daß nämlich der Koran sich selber auslegt (arab. *tafsir al-qur'an bi-l-qur'an*) –, haben für mich die innerkoranischen Deutungsangebote (z. B. Parallelstellen, üblicher Sprachgebrauch, chronologische Abfolge der Suren) ein größeres Gewicht als der Bezug auf Kommentare oder spätere Traditionen, die ohnehin erst im Teil C zum Zuge kommen. Diese sind im Lichte des Korans zu verstehen und nicht umgekehrt der Koran aus der Sicht der islamischen Überlieferung.

11 Nach der Erwähnung der „Blätter Abrahams" im Koran ist eine gleichnamige Zeitschrift benannt, die seit 2002 von dem im selben Jahr in München gegründeten Trialog-Verein der „Freunde Abrahams" unter Leitung von Prof. Manfred Görg herausgegeben wird (s. „Themenhefte" im Literaturverzeichnis).

12 Zit. nach der Koranausgabe und -übersetzung von Adel Th. Khoury.

13 Hier zum direkten Vergleich der Text von Genesis (= 1. Mose) 18,1–15: „Der Herr erschien Abraham bei den Eichen von Mamre. Abraham saß zur Zeit der Mittagshitze am Zelteingang. Er blickte auf und sah vor sich drei Männer stehen. Als er sie sah, lief er ihnen vom Zelteingang aus entgegen, warf sich zur Erde nieder und sagte: Mein Herr, wenn ich dein Wohlwollen gefunden habe, geh doch an deinem Knecht nicht vorbei! Man wird etwas Wasser holen; dann könnt ihr euch die Füße waschen und euch unter dem Baum ausruhen. Ich will einen Bissen Brot holen und ihr könnt dann nach einer kleinen Stärkung weitergehen; denn deshalb seid ihr doch bei eurem Knecht vorbeigekommen. Sie erwiderten: Tu, wie du gesagt hast. Da lief Abraham eiligst ins Zelt zu Sara und rief: Schnell drei Sea feines Mehl! Rühr es an und backe Brotfladen! Er lief weiter zum Vieh, nahm ein zartes, prächtiges Kalb und übergab es dem Jungknecht, der es schnell zubereitete. Dann nahm Abraham Butter, Milch und das Kalb, das er hatte zubereiten lassen, und setzte es ihnen vor. Er wartete ihnen unter dem Baum auf, während sie aßen. Sie fragten ihn: Wo ist deine Frau Sara? Dort im Zelt, sagte er. Da sprach der Herr: In einem Jahr komme ich wieder zu dir, dann wird deine Frau Sara einen Sohn haben. Sara hörte am Zelteingang hinter seinem Rücken zu. Abraham und Sara waren schon alt; sie waren in die Jahre gekommen. Sara erging es längst nicht mehr, wie es Frauen zu ergehen pflegt. Sara lachte daher still in sich hinein und dachte: Ich bin doch schon alt und verbraucht und soll noch das Glück der Liebe erfahren? Auch ist mein Herr doch schon ein alter Mann! Da sprach der Herr zu Abraham: Warum lacht Sara und sagt: Soll ich wirklich noch Kinder bekommen, obwohl ich so alt bin? Ist beim Herrn etwas unmöglich? Nächstes Jahr um diese Zeit werde ich wieder zu dir kommen; dann wird Sara einen Sohn haben. Sara leugnete: Ich habe nicht gelacht. Sie hatte nämlich Angst. Er aber sagte: Doch, du hast gelacht.“

14 Zur interkulturellen Bedeutung der Gastfreundschaft sowie zum tieferen Zusammenhang zwischen Wunscherfüllung („Isaak") und Gericht („Sodom") vgl. meinen Text: „Gast im Haus – Gott im Haus. Oder: Wenn Wünsche wahr werden." Der biblische Mythos vom Besuch Gottes bei Abraham und der griechische Mythos von Philemon und Baukis, in: M. Bauschke, Abraham und Aschenputtel. Brückenschlag zwischen Bibel und Märchen, Stuttgart 2006, 126–158.

15 Den Schluß der Übersetzung von Sure 11,71 gebe ich wörtlich wieder, während die Al-Azhar-Übersetzung den Text interpretierend wiedergibt: „(...) daß sie einen Sohn – Isaak – bekäme und später einen Enkel – Jakob, den Sohn Isaaks." Damit möchte diese Übersetzung den Vorwurf vermeiden, Muhammad habe anfänglich Isaak und Jakob für Brüder gehalten. Vgl. dazu ausführlich unten in Kapitel 7.

16 Anmerkung von Adel Th. Khoury zu Sure 11,71 in: Der Koran Arabisch – Deutsch. Übersetzt und kommentiert von A.Th. Khoury, Gütersloh 2004, 320. Vgl. im selben Sinne auch Muhammad Asad in: The Message of THE QUR'ÂN, Gibraltar 1993, 326, Anm. 103. Catherina Wenzel bemerkt zu Saras vorzeitigem, mithin „völlig unmotivierten" Lachen, daß Muhammad „sich offenbar nicht vorstellen (kann), daß eine Frau über die Worte Allahs lachen könnte" (in: „Und als Ibrāhīm und Ismā'īl die Fundamente des Hauses (der *Ka'ba*) legten ..." (Sure 2,127). Abrahamsrezeption und Legitimität im Koran, in: Zeitschrift für Religions- und Geistesgeschichte 54, Nr. 3/Juli 2002, 193–209, Zitat 199.

17 Während der Koran nirgends die Geburt Isaaks beschreibt, tut das die Genesis kurz nach diesem Besuch der göttlichen Gäste bei Abraham (21,2–6): „Sara wurde schwanger und gebar dem Abraham noch in seinem Alter einen Sohn zu der Zeit, die Gott angegeben hatte. Abraham nannte den Sohn, den ihm Sara gebar, Isaak. Als sein Sohn Isaak acht Tage alt war, beschnitt ihn Abraham, wie Gott ihm befohlen hatte. Abraham war hundert Jahre alt, als sein Sohn Isaak zur Welt kam. Sara aber sagte: Gott ließ mich lachen; jeder, der davon hört, wird mit mir lachen." Einem späteren Bericht – der

sog. „Priesterschrift“ – zufolge ist es nicht Sara, sondern Abraham, der über die Sohnesverheißung gelacht hat (Genesis 17,17).

18 Sure 11,77–83: Als Unsere Boten Lot aufsuchten, geriet er ihretwegen in Bedrängnis, da er sie nicht beschützen konnte. Er sprach: „Das ist ein schrecklicher Tag!“ Sein Volk eilte herbei. Es waren Männer, die schon lange Missetaten begingen. Er sprach zu ihnen: „O ihr Menschen! Hier sind meine Töchter. Heiratet sie, das ist für euch reiner. Fürchtet Gott und tut meinen Gästen nichts Schändliches an, was mich entehrt! Gibt es keinen vernünftigen Mann unter euch, der euch beraten könnte?“ Sie sprachen: „Du weißt schon, daß wir für deine Töchter nichts übrig haben, und du weißt genau, was wir begehren.“ Er sprach: „Wenn ich nur Macht über euch oder eine starke Unterstützung hätte!“ Da sprachen die Gesandten: „O Lot! Wir sind Gottes Boten. Sie werden dir nichts antun können. Geh, wenn es nachts dunkel ist, mit deiner Familie fort! Keiner von euch darf sich umdrehen. Deine Frau aber wird erleiden, was sie alle erleiden werden. Die Strafe tritt am nächsten Morgen ein, zu einem genau bestimmten Zeitpunkt, der nicht auf sich warten läßt.“ Als Unsere Entscheidung fiel, stellten Wir die Stadt auf den Kopf und ließen einen Regen von aufgeschichteten Steinen aus gebrannter Erde niederprasseln. Die Steine waren von Gott gekennzeichnet und auf sie gerichtet. Sie gehen an den Ungerechten nicht vorbei.

19 Die zeitlich letzte Lot-Geschichte im Koran in Sure 29,28–35, in welche die beiden zitierten Abraham-Verse eingebettet sind, lautet: Gedenke Lots, als er zu seinen Leuten sagte: „Ihr begeht Abscheuliches, das niemals jemand vor euch begangen hat. Ihr gebt euch mit Männern ab, unterbrecht den Weg der Zeugung und begeht bei euren Geselligkeiten alle Laster.” Seine Leute antworteten nur: „Bringe uns doch die peinvolle Strafe Gottes herbei, wenn du zu den Aufrichtigen gehörst!“ Er sprach: „Mein Herr! Hilf mir gegen die Menschen, die Unheil stiften!“ (...) Als Unsere Boten zu Lot kamen, hegten die Leute böse Absichten ihnen gegenüber, und Lot geriet

ihretwegen in Bedrängnis. Sie sagten: „Habe keine Angst, und sei nicht traurig! Wir werden dich und deine Angehörigen retten, bis auf deine Frau, die zu denen gehört, die untergehen werden. Wir werden auf die Bewohner dieser Stadt eine peinvolle Strafe vom Himmel herabkommen lassen, weil sie Frevler sind." Und Wir hinterließen Spuren davon als Zeichen für Menschen, die sich des Verstandes bedienen.

20 Das Buch der Jubiläen, hg. von Klaus Berger, Gütersloh 1981, Kap. 12ff. Zum Inhalt und zur Theologie des Jubiläenbuches vgl. Reinhard G. Kratz: „Öffne seinen Mund und seine Ohren". Wie Abraham Hebräisch lernte, in: Ders./ T. Nagel (Hg.), „Abraham, unser Vater". Die gemeinsamen Wurzeln von Judentum, Christentum und Islam, Göttingen 2003, 53–66. Dieses populäre jüdische Motiv vom bilderstürmerischen Abraham ist in diversen Varianten und Akzentuierungen in den folgenden Jahrhunderten weiter überliefert worden und begegnet später z. B. auch in der sog. „Apokalypse Abrahams" (um 75 n.Chr.), wo allerdings Gott selbst das Vernichtungswerk Abrahams übernimmt: eine himmlische Donnerstimme verbrennt die Götzen, das ganze Haus, also die Götzenbildwerkstatt Terachs, abgrundtief, und auch Terach selbst kommt dabei um, während Abraham gnädig bewahrt wird.

21 Ibn Ishāq, Das Leben des Propheten, Kandern 1999, 74f.

22 Die Erwähnung in Sure 43,26–28 begnügt sich mit dem Credo Abrahams, doch unter ausdrücklichem Hinweis auf die Vorbildfunktion für seine Nachkommen – sprich: für Muhammad und seine Gefährten: Einst sagte Abraham zu seinem Vater und seinem Volk: „Ich bin frei von allem, was ihr anbetet. Nur den Herrn, Der mich erschaffen hat, bete ich an, und Er wird mich rechtleiten." Er machte es zu einem bleibenden Wort des Bekenntnisses unter seinen Nachkommen, auf daß sie darauf zurückkommen mögen.

23 Einen Überblick über die innerislamische Auslegungsgeschichte von Sure 6,74ff bietet Tilman Nagel, „Abraham, der Gottesfreund". Deutungen muslimischer Korankommentatoren, in: B. Greiner u. a. (Hg.), Opfere deinen Sohn! Das

„Isaak-Opfer“ in Judentum, Christentum und Islam, Tübingen 2007, 150–164.

24 Vgl. Stories Of The Prophets [Collected by] Ibn Kathīr, Riyadh 2003, 136. Zeitgenössische (neo-) salafitische Ausleger (z.B. Rashid Rida, gest. 1935), die auf Abgrenzung vom Judentum bedacht sind, behaupten rundweg, der Name Terach aus dem Buch Genesis sei falsch – nur der Koran habe recht.

25 Vgl. Martin Bauschke, Jesus im Koran, Köln u.a. 2001 (= Neuausgabe Erftstadt 2007), bes. 9ff und 37ff.

26 Mehrfach wird Abraham so genannt: vgl. Sure 2,130; 16,122; 21,72; 26,83; 29,27. Entsprechend groß ist Abrahams Wunsch, auch Nachkommen zu erhalten, die gleichermaßen rechtschaffen sind (Sure 37,100).

27 Hamideh Mohagheghi, Opfer im Islam? Abraham und sein Sohn, in: U. Dehn (Hg.), Wo aber ist das Opferlamm? Opfer und Opferkritik in den drei abrahamitischen Religionen, Berlin 2003, 50–55, Zitat 52.

28 Hier die erste Variante dieser Episode nach Genesis 12,10–20 (Abraham und Sara in Ägypten): „Als über das Land eine Hungersnot kam, zog Abram nach Ägypten hinab, um dort zu bleiben; denn die Hungersnot lastete schwer auf dem Land. Als er sich Ägypten näherte, sagte er zu seiner Frau Sarai: Ich weiß, du bist eine schöne Frau. Wenn dich die Ägypter sehen, werden sie sagen: Das ist seine Frau!, und sie werden mich erschlagen, dich aber am Leben lassen. Sag doch, du seiest meine Schwester, damit es mir deinetwegen gut geht und ich um deinetwillen am Leben bleibe. Als Abram nach Ägypten kam, sahen die Ägypter, daß die Frau sehr schön war. Die Beamten des Pharao sahen sie und rühmten sie vor dem Pharao. Da holte man die Frau in den Palast des Pharao. Er behandelte Abram ihretwegen gut: Abram bekam Schafe und Ziegen, Rinder und Esel, Knechte und Mägde, Eselinnen und Kamele. Als aber der Herr wegen Sarai, der Frau Abrams, den Pharao und sein Haus mit schweren Plagen schlug, ließ der Pharao Abram rufen und sagte: Was hast du mir da angetan? Warum hast du mir nicht

gesagt, dass sie deine Frau ist? Warum hast du behauptet, sie sei deine Schwester, so daß ich sie mir zur Frau nahm? Nun, da hast du deine Frau wieder, nimm sie und geh! Dann ordnete der Pharao seinetwegen Leute ab, die ihn, seine Frau und alles, was ihm gehörte, fortgeleiten sollten." Die zweite Variante findet sich ausführlicher noch in Genesis 20,1–18.

29 Abdoljavad Falaturi, Abraham – Stammvater dreier Religionen?, unveröffentlichtes Manuskript, 3 und 13. Inwiefern Abraham sehr wohl auch unvollkommen und dennoch bzw. gerade deshalb ein gutes Vorbild sein kann, werde ich im zwölften Kapitel thematisieren.

30 Zum Abrahambild von Ibn al-Arabi vgl. Tilman Nagel, „Abraham, der Gottesfreund". Deutungen muslimischer Korankommentatoren, in: R. Kratz/T. Nagel (Hg.), „Abraham, unser Vater". Die gemeinsamen Wurzeln von Judentum, Christentum und Islam, Göttingen 2003, 157–161.

31 Vgl. etwa Karen Armstrong, Im Kampf für Gott. Fundamentalismus in Judentum, Christentum und Islam, München 2004; Gilles Kepel, Die Rache Gottes. Radikale Moslems, Christen und Juden auf dem Vormarsch, München 2001; Klaus Kienzler, Der religiöse Fundamentalismus: Christentum, Judentum, Islam, München 2002.

32 Vgl. J. Assmann, Moses der Ägypter. Entzifferung einer Gedächtnisspur, München 1998; Ders., Die Mosaische Unterscheidung. Oder: Der Preis des Monotheismus, München 2003.

33 „Feind Gottes" und „Freund des Satans" – diese Verdammungsurteile Abrahams über Azar erinnern mich an einen weiteren „Manichäer vor Mani": an den Christus, wie ihn das Johannesevangelium, von dem nun in der Tat eine direkte Linie zum Manichäismus verläuft, gezeichnet hat. Johannes 8,44 läßt Christus ganz ähnlich zu den Juden sagen, sie seien Kinder des Satans, Kinder der Lüge, da sie ihn, den „Vater der Lüge", zum Vater hätten. Ein furchtbares Urteil, dessen antisemitische Wirkungsgeschichte bekannt ist…

34 Vgl. etwa Sure 2,217; 4,89; 4,137; 16,106–109. Allerdings nennt der Koran selbst außer der Bestrafung durch Gott im

Jenseits kein konkretes Strafmaß für das Diesseits! Auch enthält er keine Bestimmungen für „Ketzerprozesse"! Denn es ist Gott selbst vorbehalten, über Glauben und Unglauben bzw. Abfall vom Glauben zu entscheiden. Das sieht die islamische Tradition und v.a. das Religionsrecht anders. Dieses beruft sich gerne auf den berühmt-berüchtigten Ausspruch Muhammads, wie er z.B. in der Hadith-Sammlung von al-Bukhari überliefert ist: „Wer seine Religion wechselt, den tötet." Heutzutage wird die Todesstrafe für Apostaten freilich von vielen Muslimen abgelehnt (z.B. von Muhammad Abduh, Mahmud Shaltut, Tariq Ramadan, Yasar Nuri Öztürk). Hierzulande hat bekanntlich der Zentralrat der Muslime in der Islamischen Charta von 2002 das Recht auf Religionsfreiheit ausdrücklich bejaht: „Daher akzeptieren sie [die im Zentralrat vertretenen Muslime] auch das Recht, die Religion zu wechseln, eine andere oder gar keine Religion zu haben. Der Koran untersagt jede Gewaltausübung und jeden Zwang in Angelegenheiten des Glaubens" (Paragraph 11).

35 Freilich hat auch die biblische Fassung der Opfererzählung ihre Mehrdeutigkeiten. Das hat bereits die älteste rabbinische Auslegung (hebr. *Midrasch*) zur Bindung Isaaks, die noch auf vorislamische Zeit zurückgeht, erkannt. Sie vermutet in Genesis 22,2 („Nimm deinen Sohn, deinen einzigen, den du liebst, Isaak...") ein verborgenes Zwiegespräch zwischen Gott und Abraham und ergänzt die jeweiligen Worte Abrahams an Gott. „ER [Gott] sprach zu ihm: NIMM DOCH, bitte, DEINEN SOHN. Sprach er [Abraham] zu ihm: Welchen Sohn? – Sprach ER zu ihm: DEINEN EINZIGEN. Sprach er zu ihm: Dieser [Ismael] ist einzig für seine Mutter [Hagar] und dieser [Isaak] ist einzig für seine Mutter [Sara]. – Sprach ER zu ihm: DEN DU LIEB HAST. Sprach er zu ihm: Gibt es denn Grenzen in meinem Inneren? – Sprach ER zu ihm: DEN ISAAK" (Bereschit Rabba 55,7a, zit. nach: M. Krupp, Den Sohn opfern? Die Isaak-Überlieferung bei Juden, Christen und Muslimen, Gütersloh 1995, 30).

36 Diese Auffassung wurde bereits vertreten von den beiden Prophetengefährten und Kalifen Umar (gest. 644) und Ali

(gest. 660), später von vielen Korankommentatoren wie z.B. Tabari (gest. 923) und auch von Mystikern, z.B. von Ibn al-Arabi (gest. 1240), und von Philosophen, etwa von Ibn Khaldun (gest. 1406). Zahlreiche Exegeten wie etwa al-Zamakhshari (gest. 1144) oder al-Razi (gest. 1209) referierten lediglich unterschiedliche Standpunkte, ohne sich selber eindeutig für eine bestimmte Auslegung zu entscheiden. Andere Ausleger wie etwa Ibn Taymiyya (gest. 1328) oder Ibn Kathir (gest. 1373) votierten für Ismael, doch war dies keineswegs die Mehrheitsauffassung, wie das heute der Fall ist. Vgl. Lutz Richter-Bernburg, Göttliche gegen menschliche Gerechtigkeit. Abrahams Opferwilligkeit in der islamischen Tradition, in: B. Greiner u.a. (Hg.), Opfere deinen Sohn! Das „Isaak-Opfer" in Judentum, Christentum und Islam, Tübingen 2007, 243–256; Fred Leemhuis, Ibrahim's sacrifice of his son in the early post-Koranic tradition, in: E. Noort/E. Tigchelaar (Ed.), The Sacrifice of Isaac. The Aqedah (Genesis 22) and its interpretations, Leiden-Köln 2002, 125–139. Einen Eindruck von der lebhaften Isaak-Ismael-Kontroverse bieten neben den Kommentaren auch die Prophetenlegenden. Vgl. Islamische Erzählungen von Propheten und Gottesmännern (ath-Thalabi). Übersetzt und kommentiert von Heribert Busse, Wiesbaden 2006, 122–126.

37 Vgl. Sure 51,28; 15,53–55; 11,71; 11,74; 29,31 mit dieser Stelle Sure 37,101.

38 Abraham – Stammvater dreier Religionen?, unveröffentlichtes Manuskript, 12.

39 Immanuel Kant, Der Streit der Fakultäten (1798), zit. nach: Werke in sechs Bänden, hg. von W. Weischedel, Bd. VI, Darmstadt 1983, 263–393, beide Zitate 333.

40 Hinweise auf Menschenopfer in Israels Umgebung finden sich etwa in 2. Könige 3,27; Jeremia 19,5. Die Opferung von Jiftachs Tochter durch ihren Vater ist die bekannteste Geschichte von einem vollzogenen Menschenopfer in Israel selbst (Richter 11,29–40). Sie bildet eine Analogie zu der ebenso berühmten Geschichte von der Opferung Iphigenies ebenfalls durch den Vater (Agamemnon), wie sie zuerst

Homer in seiner Ilias überliefert hat. Zum späteren Verbot von Menschenopfern in der Hebräischen Bibel vgl. Levitikus (= 3. Mose) 20,2–5; Deuteronomium (= 5. Mose) 12,31.

41 Klaus Teschner, ... und du wirst ein Segen sein. Auf Saras und Abrahams Spuren, Neukirchen-Vluyn 1993, 30.

42 „So schrecklich, so unmenschlich es ist, es ist doch das Wort des ihm vertrauten Gottes; der Gott, mit dem Abraham zusammengehört, muß in diesem Wort sein" (Claus Westermann, Genesis 12–36, Neukirchen-Vluyn 1979, 436).

43 Kap. 17,16, zit. nach: Das Buch der Jubiläen, hg. von K. Berger, Gütersloh 1981, 417f. Vergleichbare Interpretationen und relectures hat es im Laufe der jüdischen Auslegungsgeschichte immer wieder gegeben, doch blieben sie eine Minderheitenposition. Für das zeitgenössische Judentum verweise ich exemplarisch auf die Ausführungen des Rabbiners Benno Jacob (gest. 1945) in seinem berühmten Genesis-Kommentar. Jacob zufolge ist es eben nicht JHWH, der Abraham prüfte, also „Gott selbst in letzter Instanz, sondern einer seiner himmlischen Diener, ein übereifriger, vollkommene menschliche Gottergebenheit bezweifelnder Untergebener, den sein Herr, der der Sache gewiß ist, gewähren läßt" (Das Buch Genesis, Berlin 1934, Nachdruck Stuttgart 2000, 492). Mit anderen Worten: der Versucher, der Abraham auf die Probe stellte, sei ein Elohim-Wesen bzw. der Satan gewesen. Jacob verweist einerseits auf das Ende der Erzählung, wo in V. 11f dieses himmlische Wesen, das Abraham erneut anruft, ausdrücklich als ein „Engel Jahwes" bezeichnet werde. Andererseits verweist Jacob auf die Parallele mit Hiob, wo gleichfalls ein himmlischer Untertan Jahwes in die Rolle des Versuchers (vgl. 1 Könige 22,21ff) geschlüpft sei.

44 Ich verweise auf das bekannte Diktum von Ibn Abbas (gest. 688): „Träume der Propheten sind Offenbarungen", zit. nach: Stories Of The Prophets [by] Ibn Kathīr, Riyadh 2003, 164f.

45 Claus Westermann, Genesis 12–36 (Biblischer Kommentar – Altes Testament, Bd. 1/2), Neukirchen-Vluyn 1979, 443.

46 Benno Jacob, Das Buch Genesis, Berlin 1934, Nachdruck Stuttgart 2000, 497. Jacob weist an derselben Stelle darauf

hin: „Diese Frage und Antwort sind in der ganzen Geschichte Abrahams und Isaaks [sc. im Buch Genesis] das Einzige, was wir sie miteinander sprechen hören."

47 Bereits in manchen rabbinischen Auslegungen (hebr. *Midraschim*) wird Isaak zuvor von Abraham informiert. Auch der Jerusalemer Priester und Historiker Flavius Josephus hat in seinem Alterswerk *Antiquitates Judaicae* (Jüdische Altertümer, ca. 93/94 n.Chr., Buch 1, Kap. 13) in seiner *relecture* (Neu-Erzählung) dieser Geschichte einen Dialog zwischen Abraham und Isaak eingefügt. Nachdem er den Altar errichtet hat, sagt Abraham: „O Sohn, mit tausend Bitten habe ich deine Geburt von Gott erfleht und dich mit grösster Sorgfalt erzogen, seit du in dieses Leben eingetreten hist, und ich kannte kein grösseres Glück, als dich in deiner Manneskraft zu erblicken und dich bei meinem Tode als Erben meiner Herrschaft zu hinterlassen. Aber weil ich durch Gottes Willen dein Vater geworden bin, und er jetzt von mir fordert, deiner zu entsagen, so ertrage starkmütig deine eigene Opferung. Denn ich trete dich an Gott ab, da er dies zu seiner Ehre verlangt und stets mein gnädiger Helfer und Beschützer gewesen ist. Wie du nicht dem gewöhnlichen Lauf der Dinge gemäss geboren wurdest, so sollst du auch aus dem Leben scheiden auf besondere Weise, nämlich von deinem eigenen Vater Gott, dem Erzeuger aller Dinge, zum Opfer gebracht werden. Hat er dich doch für wert gehalten, dass du nicht durch Krankheit, Krieg oder ein anderes Unglück, wie es den Menschen zuzustossen pflegt, aus diesem Leben scheidest, sondern dass er deine Seele unter Gebet und feierlichem Opfer aufnehme und bei sich unterbringe. Du wirst deshalb doch der Pfleger und Hüter meines Alters scin, wozu ich dich vornehmlich erzog, indem du durch dein Verdienst Gott an deine Stelle setzest." Darauf erklärt sich Isaak sofort zu diesem Selbstopfer bereit (Des Flavius Josephus Jüdische Altertümer, Wiesbaden 11. Auflage 1993, 51).

48 Hamideh Mohagheghi, Opfer im Islam? Abraham und sein Sohn, in: U. Dehn (Hg.), Wo aber ist das Opferlamm? Opfer

und Opferkritik in den drei abrahamitischen Religionen, Berlin 2003, 50–55, Zitat 54.

49 Zit. nach: Der Koran Arabisch – Deutsch. Übersetzt und kommentiert von Adel Th. Khoury, Gütersloh 2004, 566, Anm. zu Sure 37,102.

50 The Holy Qur'an. Text, Translation and Commentary by Abdullah Yusuf Ali, Beirut 1968, 1205, Anm. 4100. Schon Josephus' Nacherzählung zufolge erklärt Isaak seinem Vater, er „wäre nicht wert geboren zu sein, wenn er nicht dem folgen würde, was Gott und sein Vater über ihn beschlossen hätten, da es doch schon unrecht sei, den Gehorsam zu versagen, wenn sein Vater allein befehlen würde. Darauf trat er zum Altare hin, um sich schlachten zu lassen" (Des Flavius Josephus Jüdische Altertümer, Wiesbaden 11. Auflage 1993, 51).

51 Shaykh Muhammad al-Ghazali, A Thematic Commentary on the Qur'an, Kuala Lumpur 2001, 492.

52 Furcht und Zittern, in: Werkausgabe, hg. von E. Hirsch und H. Gerdes, Bd. 1, Düsseldorf/Köln 1971, 28f. Auf den vierten Hauptunterschied zwischen biblischer und koranischer Fassung – die unterschiedliche Opferart – komme ich ganz am Ende dieses Kapitels zu sprechen.

53 Vgl. zum Folgenden Michael Krupp, Den Sohn opfern? Die Isaak-Überlieferung bei Juden, Christen und Muslimen, Gütersloh 1995, 55–60.

54 Islamische Erzählungen von Propheten und Gottesmännern (ath-Thalabi). Übersetzt und kommentiert von Heribert Busse, Wiesbaden 2006, 106.

55 Zit. nach: Stefan Schreiner, Die „Bindung Isaaks" in islamischem Gewande, in: Judaica. Beiträge zum Verstehen des Judentums 59, 2003, 49–55, Zitat 54. Wohlgemerkt: beide zuletzt zitierten islamischen Auslegungen bzw. Nacherzählungen sprechen selbstverständlich von Sara und von Isaak, nicht von Hagar und Ismael!

56 Zit. nach: Islamische Erzählungen von Propheten und Gottesmännern (ath-Thalabi). Übersetzt und kommentiert von Heribert Busse, Wiesbaden 2006, 127f. Auch hier weise ich

darauf hin, daß diese alte Erzählung, wie der Koran, keine Festlegungen hinsichtlich der exakten Identität von Mutter und Sohn vornimmt. Auf die Bedeutung dieser Überlieferung für das Ritual der Steinigung Satans bei der Pilgerfahrt in Mekka werde ich im zehnten Kapitel eingehen.

57 Ich habe die Vorlage leicht bearbeitet und zitiere sie nach: M. Krupp, Den Sohn opfern? Die Isaak-Überlieferung bei Juden, Christen und Muslimen, Gütersloh 1995, 79f.

58 Zit. nach: Islamische Erzählungen von Propheten und Gottesmännern (ath-Thalabi). Übersetzt und kommentiert von Heribert Busse, Wiesbaden 2006, 127.

59 Ich verweise auf das Cover eines populären türkisch-arabischen Abraham-Filmes *Sayedna Ibrahim*, von dem Matthias Radscheit berichtet: Weibliche Engel. Ein Videocover, in: B. Greiner u.a. (Hg.), Opfere deinen Sohn! Das „Isaak-Opfer" in Judentum, Christentum und Islam, Tübingen 2007, 302–304. Ein weiteres Beispiel ist eine Hinterglasmalerei aus dem 20. Jahrhundert (Privatbesitz), die im Internet zu sehen ist (Aufruf Sept. 2007): www.dbg.de/article.php?article=484#9_Abraham_in_der_Ikonographie. Auch die beiden berühmten Darstellungen dieser Szene von Rembrandt 1635 (Eremitage, St. Petersburg) und 1636 (Alte Pinakothek, München), die zu den wichtigsten im Raum der christlichen Ikonographie zu diesem Motiv zählen, verleihen dem Engel deutlich weibliche Züge.

60 Bekanntlich hat sich das kultische Opferdenken dann in der christlichen Rezeptionsgeschichte fortgesetzt, wo die sog. „Opferung Isaaks" als Vorausbild für die Opferung des Sohnes Gottes am Kreuz zur Vergebung der Sünden verstanden wurde und später als nichtdemokratische Kulthandlung in der Eucharistiefeier, die allein durch geweihte Priester als Opfer dargebracht wird, in der römisch-katholischen Kirche institutionalisiert wurde.

61 Saison in Mekka. Geschichte einer Pilgerfahrt, München 2007, 230–233. Berichte über die entsetzlichen Zustände bei den Massenopferungen im Tal von Mina gibt es mindestens bereits seit dem 19. Jahrhundert. Vgl. z.B. Richard Francis

Burton, Persönlicher Bericht einer Pilgerreise nach Mekka und Medina 1853, Neuausgabe Lenningen 2005, 293 und 298.

62 Vgl. auch Psalm 51,18f; Hosea 6,6; 8,13; 1. Samuel 15,22.

63 The Holy Qur'an. Text, Translation and Commentary by Abdullah Yusuf Ali, Beirut 1968, 105, Anm. 305.

64 Die Passage „nimm vier Vögel und zähme sie zu dir hin! Verteile die Stücke auf verschiedene voneinander entfernte Berge“ habe ich der Genauigkeit wegen selber übersetzt.

65 Ich zitiere aus dieser Geschichte auszugsweise: „Da sagte Abram: Herr, mein Herr, woran soll ich erkennen, daß ich es [das verheißene Land] zu Eigen bekomme? Der Herr antwortete ihm: Hol mir ein dreijähriges Rind, eine dreijährige Ziege, einen dreijährigen Widder, eine Turteltaube und eine Haustaube! Abram brachte ihm alle diese Tiere, zerteilte sie und legte je eine Hälfte der andern gegenüber; die Vögel aber zerteilte er nicht. Da stießen Raubvögel auf die Fleischstücke herab, doch Abram verscheuchte sie. Bei Sonnenuntergang fiel auf Abram ein tiefer Schlaf; große, unheimliche Angst überfiel ihn. (...) Die Sonne war untergegangen und es war dunkel geworden. Auf einmal waren ein rauchender Ofen und eine lodernde Fackel da; sie fuhren zwischen jenen Fleischstücken hindurch. An diesem Tag schloß der Herr mit Abram folgenden Bund: Deinen Nachkommen gebe ich dieses Land vom Grenzbach Ägyptens bis zum großen Strom Eufrat (...)“.

66 Vgl. zu den Einzelheiten M. Bauschke, Jesus im Koran, Köln u.a. 2001 (= Neuausgabe Erftstadt 2007), 58–61.

67 Jakob kommt im Koran insgesamt in zehn Suren vor. Es sind dies in chronologischer Reihenfolge ihrer Entstehung bzw. Offenbarung: Sure 19,6.49; 38,45; 21,72; 11,71; 12,6.38.68.83; 29,27; 6,84; 2,132ff; 3,84; 4,163.

68 Meine exegetischen Beobachtungen und historischen Einschätzungen finde ich bestätigt bei Rudi Paret, Art. Ismāᶜīl, in: The Encyclopaedia of Islam. New Edition, Vol. IV, Leiden/London 1990, 184–185.

69 Daß die Muslime ursprünglich ausschließlich in Richtung Jerusalem beteten, wird allgemein behauptet, ist aber keineswegs erwiesen. Im Koran wird Jerusalem als Gebetsrichtung nicht explizit erwähnt. Vielmehr scheint man davon ausgehen zu müssen, daß die Gebetsrichtung bis ca. 624 überhaupt nicht festgelegt war, mithin (das irdische oder das himmlische?) Jerusalem nur eine von mehreren Möglichkeiten für die Gebetsrichtung war. Das läßt sich auch aus folgenden Versen schließen: „Gottes ist der Osten und der Westen. Wo immer ihr euch hinwendet, ist Gott gegenwärtig" (Sure 2,115 = 2,142) und: „Wir sehen, wie du dein Antlitz zum Himmel wendest. Nun wenden Wir dich zu einer Gebetsrichtung, die dir gefällt" (Sure 2,144).

70 W. Montgomery Watt, in: Ders./A.T. Welch (Hg.), Der Islam, Bd. I (Mohammed und die Frühzeit – Islamisches Recht – Religiöses Leben), Stuttgart u.a. 1980, 113. Zum durchaus tragisch zu nennenden Konflikt mit den jüdischen Stämmen von Yathrib vgl. ausführlich: Johan Bouman, Der Koran und die Juden. Die Geschichte einer Tragödie, Darmstadt 1990.

71 Hingegen blieb das Verhältnis zu den Christen bis zum Tod Muhammads positiver. Da dies jedoch für das Abrahambild des Korans, um das es hier geht, bedeutungslos ist, gehe ich nicht weiter darauf ein.

72 So urteilt Reinhard G. Kratz in: „Öffne seinen Mund und seine Ohren". Wie Abraham Hebräisch lernte, in: Ders./T. Nagel (Hg.), „Abraham, unser Vater". Die gemeinsamen Wurzeln von Judentum, Christentum und Islam, Göttingen 2003, 53–66, Zitat 58.

73 Nicht erst von den außerbiblischen Tradenten, sondern bereits vom Buch der Genesis kann man sagen: „Diese der Gattung der Sage angehörenden Berichte über die Patriarchen kamen nicht nur einem ätiologischen Bedürfnis entgegen (...), sondern auch dem Interesse, die Erinnerung an die Ahnen zu bewahren, als deren Erben man sich verstand. Die Patriarchenerzählung stellt ein sorgfältig tradiertes Gedenkbuch dar, in dem jedes Mitglied des Clans seine eigene Identität wiederfinden kann (...). Es wurde treu überliefert, auch

wenn in jeder Epoche die ganz natürliche Neigung bestand, die vergangenen Ereignisse im Lichte der Gegenwart zu überdenken und das zu betonen, was die Gegenwart direkt betraf. Das Überdenken der Tradition führte so zu ihrer Aktualisierung", wie Robert Martin-Achard mit Recht feststellt (Art. Abraham I: Im Alten Testament, in: Theologische Realenzyklopädie Bd. 1, 1977, 364–372, Zitat 367). Genau das trifft auch auf den koranischen Abraham zu, insbesondere mit Blick auf diese Kultlegende in Mekka.

74 Muhammad Asad, Der Weg nach Mekka (1955), Hamburg/Zürich 1992, 426.

75 Anders als die jüdisch-christliche Wirkungsgeschichte mit ihren rivalisierenden Überlegenheitsansprüchen erkennen läßt, sind die Genesis-Texte selber viel gleichgewichtiger und paralleler gestaltet, auch wenn die Erwählung, mithin Bevorzugung Isaaks nicht zu leugnen ist. Doch kann von einem echten Bruderkonflikt zwischen Isaak und Ismael – wie der zwischen Kain und Abel oder zwischen Jakob und Esau – in der Hebräischen Bibel nicht die Rede sein. Vgl. dazu neuerdings bes. Thomas Naumann, Ismael – Abrahams verlorener Sohn, in: R. Weth (Hg.), Bekenntnis zu dem einen Gott?, Neukirchen/Vluyn 2000, 70–89.

76 Ich erinnere an die politische Unabhängigkeitsbewegung der jüdischen Makkabäer im 2. Jahrhundert v.Chr., die zur Tempelreinigung und zur erneuten Weihe (hebr. *chanukka*) des Tempels im Jahre 164 führte (vgl. 1. Makkabäer 4,36ff) oder an die Erzählung von der symbolischen „Reinigung" des Tempels (Austreibung der Händler) 200 Jahre später durch Jesus (z.B. Markus 11,15–19).

77 „Und ich habe die Dschinn [= Geister] und die Menschen nur dazu erschaffen, damit sie Mich anbeten" (Sure 51,56; vgl. auch Sure 1,2; 7,194; 13,15f; 21,26).

78 Ich habe die Al-Azhar-Übersetzung an dieser Stelle leicht modifiziert. Im Original heißt es dort am Schluß: „(...) und euch *den Islam* als eure Religion vermittelt." Ich folge mit der Modifikation „(...) und euch *die Gotteshingabe* als eure Religion vermittelt" der englischen Übersetzung von Muhammad

Asad: „and willed that self-surrender unto Me shall be your religion". Asad erläutert dazu: „Die Selbsthingabe des Menschen (*islam*) an Gott wird gefordert als Fundament oder als das Fundamentalgebot aller wahren Religion (*din*)" (The Message of THE QUR'ÂN, translated and explained by Muhammad Asad, Gibraltar 1993, 141, Anm. 10).

79 Da die hier zugrunde gelegte Al-Azhar Übersetzung den Ausdruck *millat Ibrahim* uneinheitlich mal mit „Glaube", mal mit „Weg", mal mit „Religion Abrahams" wiedergibt, habe ich die deutsche Wiedergabe zugunsten der letzten Übersetzungsmöglichkeit vereinheitlicht, um deutlich zu machen, daß der Koran an allen sechs Stellen denselben Ausdruck verwendet.

80 W. Montgomery Watt, in: Ders./A.T. Welch (Hg.), Der Islam, Bd. I (Mohammed und die Frühzeit – Islamisches Recht – Religiöses Leben), Stuttgart u. a. 1980, 123. Vgl. zur Herkunft und zur Bedeutung von *hanif* auch die sprachgeschichtlichen Erläuterungen von Christoph Luxenberg, Die syro-aramäische Lesart des Koran, Berlin 2000, 39–45.

81 Vgl. im Neuen Testament etwa Römer 9,6–8: „Denn nicht alle, die aus Israel stammen, sind Israel; auch sind nicht alle, weil sie Nachkommen Abrahams sind, deshalb schon seine Kinder, sondern es heißt: Nur die Nachkommen Isaaks werden deine Nachkommen heißen. Das bedeutet: Nicht die Kinder des Fleisches sind Kinder Gottes, sondern die Kinder der Verheißung werden als Nachkommen anerkannt". Oder Galater 3,6–10: „Von Abraham wird gesagt: Er glaubte Gott, und das wurde ihm als Gerechtigkeit angerechnet. Daran erkennt ihr, daß nur die, die glauben, Abrahams Söhne sind. Und da die Schrift vorhersah, daß Gott die Heiden aufgrund des Glaubens gerecht macht, hat sie dem Abraham im Voraus verkündet: Durch dich sollen alle Völker Segen erlangen. Also gehören alle, die glauben, zu dem glaubenden Abraham und werden wie er gesegnet. Alle aber, die nach dem Gesetz leben, stehen unter dem Fluch."

82 Zit. nach der Koranübersetzung von Rudi Paret. Die Klammern entsprechen dem Original.

83 Vgl. Jakobus 2,21–23: „Wurde unser Vater Abraham nicht aufgrund seiner Werke als gerecht anerkannt? Denn er hat seinen Sohn Isaak als Opfer auf den Altar gelegt. Du siehst, daß bei ihm der Glaube und die Werke zusammenwirkten und daß erst durch die Werke der Glaube vollendet wurde. So hat sich das Wort der Schrift erfüllt: Abraham glaubte Gott, und das wurde ihm als Gerechtigkeit angerechnet, und er wurde Freund Gottes genannt." Auch sonst sind im Koran – gerade auch in den Äußerungen über Jesus – häufig judenchristliche Standpunkte anzutreffen.

84 Zit. nach: Der Koran in der Übersetzung von Friedrich Rückert, hg. von Hartmut Bobzin, Würzburg 1995. Die entsprechende Passage aus der Ringparabel von Gotthold Ephraim Lessing lautet: „So glaube jeder sicher seinen Ring / Den echten. – Möglich; daß der Vater nun / Die Tyrannei des einen Rings nicht länger / In seinem Hause dulden wollen! – Und gewiß; / Daß er euch alle drei geliebt, und gleich / Geliebt: indem er zwei nicht drücken mögen, / Um einen zu begünstigen. – Wohlan! / Es eifre jeder seiner unbestochnen / Von Vorurteilen freien Liebe nach! / Es strebe von euch jeder um die Wette, / Die Kraft des Steins in seinem Ring' an Tag / zu legen! (...) Und wenn sich dann der Steine Kräfte / Bei euren Kindes-Kindeskindern äußern: / So lad' ich über tausend tausend Jahre, / Sie wiederum vor diesen Stuhl. Da wird / Ein weisrer Mann auf diesem Stuhle sitzen, / Als ich; und sprechen" (Nathan der Weise, 1779, 3. Aufzug, 7. Auftritt).

85 Vgl. zu den folgenden Zitaten im Haupttext: Islamische Erzählungen von Propheten und Gottesmännern (ath-Thalabi). Übersetzt und kommentiert von Heribert Busse, Wiesbaden 2006, 131–134.

86 Zur Abraham-Rezeption der islamischen Tradition vgl. ath-Thalabi, Islamische Erzählungen von Propheten und Gottesmännern. Übersetzt und kommentiert von Heribert Busse, Wiesbaden 2006, 98–142; Ibn Kathīr, Stories Of The Prophets, Riyadh 2003, 130–195. Einen Überblick zu den islamischen Legenden rund um Abraham, Ismael und Hagar

bietet Reuven Firestone, Journeys in Holy Lands: The Evolution of the Abraham-Ishmael Legends in Islamic Exegesis, New York 1990.

87 Zit. nach: Islamische Erzählungen von Propheten und Gottesmännern (ath-Thalabi). Übersetzt und kommentiert von Heribert Busse, Wiesbaden 2006, 98 und 99.

88 Einzelheiten vgl. z.B. in: Islamische Erzählungen von Propheten und Gottesmännern (ath-Thalabi). Übersetzt und kommentiert von Heribert Busse, Wiesbaden 2006, 98–101.

89 Traktat Pesachim 118a, zit. nach: Der Babylonische Talmud. Übersetzt von Lazarus Goldschmidt, Bd. II, Neuausgabe (Nachdruck) Frankfurt/M. 1996, 673.

90 Zit. nach: Islamische Erzählungen von Propheten und Gottesmännern (ath-Thalabi). Übersetzt und kommentiert von Heribert Busse, Wiesbaden 2006, 105f. Dieser Teil der islamischen Legende von Abrahams Aufenthalt im Feuer erinnert sehr an das dritte Kapitel im biblischen Buch Daniel (2. Jahrhundert v. Chr.), wie bereits der Talmud an der gerade zitierten Stelle vermerkt. Auch im Danielbuch wird geschildert, wie Daniels drei Freunde, die sich geweigert hatten, König Nebukadnezar göttliche Verehrung zuteil werden zu lassen, in den Feuerofen geworfen wurden. Dann heißt es weiter im Text (Daniel 3,49f): „Aber der Engel des Herrn war zusammen mit Asarja und seinen Gefährten in den Ofen hinabgestiegen. Er trieb die Flammen des Feuers aus dem Ofen hinaus und machte das Innere des Ofens so, als wehte ein taufrischer Wind. Das Feuer berührte sie gar nicht; es tat ihnen nichts zuleide und belästigte sie nicht." Und wie Abraham rehabilitiert wird und Nimrod am Ende bekennen muß: „Welch vortrefflicher Herr ist dein Herr, Abraham!", so reagiert auch König Nebukadnezar und sagt (Daniel 3,97): „es gibt keinen anderen Gott, der auf diese Weise retten kann."

91 Vgl. zu dieser Legende Beyza Bilgin, Beyza Teyzeden Hikāyeler [Tante Beyzas Geschichten] 1, Ankara 2001, 46–50: Ibrāhīm Peygamber ve Urfa ilimīz [Der Prophet Abraham und die Stadt Urfa]. Nach einer anderen Überlieferung

wurden die Feuerflammen um Abraham in rote Nelkenblüten verwandelt. Für diese Hinweise danke ich Canan Kalac.

92 2000 fand in Urfa die erste Harran-Konferenz statt zum Thema „Abraham. Ein Symbol der Hoffnung und ein Band der Einheit im Dialog für Juden, Christen und Muslime" (vgl. M. Bauschke, Internationale Recherche von Institutionen zum trilateralen Dialog von Juden, Christen und Muslimen, Berlin 2001, 126–128). Eine weitere Harran-Konferenz in der Nähe von Urfa fand 2004 statt und war dem Thema „Religionen und Frieden im Licht des gemeinsamen Vaters Abraham" gewidmet. Vgl. den Bericht von Pater Christian Troll SJ im Internet: www.sankt-georgen.de/leseraum/#troll.

93 Zit. nach: Jonathan Magonet, Die subversive Kraft der Bibel, Gütersloh 1998, 54f. Der Text des Gedichts findet sich z.B. auch in: K.-J. Kuschel, Streit um Abraham. Was Juden, Christen und Muslime trennt – und was sie eint, München 1994, 289f; L. Thalmayer, Abraham und das Vermächtnis seiner Frauen. Eine Vision für Frieden zwischen Juden und Arabern im Sinne der Abrahamischen Ökumene, Oberursel 2001, 221.

94 Zit. nach: Islamische Erzählungen von Propheten und Gottesmännern (ath-Thalabi). Übersetzt und kommentiert von Heribert Busse, Wiesbaden 2006, 131. Bereits in dem sog. „Testament Abrahams", einer jüdischen Schrift vom Anfang des 2. Jahrhunderts n.Chr., die dann in den folgenden Jahrhunderten mehrfach christlich überarbeitet wurde, werden in dramatischer und zugleich humorvoller Weise die Umstände um Abrahams Tod entfaltet. Auch hier ist Abraham am Ende mit dem Todesengel konfrontiert (vgl. Enno Jansen, Testament Abrahams, Gütersloh 1975, 193–256).

95 Islamische Erzählungen von Propheten und Gottesmännern (ath-Thalabi), Wiesbaden 2006, 109–112 (unter Weglassung diakritischer Zeichen und mit z.T. vereinfachter Umschrift).

96 Vgl. Galater 4,21–31: „Ihr, die ihr euch dem Gesetz unterstellen wollt, habt ihr denn nicht gehört, was im Gesetz steht? In der Schrift wird gesagt, daß Abraham zwei Söhne

hatte, einen von der Sklavin, den andern von der Freien. Der Sohn der Sklavin wurde auf natürliche Weise gezeugt, der Sohn der Freien aufgrund der Verheißung. Darin liegt ein tieferer Sinn: Diese Frauen bedeuten die beiden Testamente. Das eine Testament stammt vom Berg Sinai und bringt Sklaven zur Welt; das ist Hagar – denn Hagar ist Bezeichnung für den Berg Sinai in Arabien – und ihr entspricht das gegenwärtige Jerusalem, das mit seinen Kindern in der Knechtschaft lebt. Das himmlische Jerusalem aber ist frei, und dieses Jerusalem ist unsere Mutter. Denn es steht in der Schrift: ‚Freu dich, du Unfruchtbare, die nie geboren hat, brich in Jubel aus und jauchze, die du nie in Wehen lagst! Denn viele Kinder hat die Einsame, mehr als die Vermählte.' Ihr aber, Brüder, seid Kinder der Verheißung wie Isaak. Doch wie damals der Sohn, der auf natürliche Weise gezeugt war, den verfolgte, der kraft des Geistes gezeugt war, so geschieht es auch jetzt. In der Schrift aber heißt es: ‚Verstoß die Sklavin und ihren Sohn! Denn nicht der Sohn der Sklavin soll Erbe sein, sondern der Sohn der Freien.' Daraus folgt also, meine Brüder, daß wir nicht Kinder der Sklavin sind, sondern Kinder der Freien."

97 Um gerade auch als Nichtmuslim einen Eindruck davon zu bekommen, sind Erlebnisschilderungen von Mekkapilgern den gelehrten Abhandlungen über die Pilgerfahrt allemal vorzuziehen. Ich verweise exemplarisch auf den schon erwähnten Bericht von Abdellah Hammoudi, Saison in Mekka. Geschichte einer Pilgerfahrt, München 2007.

98 Zit. nach der Übersetzung von Adel Th. Khoury. Anstelle von „Da rief er ihr von unten her zu" (V. 24) übersetze ich: „Da rief er ihr sogleich nach ihrer Niederkunft zu". Wer der Sprecher ist, wird im Koran nicht gesagt. Die Ausleger schwanken. Die einen meinen, es sei der Jesusknabe, die anderen sagen, es sei Gabriel oder ein anderer Engel. Vgl. zur Übersetzung und Auslegung M. Bauschke, Jesus im Koran, Köln u. a. 2001 (= Erftstadt 2007), 21–24.

99 Saison in Mekka. Geschichte einer Pilgerfahrt, München 2007, 243f.

100 Ulrike Bechmann, Zurück zu Abraham. Chancen und Risiken der Berufung auf Abraham in den „abrahamitischen Religionen", in: Blätter Abrahams. Beiträge zum interreligiösen Dialog, Heft 4/2005, 7–25, Zitat 17.

101 Seyyed Hossein Nasr, in: Ali Kazuyoshi Nomachi, Mekka, München 1997, 30.

102 Zit. nach: Islamische Erzählungen von Propheten und Gottesmännern (ath-Thalabi). Übersetzt und kommentiert von Heribert Busse, Wiesbaden 2006, 112.

103 Buch 55, Nr. 1407, zit. nach: Summarized Sahih Al-Bukhāri Arabic – English, Riyadh 1417H (1996), 662f. Die runden Klammern im Text entsprechen dem Original. Diese Überlieferung wird auch zitiert von Ibn Kathīr, Stories Of The Prophets, Riyadh 2003, 135f.

104 Vgl. im Neuen Testament das Gleichnis vom sog. „Reichen Mann und armen Lazarus" (Lukas 16,19–31). Es ist denkbar, daß bei der Entstehung der islamischen Überlieferung von der Verdammung Azars dieses Gleichnis Jesu Pate gestanden hat, was jedoch hier nicht weiter untersucht werden kann.

105 Oben in Kap. 10 hatten wir gehört, Abraham sei zu Hagar und Ismael nach Mekka gereist. Dabei heißt es im Text: „Es wird gesagt, Abraham sei auf dem Hengst Burāq nach dort geritten" (Islamische Erzählungen von Propheten und Gottesmännern (ath-Thalabi). Übersetzt und kommentiert von Heribert Busse, Wiesbaden 2006, 111). Dasselbe Reittier erwähnt bereits Ibn Ishaq in seiner Biographie Muhammads (Das Leben des Propheten, Kandern 1999, 81).

106 Ibn Ishāq, Das Leben des Propheten, Kandern 1999, 80–89 (Kap. 27+28). Das folgende Zitat im Haupttext findet sich ebd. 87f.

107 Buch 55, Nr. 1410, zit. nach: Summarized Sahih Al-Bukhāri Arabic – English, Riyadh 1417H (1996), 664.

108 Eric-Emmanuel Schmitt, Monsieur Ibrahim und die Blumen des Koran, Frankfurt/M. 2004, 58f.

109 Zit. nach: Islamische Erzählungen von Propheten und Gottesmännern (ath-Thalabi). Übersetzt und kommentiert von Heribert Busse, Wiesbaden 2006, 132. Dieses Wort findet

sich auch bereits bei Bukhari und anderen Hadith-Sammlern. Genesis 17,24 zufolge war Abraham bei seiner Beschneidung 99 Jahre alt.

110 Einen guten Überblick über die Geschichte der islamischen Beschneidungspraxis gibt Malek Chebel, Histoire de la circoncision, Paris 2005. Eine empirische Untersuchung bietet Kaja S. Haeger, Die Beschneidung als Initiationsritus und ihre Bedeutung für die Herausbildung männlicher Geschlechtsidentität. Marokkanische Jungen in der Pubertät, Stuttgart 2005.

111 Vgl. Helgard Jamal, Abraham. Mit Kindern Gott entdecken – Mit Natur gestalten – Mit Figuren erzählen, Hamburg-Schenefeld 2006.

112 Aus: *Salam Kinder*! Zeitschrift für Junge Muslime, 15. Jahrgang, Nr. 88, Juli/August 1998, 8f. „Salam Kinder" ist eine deutschsprachige Kinder- und Jugendzeitschrift des Islamischen Zentrums Hamburg, die seit 1983 als Beilage der Zeitschrift *Al-Fadschr* – „Die Morgenröte" (Überschrift der Sure 89) – erscheint. Ich danke an dieser Stelle Frau Zaynab Khamehi von der Redaktion von *Al-Fadschr* dafür, mir diesen Text zur Verfügung gestellt zu haben. Wer einen allgemeinen Überblick darüber haben möchte, was Muslime hierzulande ihren Kindern bei der religiösen Erziehung vermitteln, den verweise ich auf die Forschungsstelle für religionsvermittelnde Medien an der Theologischen Fakultät der Universität Jena (s. auch im Internet unter www.uni-jena.de/content_page_3352.html) sowie auf die Publikation von Silvia Kaweh, Integration oder Segregation: Religiöse Werte in muslimischen Printmedien, Nordhausen 2006.

113 Vgl. Summarized Sahih Al-Bukhāri Arabic – English, Riyadh 1417H (1996), Nr. 1413 und Nr. 1043.

114 Davon berichtet Stefan Jakob Wimmer, Abrahams Kochtopf und andere Schätze. Zur Reliquiensammlung des Topkapı Saray, Istanbul, in: Blätter Abrahams. Beiträge zum interreligiösen Dialog, Heft 4/2005, 69–78.

115 Zu den folgenden Ausführungen verweise ich auf meine bisherigen Veröffentlichungen zum Trialog, vor allem: Grund-

züge einer Theologie des Trialogs von Juden, Christen und Muslimen, in: „Was macht den Menschen ganz und heil?" Menschen als Gottesgeschöpfe in Judentum, Christentum und Islam, hg. von S. Fritsch-Oppermann/F.E. Anhelm, Rehburg-Loccum 2002, 261–278. Und: Der jüdisch-christlich-islamische Trialog. Wissenschaftliche Studie, München 2007. Kurz vor Abschluß meines Manuskripts ist zur Theologie des Trialogs von Karl-Josef Kuschel erschienen: Juden – Christen – Muslime: Herkunft und Zukunft, Düsseldorf 2007.

116 Ich verweise auf das interreligiöse feministische Sara-Hagar-Projekt der „Überparteilichen Fraueninitiative Berlin – Stadt der Frauen" 2002–2004. Nähere Informationen bietet das Internet unter: www.berlin-stadtderfrauen.de/sarah-hagar/.

117 Es bleibt darum zu undifferenziert, lediglich im äußeren Vergleich der Religionen festzustellen: „Die Juden haben ihren Abraham, die Christen haben ihren Abraham und die Muslime haben ihren Abraham bzw. Ibrahim" (K.-W. Tröger, Abraham und Ibrahim. Was bedeutet religiöse Identität?, in: Religionen im Gespräch, Bd. 6, Balve 2000, 249–259, Zitat 257).

118 Das gilt auch in Bezug auf andere gemeinsame Gestalten der Religionen wie Gott, Mose, Jesus oder Maria: die Vielfalt der Wahrnehmungen (Erkenntnis-, Verstehensebene) konstituiert keine verschiedenen Wesen (Seinsebene). Man sollte nicht durch seine Wortwahl suggerieren, in den drei Religionen sei beispielsweise von verschiedenen Göttern oder von verschiedenen Vätern Abraham die Rede. Catherina Wenzel hat hingegen gleich wiederholt geäußert, daß „sich der koranische Abraham in der medinischen Zeit gegenüber dem biblischen so verändert, dass es sinnvoll ist, dies dadurch kenntlich zu machen, dass wir ihn von jetzt an Ibrāhīm nennen" (Abraham – Ibrāhīm: Ähnlichkeit statt Verwandtschaft, in: Evangelische Theologie 62, 2002, 362–384, Zitat 376; Dies.: „Und als Ibrāhīm und Ismā'īl die Fundamente des Hauses (der *Ka'ba*) legten…" (Sure 2,127). Abrahamsrezeption und Legitimität im Koran, in: Zeitschrift für Religions-

und Geistesgeschichte 54, Nr. 3/Juli 2002, 206). Dem kann ich mit Verweis auf das eben Gesagte nur energisch widersprechen. Schon „den biblischen Abraham", wie Wenzel suggeriert, gibt es mitnichten!

119 „Öffne seinen Mund und seine Ohren". Wie Abraham Hebräisch lernte, in: Ders./T. Nagel (Hg.), „Abraham, unser Vater". Die gemeinsamen Wurzeln von Judentum, Christentum und Islam, Göttingen 2003, 64.

120 Chana Safrai, Abraham und Sara – Spender des Lebens, in: Evangelische Theologie 62, 2002, 348–361, Zitat 359.

121 Pirqe Avot, V,19, zit. nach: Die Mischna. Textkritische Ausgabe mit deutscher Übersetzung und Kommentar, hg. von M. Krupp, Bd. Avot – Väter, Jerusalem 2003, 38. Die Klammern im Text entsprechen dem Original.

122 Judentum, Christentum und Islam: Rede bei der Studientagung der Distrikts-Groß-Loge Kontinental-Europa XIX in Brüssel am 22. April 1956, zit. nach: Walter Homolka, Leo Baeck: Jüdisches Denken – Perspektiven für heute, Freiburg/Br. 2006, 141f.

123 Union progressiver Juden in Deutschland (Hg.), Liberales Judentum – 35 Grundsätze, Berlin o.J. (2003), 22 (35. Grundsatz). Hervorhebung im Zitat wie im Original. Vgl. auch Norman Solomon, Towards a Jewish Theology of Trilateral Dialogue, in: R. Boase (Ed.), Islam and Global Dialogue. Religious Pluralism and the Pursuit of Peace, Aldershot 2005, 203–214.

124 Wie wir den Krieg der Kulturen noch vermeiden können, Gütersloh 2007, 81. Hervorhebung im Zitat wie im Original. Folgende Zitate im Text: ebd. 9 und 97.

125 Vgl. Erik Aurelius, „Durch Glauben gehorsam – durch Werke gerecht". Streit um Abraham im Neuen Testament, in: R.G. Kratz/T. Nagel (Hg.), „Abraham, unser Vater". Die gemeinsamen Wurzeln von Judentum, Christentum und Islam, Göttingen 2003, 98–111.

126 Gemeinsames Zeugnis für Gott durch die abrahamitischen Religionen?, Arbeitshilfe Nr. 14, hg. von der Deutschen Evangelischen Allianz, Bad Blankenburg 2005, o.S. (5). Vgl.

auch das Info-Spezial Nr. 14: „Gibt es eine abrahamitische Urreligion? Zur Stellung Abrahams im Koran und in der Bibel“, hg. von der Bekenntnisbewegung „Kein anderes Evangelium“ (2001).

127 Vgl. Mark R. Cohen, Unter Kreuz und Halbmond. Die Juden im Mittelalter, München 2005.

128 Vgl. M. Bauschke, A Christian View of Islam, in: L. Ridgeon/P. Schmidt-Leukel (Ed.), Islam and Inter-Faith Relations. The Gerald Weisfeld Lectures 2006, London 2007, 137–155.

129 Die oft zitierten Texte seien hier anmerkungsweise wiedergegeben. In der Dogmatischen Konstitution über die Kirche (*Lumen Gentium*, dt. „Licht der Völker“ 1964) ist im Abschnitt 16 zu lesen: „Der Heilswille [Gottes] umfaßt aber auch die, welche den Schöpfer anerkennen, unter ihnen besonders die Muslim[e], die sich zum Festhalten am Glauben Abrahams bekennen und mit uns den einzigen Gott anbeten, den barmherzigen, der die Menschen am Jüngsten Tag richten wird.“ In *Nostra aetate*, der Erklärung über das Verhältnis der Kirche zu den nichtchristlichen Religionen (1965), steht im dritten Absatz mit Bezug auf Abraham: „Mit Wertschätzung betrachtet die Kirche auch die Muslime, die den einzigen Gott anbeten, den lebendigen und für sich seienden, barmherzigen und allmächtigen, den Schöpfer des Himmels und der Erde, der zu den Menschen gesprochen hat, dessen auch verborgenen Ratschlüssen mit ganzem Herzen sich zu unterwerfen sie bemüht sind, so wie Abraham sich Gott unterworfen hat, auf den sich der islamische Glaube gerne bezieht.“ Im Anschluß daran heißt es im vierten Absatz mit Bezug auf das Judentum: „Auch wenn die Autoritäten der Juden mit ihren Anhängern auf den Tod Jesu gedrungen haben, kann dennoch das, was bei seinem Leiden vollzogen worden ist, weder allen damals lebenden Juden ohne Unterschied noch den heutigen Juden zur Last gelegt werden. Ist die Kirche aber auch das neue Volk Gottes, sind die Juden dennoch weder als von Gott verworfen noch als verflucht darzustellen, als ergäbe sich dies aus der Heiligen Schrift.“ Alle Zitate stammen aus: H. Denzinger, Enchiridion symbolorum defi-

nitionum et declarationum de rebus fidei et morum. Kompendium der Glaubensbekenntnisse und kirchlichen Lehrentscheidungen, Lateinisch-Deutsch, hg. von P. Hünermann, Freiburg u. a. 37. Auflage 1991, 1192, 1247, 1248f.

130 Andreas Renz, Muslime als „unsere Brüder und Schwestern im Glauben Abrahams“. Dokumente und Stellungnahmen der katholischen Kirche zum Islam, in: Ders./St. Leimgruber (Hg.), Lernprozess Christen Muslime, Münster u. a. 2002, 108–125, Zitat 116. Die Äußerungen der Evangelischen Kirche in Deutschland (EKD) haben in Bezug auf das Judentum inzwischen ein hohes Niveau erreicht (vgl. zuletzt: Christen und Juden III: Schritte der Erneuerung im Verhältnis zum Judentum, Gütersloh 2000). Die Stellungnahmen hinsichtlich des Islams jedoch haben das Niveau des Zweiten Vatikanischen Konzils bis heute – mehr als 40 Jahre danach! – nicht erreicht, wie zuletzt besonders die mißglückte Handreichung: Klarheit und gute Nachbarschaft – Christen und Muslime in Deutschland (Hannover 2006) demonstriert hat. Vgl. zur Kritik daran: Evangelisch aus fundamentalem Grund. Wie sich die EKD gegen den Islam profiliert, hg. von J. Micksch, Frankfurt/M. 2007.

131 Abraham eint und unterscheidet. Begründungen und Perspektiven eines nötigen Trialogs zwischen Juden, Christen und Muslimen, in: RheinReden. Texte aus der Melanchthon-Akademie Köln 1996/1, 21–64, Zitat 38. Hans Küng, Karl-Josef Kuschel und andere Theologen, zu denen ich selber gehöre, sowie viele Dialoginitiativen an der Basis sprechen bekanntlich von einer „abrahamischen Ökumene“, was allerdings von Seiten etwa der EKD und der Evangelikalen heftig angegriffen wird. Vgl. z.B. R. Pechmann/D. Kamlah (Hg.), So weit die Worte tragen. Wie tragfähig ist der Dialog zwischen Christen, Juden und Muslimen? Gießen 2005.

132 Vgl. zum Folgenden bes. M. Bauschke, Jesus – Stein des Anstoßes. Die Christologie des Korans und die deutschsprachige Theologie, Köln u. a. 2000, 31–45; R. Boase (Ed.), Islam and Global Dialogue. Religious Pluralism and the Pur-

suit of Peace, Aldershot 2005; L. Ridgeon/P. Schmidt-Leukel (Ed.), Islam and Inter-Faith Relations, London 2007.

133 Mohammed Arkoun, Der Islam. Annäherung an eine Religion, Heidelberg 1999, 35. Die Hervorhebungen im Text entsprechen dem Original.

134 Das Verständnis in Sure 3,19 von „Islam" im Sinne der natürlichen Urreligion Abrahams wird auch dadurch bestätigt, daß der Korankodex von Abdallah ibn Mas'ud (gest. 652), einem engen Gefährten des Propheten, in Sure 3,19 liest: „Die (wahre) Religion bei Gott ist die hanifiyya" (vgl. W.M. Watt/A.T. Welch, Der Islam Bd. I, Stuttgart u.a. 1980, 186).

135 Zit. nach: Stefan Schreiner, „Unser Gott und euer Gott ist ein und derselbe". Zum Verhältnis des Islam zu Judentum und Christentum, in: Die Zeichen der Zeit. Ev. Monatsschrift für Mitarbeiter der Kirche (Berlin) 37, 1983, 11–16, Zitat 11f. Diese von Abduh beschriebene Kontinuität der Offenbarung hat den Charakter einer Erziehung des Menschengeschlechts zu immer größerer religiöser Reife, bei welcher der Islam als späteste Offenbarung den Höhepunkt der Entwicklung – die Weisheit des Alters – repräsentiert, wohingegen Judentum und Christentum auf den unreiferen Stufen quasi der Kindheit und Adoleszenz verbleiben. Dieser Konstruktion von Heilsgeschichte ist in ihrer Pauschalität zu widersprechen. Denn es gibt faktisch in allen drei Religionen gleichzeitig Kinder, Jugendliche und weise Alte. Keine Religion steht als Ganze auf einer einzigen Stufe.

136 Islam in a World of Diverse Faiths – A Muslim View, in: L. Ridgeon/P. Schmidt-Leukel (Ed.), Islam and Inter-Faith Relations, London 2007, 33–54, Zitat 46. Die beiden folgenden Zitate im Haupttext: ebd. 47f.

137 Vgl. im Internet: www.oikoumene.org/de/dokumentation/documents/oerk-vollversammlung/porto-alegre-2006/4-botschaften-andere-erklaerungen-und-predigten-auf-der-vollversammlung/messages-from-guests-of-other-faiths/prince-el-hassan-bin-talal.html.

138 Vgl. M. Bauschke, Internationale Recherche von Institutionen zum trilateralen Dialog von Juden, Christen und Muslimen, Berlin 2001. Zum Abrahamischen Forum (seit 2001), zu dessen Gründungsmitgliedern ich gehöre, vgl. Jürgen Micksch, Abrahamische und Interreligiöse Teams, Frankfurt/M. 2003.

139 Gegen Catherina Wenzel, Abraham – Ibrāhīm: Ähnlichkeit statt Verwandtschaft, in: Evangelische Theologie 62, 2002, 362–384, bes. 378ff. Wenzel ignoriert mit ihrem Votum die Tatsache, daß die Bibel- und Korantexte bei aller Differenz von derselben Familie Abrahams sprechen. Familienmitglieder können einander sehr ähnlich oder auch völlig verschieden sein – sie bleiben dennoch miteinander verwandt. Umgekehrt können Freunde oder etwa Partner einander sehr ähnlich sein, ohne miteinander verwandt zu sein.

140 Mieke Bal u. a.: Und Sara lachte… Patriarchat und Widerstand in biblischen Geschichten, Münster 1988, 50. Ich danke Frau Irene Papst vom Transkulturellen und interreligiösen Lernhaus der Frauen in Berlin für diesen Hinweis (gilt auch für das folgende Zitat im Text).

141 Karen Prager, God's Covenant with Sarah, in: Naomi Mara Hyman, Biblical Women in the Midrash. A Sourcebook, Northvale, NJ/London 1997, 23–25, Zitat 25.

142 Abraham und das Vermächtnis seiner Frauen. Eine Vision für Frieden zwischen Juden und Arabern im Sinne der Abrahamischen Ökumene, Oberursel 2001, 209f.

143 Das Judentum. Die religiöse Situation der Zeit, München 1991, 701f. Vgl. auch: Ders., Spurensuche. Die Weltreligionen auf dem Weg, München 1999, 287–289; K.-W. Tröger, Wem gehört Morija? Der interreligiöse Dialog zwischen Tradition und Realität, in: CIBEDO. Beiträge zum Gespräch zwischen Christen und Muslimen 10. Jg., Frankfurt/M. 1996/Nr. 2, 50–53.

144 Martin Buber, Der Glaube der Propheten, Heidelberg 2. Auflage 1984, 61.

145 Olaf Schumann, Abraham, der Vater des Glaubens, in: Ders., Hinaus aus der Festung, Hamburg 1997, 13–60, Zitat 58.

146 Abrahamisches Forum in Deutschland (Hg.), Gemeinsame Feiern zum Opferfest, Darmstadt 2006, 6. Dieses Faltblatt kann beim Interkulturellen Rat in Darmstadt kostenlos bestellt werden.

147 Karl-Josef Kuschel hatte in seinem Buch „Streit um Abraham" seine Ausführungen abgeschlossen mit Überlegungen zum gemeinsamen Beten und nachdrücklich gefordert, „ein jüdisch-christlich-muslimisches Gebetbuch zu erarbeiten" (München 1994, 302). In seinem neuen Buch „Juden – Christen – Muslime: Herkunft und Zukunft" (Düsseldorf 2007, 620ff) bietet Kuschel zwar erneut einen Schlußabschnitt zur abrahamischen Spiritualität, geht darin jedoch weder auf dieses inzwischen erschienene Gebetbuch ein noch äußert er sich überhaupt zum Thema des gemeinsamen Betens. Zum aktuellen Stand der Diskussion vgl. meinen Überblick: Gemeinsam vor Gott? Christliche Positionen zum gemeinsamen Beten von Juden, Christen und Muslimen, in: CIBEDO. Beiträge zum Gespräch zwischen Christen und Muslimen, Nr. 3/2007, 21–26.

148 M. Bauschke/W. Homolka/R. Müller (Hg.), Gemeinsam vor Gott. Gebete aus Judentum, Christentum und Islam, Gütersloh 2. Auflage 2006, 20. Die rund 120 Gebete sind nach zwölf Themen geordnet. Gleichzeitig wurde eine inhaltlich identische Sonderausgabe für die Militärseelsorge der Bundeswehr gedruckt.

149 Vgl. z. B. Schalom Ben-Chorin (gest. 1999): Jüdischer Glaube. Strukturen einer Theologie des Judentums anhand des Maimonidischen Credo, Tübingen 2. Auflage 1979, Kap. 7: Der Primat Mosis. Darin führt Ben-Chorin im Anschluß an Maimonides aus, daß Mose „der Lehrer aller Zeiten und Generationen" und als solcher auch „der Vater aller Propheten vor und nach ihm" sei – mithin auch vor und über Abraham stehe.

150 Zurück zu Abraham. Chancen und Risiken der Berufung auf Abraham in den „abrahamitischen Religionen", in: Blätter Abrahams. Beiträge zum interreligiösen Dialog, Heft 4/2005, 7–25, Zitat 20.

151 Vgl. Ulrich Dehn (Hg.), Noah – Allianz unter dem Regenbogen? Juden, Christen und Muslime im Gespräch, Berlin 2002.

152 Das Buch Genesis, Berlin 1934, Nachdruck Stuttgart 2000, 500.

153 A Thematic Commentary on the Qur'an, Kuala Lumpur 2001, 492.

5. Register der zitierten Koran- und Bibelstellen

Koranstellen

Bibelstellen